初中语文古诗文教学境界探析

步正军／著

中国文联出版社

图书在版编目（CIP）数据

初中语文古诗文教学境界探析 / 步正军著. — 北京：中国文联出版社，2022.9

ISBN 978-7-5190-4957-7

Ⅰ. ①初… Ⅱ. ①步… Ⅲ. ①文言文–教学研究–初中 Ⅳ. ①G633.302

中国版本图书馆CIP数据核字（2022）第174205号

著　　者　步正军
责任编辑　刘　旭
责任校对　杜广琛
装帧设计　刘贝贝　李　娜

出版发行　中国文联出版社有限公司
社　　址　北京市朝阳区农展馆南里10号　　邮编　100125
电　　话　010–85923025（发行部）　010–85923091（总编室）
经　　销　全国新华书店等
印　　刷　三河市龙大印装有限公司

开　　本　710毫米×1000毫米　1/16
印　　张　16.25
字　　数　273千字
版　　次　2022年9月第1版第1次印刷
定　　价　58.00元

版权所有·侵权必究
如有印装质量问题，请与本社发行部联系调换

序言

“教得好”只因“研得深”

正军先生曾是宁夏回族自治区银川市永宁县教研室中学语文教研员，我的多年挚友。曾子曾言“以文会友，以友辅仁”，正军正是这样的益友。正军在语文教育领域出其类拔其萃，想用六个字评价他的语文教学教研工作：“教得好，研得深。”

“教得好”三字无须赘言，正军担任教研员之前长期任教，本是一线名师出身。近年自治区抑或银川市的优质课堂、空中课堂、精品课程、推变课堂、基本功大赛、教师“四课”、“互联网+创新素养教育”课堂教学竞赛……诸多赛事，堂堂不离正军坐镇；名师竞技，场场不离正军点评。“研得深”三字既是行为特征也是事物本质，“研得深”是“教得好”的根基，“研得深”是“教得好”的前提，之所以能“教得好”，正是因为“研得深”。

《初中语文古诗文教学境界探析》一书，就是正军老师“研得深”的一个典型范例。此书集中探讨了古诗文教学的境界问题，有三点值得肯定。

其一，文学作品的艺术境界需要在诗文教学时予以突出。

境界一词原本是写实用的，有时指疆域界限，如郑玄注《诗·大雅·江汉》“于疆于理”句为“召公于有叛戾之国，则往正其境界，修其分理”；有时指生活境况，如宋代陆游《怀昔》所写：“老来境界全非昨，卧看萦帘一缕香。”后来境界一词逐渐进入文学评价领域，变成文学批评的一个重要概念，往往指向诗文里的景象或者意境。元初耶律楚材《再和呈景贤》诗句“我爱北天真境界，乾坤一色雪花霏”，所说境界实指景象；清代魏源《栈道杂诗》之七诗句“奥险半平淡，文章悟境界”，所说境界实指意境。王国维《人间词话》提出艺术的“三重境界”之说，则将境界的含义再次升华，指向艺术所达到的具有层次之分的境地。有境界自然有格调，有格调自然有名句。“句秀”难，“骨秀”更难，“神秀”方为绝妙上品。学生需要通过辨析文学境界获得艺术审美。

其二，文学作品蕴含的人生境界需要在诗文教学时予以一定关注。

境界一词进入人生哲学领域，变成哲学世界的一个重要概念。哲学家冯友兰把人生的境界分为四种：自然境界、功利境界、道德境界、天地境界。自然境界缺乏觉性，后三种是具有觉性的属于人的境界。功利境界根植于我执的幸福观，道德境界则把德善作为人生的旨趣，天地境界竟将自己融入了一切生命和大千世界之中。哲学家张世英、钱穆、丰子恺等均有各自的人生境界理论，与冯友兰先生“四境界说”大同而略异。文学作品里的人物甚至作家本人都有不同的人生境界，语文学科具有明显的学科育人功能，理应通过诗文教学适度适时地讨论人生境界，在对学生进行人生境界教育的过程中落实立德树人根本任务。

其三，语文教学、语文教师自身也有境界之分。

我觉得语文教师的教学至少有四个层次，或者叫四重境界。第一个层次是由着自己说，教师游离课本，信马由缰，满嘴跑车，任意发挥；第二个层次是照着课本说，教师自己学术根基不深，课本教参怎么写，自己就怎么说，人云亦云，照猫画虎；第三个层次是照着课本、由着自己说，所授语文知识既源于课本，更源于教师对课本的独特理解，言之堂外而根在课内，得之课内而用之课外；最高层次是老师不说学生说，或者老师少说、学生多说，善于启发，善于点拨，醍醐灌顶，拨云见雾。海明威说过，他用几年就学会了如何去说话，却要用一辈子去学会闭嘴。教师不显摆功夫，不卖弄才华，自己闭嘴、鼓励学生张嘴，言轻意厚，言简意赅，引导学生走进学术殿堂，这样的绝品老师为最高境界。我们需要在教师专业研修时努力提升其教学境界。

正军这本集中探讨古诗文教学境界的著作分为上、下两篇。上篇先是聚焦理论，将新课程标准视野下的关于古诗文教学境界的研究缘起、核心概念、研究价值、现实问题分项进行阐述，建构起了具有自己独到见解的核心素养时代古诗文教学境界的理论体系；继之着眼策略，重点讨论教学境界实现的路径，就诵读、诗眼与文眼、主问题等重点实践策略进行研讨，力求发展学生中高阶思维，引导学生进行深度学习。下篇立足实践，结合“互联网”技术应用，结合典型案例，直击体现教学境界的现场，用“可以这样教”，引导赏景、读文、读人的“有我之境”“无我之境”“超我之境”。

这是一本凝结着作者半生教育智慧的关于古诗文教学境界理论探索的好书。阅读一本书，犹如推开一扇窗——我们或许会看到北宋诗人曾公亮《宿甘露寺僧舍》所写的壮美景象：“要看银山拍天浪，开窗放入大江来。”

是为序。

（岳维鹏，国家基础教育教学质量评价专家委员会委员，宁夏教育厅教学研究室主任，语文特级教师，正高级教师）

为古诗文教学境界找准定位

中华古典诗文是中国古代文学艺术的精髓，它不但蕴含着中华民族的精神和品格，它还是中国传统文化传承的重要载体。古诗文融饱满的情感、丰富的想象、高超的艺术和精美的语言于一体，对于“培养学生的语言文字运用能力，提升学生的综合素养……形成正确的世界观、人生观、价值观，形成良好个性和健全人格……继承和弘扬中华民族优秀文化传统，增强民族文化认同感，增强民族凝聚力和创造力”具有重要作用和不可替代性。同时也是语文课程落实立德树人根本任务，以文化人、启智增慧、培根铸魂，塑造良好人格的需要。

《义务教育语文课程标准（2022年版）》于2022年4月颁布，提出了“文化自信”“语言运用”“思维能力”“审美创造”四个方面的课程核心素养体系。而古诗文在学生语文课程核心素养的培养方面，有着不可替代的优势。

但是，在初中古诗文教学中，我发现了这样几个问题，也曾多次在不同的场合提出过这些问题：“语文教师能够大量讲解古典诗歌，但是讲解之后，学生对诗歌的理解反而更差，欣赏品位更是无法恭维；作为传统的诗歌大国，中国有着悠久的诗歌历史，诗教是中国的文化传统之一，诗歌的意义和作用却逐渐遗失，问题到底出在了哪里？该如何解决？”我觉得之所以会产生这些问题，细细深究，并不是诗歌本身造成的，也不是诗歌教学造成的，而是面对诗歌时的理念出了问题。

当下，初中古诗文教学的基本现状呈以三种局面：一是教师古诗文教学理念、素养还有待完善；二是教师对古诗文逐字逐句的解释、分析多，支离破碎的讲解多；三是应试性的背诵、默写、练习多。这三种局面有悖于这些统编教材初中古诗文编选的初衷，古诗文的育人功能被大大削弱。个人认为，我们应着眼于加强古诗文教学理念研究、统编初中教材古诗文文本研读、教学策略实施，逐步深入，最终将我们的古诗文教学引导向教学境界的追寻、探析，为古诗文教学准确定位，才能更好地发挥古诗文的育人功能。

境界是有高度的，必然要从高度出发。本书所做的工作就是从初中古诗文教学境界理念、教学策略、教学现场呈现等方面出发进行探析，为古诗文教学境界寻找定位，进而提高古诗文教学境界，指导教师积极响应语文教学改革的号召，踊跃大胆地实践，通过严谨治学，掌握新的教学手段，更新教学观念，提升教学水平、教学艺术和教学境界。

教师在提高古诗文教学境界的同时，应当有意识地引导学生进入更高层次的古诗文学习：在古诗文诵读中，感受中国古典诗歌特殊的言语形式和别具一格的语言魅力；在语言品析中，建构古诗文的言语体系，提高运用祖国通用语言文字的能力；在思想感情的赏析中，发展思维能力，提升思维品质；在文化审美建设中，形成自觉的审美意识，培养高雅的审美情趣，积淀丰厚的文化底蕴，增强民族文化自豪感。

那么，我们该怎样为初中古诗文教学找准定位，提高古诗文教学境界呢？步正军老师以独特的视角切入古诗文教学，并做了以下几点尝试：

第一，从寻找古诗文教学境界的理论研究入手。

寻找古诗文教学境界，作者以课堂教学为生发点，立足课堂，查找问题，注重研究。教学的研究在课堂，本书的理论研究立足课堂教学的问题，在课堂中研究，在研究中探索，在探索中实践，在实践中总结提升。通过调查研究、专家理论培训、课堂教学研讨、课堂教学比赛、实践研究等方法，力图解决初中教师古诗文教学与学生学习古诗文的主要问题，力图优化教师在古诗文课堂教学中的策略，力图提升教师古诗文的教学境界，既有意识地探寻提高学生学习古诗文的效率的方法，又培养学生的语文学科核心素养。

第二，从探索古诗文教学境界策略入手。

探索初中古诗文教学境界，不是一朝一夕能够完成的，需要有完整的策略意识，作者建立了一系列的操作模板，从教学目标的确立到教学活动的导向；从古诗文的文本细读到发掘古诗文的核心价值；从古诗文诵读到解决教学的难题；从巧抓“诗眼”到古诗词教学的情景把握；从捕捉“文眼”到构建高效文言文课堂；采用“主问题”的设计进而迸发出学生的思维火花；采用自主、合作、探究的课堂模型来提升教学效果的探析；通过这一系列的方式方法，建构起策略意识，进而找准初中古诗文教学定位，提升老师古诗文教学境界。

第三，从追寻教学境界浅析入手。

步正军老师的这本书对如何追寻教学境界做了一系列的浅议分析，并由此入手，特别关注了研究中基于“互联网”背景下的初中古诗词思想感情教学，做了相应的研究，得出相应的结论，同时把着眼点放在初中语文教材中的古典文学作品阅读传承优秀传统文化的角度，落实语文课程核心素养，从语文课程核心素养视域下对古诗文教学重构方面展开论述，为提升古诗文教学境界提供理论依据。

第四，从教学境界的现场呈现入手。

有了相应的理论研究，对古诗文教学境界就形成了初步认识，下一步工作就要注重课堂教学现场呈现出的教学境界，并开展相应的实践研究，作者主要从《诗经》、古诗、宋词、元曲、文言文（骈散文）、写景文言文、《桃花源记》、《醉翁亭记》的课堂教学呈现进行探析，研究基于统编教材初中古诗文的课堂现场呈现，既有教师的课堂实录，又有课堂教学境界提升的总结，集实践与理论为一体，为一线教师提供实践和理论的借鉴。

当然，古诗文的教学境界研究，没有一个固定的模式或套路，也没有一成不变的统一的方法。只要我们以《义务教育语文课程标准（2022年版）》为纲，立足课堂实践，反复研究、探索，细细品读、探析，深入领会，就一定会有大的收获。

总之，这是一部有益的书。它既反映了基层教研工作者对统编教材初中古诗文教学境界研究过程，又呈现了付出的努力和研究成果。

一切努力，必有其价值和意义！感谢步正军老师在教学研究中的付出和努力，让我们收获大餐，得到精神的滋养，得到具体的操作技巧，进而能够追寻更高的古诗文教学境界。

（安奇，全国中语会常务理事，著名诗人，宁夏教育厅教研室中学语文教研员）

上 篇　理论研究

第一章　教学境界研究综述

第二章　教学境界策略探析

下篇　实践成果

第三章　教学境界浅析

第四章　教学境界现场：呈现与探析

上篇

理论研究

第一章
教学境界研究综述

第一节　古诗文教学境界研究的背景

一、核心素养提出的背景：课程改革再出发

2014年4月，《教育部关于全面深化课程改革落实立德树人根本任务的意见》（教基二〔2014〕4号）（以下简称《意见》）五次提到“核心素养”，明确指出：研究制订学生发展核心素养体系和学业质量标准。要根据学生的成长规律和社会对人才的需求，把对学生德智体美全面发展总体要求和社会主义核心价值观的有关内容具体化、细化，深入回答“培养什么人、怎样培养人”的问题。

《意见》提出各学段学生发展核心素养体系，明确学生应具备的适应终身发展和社会发展需要的必备品格和关键能力，突出强调个人修养、社会关爱、家国情怀，更加注重自主发展、合作参与、创新实践。根据核心素养体系，明确学生完成不同学段、不同年级、不同学科学习内容后应该达到的程度要求，指导教师准确把握教学的深度和广度，使考试评价更加准确地反映人才培养要求。各级各类学校要从实际情况和学生特点出发，把核心素养和学业质量要求落实到各学科教学中。

《意见》要求依据学生发展核心素养体系，进一步明确各学段、各学科具体的育人目标和任务，完善中小学课程教学有关标准。要增强思想性，有机融入社会主义核心价值观的基本内容和要求，全面传承中华优秀传统文化，弘扬社会主义法治精神，充分体现民族特点，培养学生树立远大理想和崇高追求，

形成正确的世界观、人生观、价值观。也就是说，《意见》明确提出“研究制订学生发展核心素养体系和学业质量标准”的课程改革新要求，要求“各级各类学校要从实际情况和学生特点出发，把核心素养和学业质量要求落实到各学科教学中”。“核心素养”提出的实质——任何国家和时代的教育都必须回答“培养什么人、怎样培养人、为谁培养人”这一根本性问题。

2016年9月，《中国学生发展核心素养》研究成果发布。核心素养以培养“全面发展的人”为核心，分为文化基础、自主发展、社会参与三个方面，综合表现为人文底蕴、科学精神、学会学习、健康生活、责任担当、实践创新六大素养，具体细化为国家认同等18个基本要点。学生发展核心素养指学生应具备的，能够适应终身发展和社会发展需要的必备品格和关键能力，是关于学生知识、技能、情感、态度、价值观等多方面要求的综合表现。学生核心素养，一方面可通过引领和促进教师的专业发展，改变当前存在的“学科本位”和“知识本位”现象，一方面可帮助学生明确未来的发展方向，激励学生朝着这一目标不断努力。

“核心素养，课程改革的原动力。”——顾明远

二、核心素养的内涵

核心素养指学生应具备的、能够适应终身发展和社会发展需要的必备品格和关键能力。学生的核心素养是我国建立教育质量标准的基础与核心，是在国家的教育目标和教育理念指导下建立起来的学生必须达到的能力素养，也是我国教育领域与当前倡导培养学生核心素养的国际教育改革形势相接轨的重要环节。

三、语文学科核心素养

语文素养是指语文能力和语文知识、思想情感、语言积累、语感、思维品质、品德修养、审美情趣、个性品格、学习方向、学习习惯等综合评价。它是指学生在语文方面表现出的“比较稳定的、最基本的、适应时代发展要求的学识、能力、技艺和情感态度价值观”，具有工具性和人文性统一的丰富内涵。

义务教育语文课程培养的核心素养，是学生在积极的语文实践活动中积累、建构并在真实的语言运用情境中表现出来的，是文化自信和语言运用、思维能力、审美创造的综合体现。教师在教学中要引导学生热爱国家通用语言文字，在真实的语言运用情境中，通过积极的语言实践活动，积累语言经验，体会语言文字的特点和运用规律。《义务教育语文课程标准》（以下简称《语文课程标准》）阐释语文核心素养，将其分为“文化自信”“语言运用”“思维能力”“审美创造”四个方面。黄厚江在《语文核心素养之间的共生关系》中认为“语言、思维、审美、文化四个核心素养之间是一个不可分割的整体，是你中有我，我中有你，相互融合又相互促进的共生关系”。

1. 文化自信

文化自信是指学生认同中华文化，对中华文化的生命力有坚定信心。通过语文学习，热爱国家通用语言文字，热爱中华文化，继承和弘扬中华优秀传统文化、革命文化、社会主义先进文化，关注和参与当代文化生活，初步了解和借鉴人类文明优秀成果，具有比较开阔的文化视野和一定的文化底蕴。

文化自信是学生在语文学习中，继承中华优秀传统文化，理解、借鉴不同民族和地区文化的能力，以及在语文学习过程中表现出来的文化视野、文化自觉的意识和文化自信的态度。语文教学是母语教学，汉语中的字词很多都带有传统文化基因，有的明显有象征意义，比如“长江”“黄河”等，只有解读、理解并传承这些文化密码，我们才能读懂汉语的丰富意蕴。从历史角度看，中国文化史是多民族发展的共生体，中国古代经历了数次民族之间的战争，汉语无形之中经历了多民族的激变、融合，这些因素影响了汉语文化的传承积淀。如在苏武牧羊、昭君出塞、岳飞抗金等史实中留下了很多精神文化，千百年来为人传颂不已，很多词语的背后都蕴含着一段历史典故。鲁迅先生曾说：只有民族的，才是世界的。因此，文化自信，理解并传承文化，弘扬民族精神，提高思想文化修养，就成了关键的一项核心素养。

2. 语言运用

语言运用是指学生在丰富的语言实践中，通过主动的积累、梳理和整合，初步具有良好语感；了解国家通用语言文字的特点和运用规律，形成个体语言经验；具有正确、规范运用语言文字的意识和能力，能在具体语言情境中有效交流沟通；感受语言文字的丰富内涵，对国家通用语言文字具有深厚感情。

美国哲学家、教育家杜威指出："语言是一种关系。"语言的产生是因人与人之间存在着社会关系，有交往的需要，而语言文字恰好实现了这种关系与需要，这才显示出语言的价值。语言的建构可以理解为构造一个合乎语法的句子，说出一句在一个语言集团中能被理解的句子，这是一个具有语言资质的主体所必须具有的能力。具备语言的建构并不意味着就能恰当实现运用。语言的运用实际上是以相互理解为目标的。语言必须满足一些语用学、商谈伦理等规范才能实现交往的意义。

从语文学科角度出发，"语言运用"这项核心素养，可理解为"出于真诚对话的愿望，准确理解对方的话语形式与话语意图；精确妥帖地运用祖国语言文字表情达意，以进行最有效的交流"。

3. 思维能力

思维能力是指学生在语文学习过程中的联想想象、分析比较、归纳判断等认知表现，主要包括直觉思维、形象思维、逻辑思维、辩证思维和创造思维。思维具有一定的敏捷性、灵活性、深刻性、独创性、批判性。有好奇心、求知欲，崇尚真知，勇于探索创新，养成积极思考的习惯。它是学生在语文学习过程中，通过语言运用，获得的直觉思维、形象思维、逻辑思维、辩证思维和创造思维能力的发展，以及思维的深刻性、敏捷性、灵活性、批判性和独创性等思维品质的提升。

语文课程是学生学习运用祖国语言文字的课程，重在培养学生听说读写等多项综合的实践能力。而要在实践中体会、把握运用语文的规律本身就是一个很艰难的过程，因为汉语的内部结构、包含的各种信息都很复杂，这项工作的进行离不开思维的发展。语文教师要根据学生的身心特征以及思维发展的特点来改进教学内容、改变教学方法，抓住初中阶段是从初级思维向抽象逻辑思维过渡的关键时期，进行有效的教学，培养好学生的思维品质。

4. 审美创造

审美创造是指学生在语文学习中形成自觉的审美意识、高雅的审美情趣、高尚的审美品位、正确的审美观念和体验、欣赏、评价、表现和创造美的能力。以一种审美态度去欣赏外界，反复玩味美的道理时，我们就进入了审美鉴赏的层次。每一个人在这世界上都是独特的这一个，心灵的敏感是与众不同的，因而每个人在审美鉴赏过程中都有创造性的独特发现，即“一千个读者，就有一千个哈姆雷特”。

语文学科是汉语与文学的复合体，打开语文课本，我们就会阅读到一个个文学文本，文学作品就是艺术化地组织语言的一种作品，语文教学以“审美创造”为核心素养，其宗旨就在于满足人性的需求，让学生体验到文学带给人的愉悦、情趣，唤醒学生对文学的渴望与热爱，在审美鉴赏过程中培养个性创造力。

由此可见：核心素养的四个方面是一个整体。语言是重要的交际工具和思维工具，语言发展的过程也是思维发展的过程，二者相互促进。语言文字及作品是重要的审美对象，语言学习与运用也是培养审美能力和提升审美品位的重要途径。语言文字既是文化的载体，又是文化的重要组成部分，学习语言文字的过程也是学生文化积淀与发展的过程。在语文课程中，学生的思维能力、审美创造、文化自信都以语言运用为基础，并在学生个体语言经验发展过程中得以实现。

四、古诗文在发展学生语文核心素养方面的优势

2016年9月，以培养“全面发展的人”为核心的中国学生发展核心素养框架基本建立起来。语文学科始终坚持以学生核心素养的培养为本，推进语文课程的深层次改革，提出了“文化自信”“语言运用”“思维能力”“审美创造”四个方面的学科核心素养体系。初中阶段正是学生语言建构能力、思维品质发展、健康的审美意识和正确的世界观、人生观、价值观形成的重要阶段。而古诗文在学生语文核心素养的培养方面，有着不可替代的优势。

我国历史悠久，素来被称为诗歌的国度，为人称道的名家名篇不可胜数。古典诗文历经了几千年岁月淘洗流传下来，是我国民族文化的精髓，是华夏文明的核心，是传统文化中的奇丽瑰宝。它博大精深，源远流长，包蕴厚重，意存高远，能够感化人，启发人，教育人，团结人。它是中华民族传统道德之根，只有培根固本，民族之树才能枝繁叶茂，勃发生机。对于中华儿女来说，这些博大精深、绵延了几千年的古典诗文，不仅仅成为我国民族传统文化的重

要财富之一，也成为国内传统文化知识的一部分，影响着人们对不同阶段精神文化内涵这一精神粮食的认识和感悟。

中华古典诗文作为汉语言特有的一种文体，不仅是“六艺之一，群经之始”，也是每位中国文人必备的文化技能，更是中国文化百花园中的一块亮丽瑰宝。孔子云：“兴于诗，立于礼，成于乐。”千百年来，那些历久弥新的古典诗文，不仅凝聚着中华文化独一无二的理念、志趣、气度、神韵、博大、精深，展示了古代文人墨客的多彩生活，更包含了中国国民精神的全部符码。

中华古典诗文是中国古代文学艺术的精髓，是中华民族文化艺术宝库中的一颗璀璨的明珠。中国五千年悠久文化，产生了许多的文字与文体，其中最有特色的，高度凝练的便是诗歌，一首诗，就是一篇文章，甚至一本书，古诗散发出一种难以抗拒的魅力。人的情感借由诗词得到了淋漓尽致的抒发。吊古怀今，社会风貌，自然山水，伤情别离，朝堂政治，皆成了诗词描摹的对象。诗词的魅力在于任凭时光流逝，岁月更迭，浓厚的诗情依旧在人的精神中熠熠生辉。古典诗文的美超越了时空的限制。哪怕身在今天的我们，时隔千年，去温读这些精练优美的诗词，依旧能深切感受到古人抒发的情感，勾起每个人心里的无限诗意。古典诗文被称作中国古代最优美的文字是当之无愧的，它以最精练的文字，最抒情的文字直达人心底。时而婉约到极处，时而又豪放到极处，细细品味间，让人沉醉心迷。从《诗经》起，一直到今天，古诗文以其广泛的内容，深迎的内涵，真挚的情感，承载着华夏民族辉煌的历史，古诗文正是先人给予我们的一份最宝贵的精神财富。因此，初中古诗文的学习是时代对初中生提出的要求。

五、初中生学习古诗文是时代的要求

1. 统编初中语文教材教学的要求

2017年9月秋季人学之初，由教育部组织编写、北大教授温儒敏主编的初中语文教材——“教育部编义务教育语文教科书”，取代了原来的人教版教材，开始在全国投入使用，并且到2019年春，在初中阶段七、八、九年级全部普及使用统编版教材。相比较于原来一纲多本时期的语文教材，这套统编本新教材在编写上有较大的变化。从总体上看，统编教材最明显的特征就是增加了古诗文篇目，选材上突出经典性，突出了九年义务教育阶段古诗文教学的重要性和必要性。7—9年级统编语文教材中古诗文选编情况如下：

单元		主题	阅读策略	篇目
七年级上册	第一单元	四季美景	重视朗读，想象文中描绘的情景，领略景物之美；把握好重音和停连，感受汉语声韵之美。还要注意揣摩和品味语言，体会比喻和拟人等修辞手法的表达效果	《观沧海》《闻王昌龄左迁龙标遥有此寄》《次北固山下》《天净沙·秋思》
	第二单元	至爱亲情	重视朗读，把握文章的感情基调，注意语气、节奏的变化。在整体感知全文内容的基础上，体会作者的思想感情	《〈世说新语〉二则》（《咏雪》《陈太丘与友期行》）
	第三单元	学习生活	学习默读。不出声，不动唇，不指读，不回看，一气读完全文，以保证阅读感知的完整性和一定的阅读速度。还要学会在阅读中把握基本内容，了解文章大意	《〈论语〉十二章》《峨眉山月歌》《江南逢李龟年》《行军九日思长安故园》《夜上受降城闻笛》
	第四单元	人生之舟	学习默读。在课本上勾画出关键语句，并在你喜欢的或有疑惑的地方做标注。在整体把握文意的基础上，学会通过划分段落层次、抓关键语句等方法，理清作者思路	《诫子书》
	第五单元	人与动物	学习默读。边读边思考，勾画出重要语句或段落，并学做摘录。还要在把握段落大意、理清思路的基础上，学会概括文章的中心思想	《狼》
	第六单元	想象之窗	快速阅读，寻找关键词语以带动整体阅读，提高阅读速度。还要调动自己的体验，发挥联想和想象，把握作者的思路，深入理解课文	《秋词（其一）》《夜雨寄北》《十一月四日风雨大作（其二）》《潼关》

续 表

单元		主题	阅读策略	篇目
七年级下册	第一单元	群星闪耀	学习精读。在通览全篇、了解大意的基础上，把握关键语句或段落，字斟句酌，揣摩品味其含义和表达的妙处；注意结合人物生平及其所处时代，透过细节描写，把握人物特征，理解人物的思想感情	《孙权劝学》
	第二单元	家国情怀	学习精读。注重涵泳品味，尽量把自己“浸泡”在作品的氛围之中，调动起体验与想象，把握课文的抒情方式，体会作品的情境，感受作者的情怀	《木兰诗》
	第三单元	凡人小事	熟读精思，要注意从标题、详略安排、角度选择等方面把握文章重点；从开头、结尾、文中的反复及特别之处发现关键语句，感受文章的意蕴	《卖油翁》《竹里馆》《春夜洛城闻笛》《逢入京使》《晚春》
	第四单元	修身正己	学习略读，快速捕捉重点信息，能够对内容和表达自己的心得	《爱莲说》《陋室铭》
	第五单元	托物言志	学习托物言志的手法：体会如何运用生动形象的语言写景状物，寄寓自己的情思，抒发对社会人生的感悟	《登幽州台歌》《望岳》《登飞来峰》《游山西村》《己亥杂诗（其五）》
	第六单元	科幻探险	学习浏览，快速提取文章的主要信息，在阅读中有自己的思考和质疑	《活板》《泊秦淮》《贾生》《过松源晨炊漆公店（其五）》《约客》

续表

单元		主题	阅读策略	篇目
八年级上册	第三单元	山川之美	借助注释和工具书，整体感知内容大意。反复诵读，借助联想和想象，进入诗文的意境，感受山川风物之灵秀，体会作者寄寓其中的情怀。注意积累常见的文言实词、虚词	《三峡》《答谢中书书》《记承天寺夜游》《与朱元思书》《野望》《黄鹤楼》《使至塞上》《渡荆门送别》《钱塘湖春行》《庭中有奇树》《龟虽寿》《赠从第（其二）》《梁甫行》
	第六单元	品格与志趣	借助注释和工具书，整体感知课文内容大意；还要多读熟读，积累常见文言词语和名言警句，不断提高自己的文言文阅读能力	《〈孟子〉三章》（《得道多助，失道寡助》《富贵不能淫》《生于忧患，死于安乐》）、《周亚夫军细柳》、《愚公移山》、《饮酒（其五）》、《春望》、《雁门大守行》、《赤壁》、《渔家傲》（天接云涛连晓雾）、《浣溪沙》（一曲新词酒一杯）、《采桑子》（轻舟短棹西湖好）、《相见欢》（金陵城上西楼）、《如梦令》（常记溪亭日暮）
八年级下册	第三单元	养性怡情	先借助注释和工具书读懂课文大意，然后通过反复诵读，领会诗文的丰富内涵，品味精美的语言，并积累一些常用的文言词语	《桃花源记》、《小石潭记》、《核舟记》、《〈诗经〉二首》（《关雎》《蒹葭》）、《式微》、《子衿》、《送杜少府之任蜀州》、《望洞庭湖赠张丞相》
	第六单元	情趣与理趣	在反复诵读的基础上，培养文言语感；注意积累常用文言词语和句式，欣赏课文中精彩的语句；还要学习古人论事说理的技巧，体会他们的人生感悟，从中得到思想启迪和情感陶冶	《〈庄子〉二则》（《北冥有鱼》《庄子与惠子游于濠梁之上》）、《〈礼记〉二则》（《虽有嘉肴》《大道之行也》）、《马说》、《茅屋为秋风所破歌》、《卖炭翁》、《石壕吏》、《题破山寺后禅院》、《送友人》、《卜算了·黄州定慧院寓居作》、《卜算子·咏梅》
九年级上册	第三单元	游目骋怀	理解课文内容的基础上，熟读成诵，积累、掌握课文中的文言实词和名言警句，并注意文言虚词在关联文意、传达语气等方面的作用	《岳阳楼记》《醉翁亭记》《湖心亭看雪》《行路难（其一）》《酬乐天扬州初逢席上见赠》《水调歌头（明月几时有）》《月夜忆舍弟》《长沙过贾谊宅》《左迁至蓝关示侄孙湘》《商山早行》

续 表

单元		主题	阅读策略	篇目
九年级上册	第六单元	人生体验	了解古代生活，丰富人生体验	《咸阳城东楼》、《无题》、《行香子》（树绕村庄）、《丑奴儿·书博山道中壁》
九年级下册	第三单元	家国之思	把握古诗文的意蕴，领悟作者的思想感情，并能够运用历史眼光审视作品的当代意义。还要注意在诵读中增强文言语感，积累常见文言词语	《鱼我所欲也》、《唐雎不辱使命》、《送东阳马生序》、《渔家傲·秋思》、《江城子·密州出猎》、《破阵子·为陈同甫赋壮词以寄之》、《满江红》（小住京华）、《定风波》（莫听穿林打叶声）、《临江仙·夜登小阁忆洛中旧游》、《陈与义太常引·建康中秋夜为吕叔潜赋》、《浣溪沙》（身向云山那畔行）
	第六单元	浩然正气	熟读成诵，并将精彩的句段摘抄下来。同时，注意回顾学过的文言文，积累常见的文言词语，理解词语古今意义的差异，提高阅读文言文的能力	《曹刿论战》《出师表》《邹忌讽齐王纳谏》《陈涉世家》《十五从军征》《白雪歌送武判官归京》《南乡子·登京口北固亭有怀》《过零丁洋》《山坡羊·潼关怀古》《南安军》《别云间》《山坡羊·骊山怀古》《朝天子·咏喇叭》

统编初中语文教材，总共为六册，每一册为六个单元，开创性地采用了“双线组织单元内容”，也就是“以宽泛的人文主题将单元课文组织在一起，同时将语文训练的基本要素，包括必需的语文知识、基本的语文能力、适当的学习策略和学习习惯等，分成若干个知识或能力训练的‘点’，由浅入深，分布并体现在各个单元，形成一条贯穿全套教材的显性主线”。具体来说，有以下特点：

（1）篇目增加，注重诵读

统编初中语文教材共选编古诗文125篇，占所有选篇课文的52.5%，平均每个年级约40篇。除《语文课程标准》推荐的诵读篇目外，增加若干经典名篇。选文多含义隽永，易于诵读，要求学生能够多读成诵。

古诗文的学习，要建立在诵读的基础上。在初中起始阶段，教师应调动各种教学手段，引导学生朗读背诵作品。文言文教学，需通过诵读培养学生的文言语感，引导学生把握文本内容，积累一定的文言知识，反对过于机械的翻译和死记硬背，反对过早地讲解虚词、句式等语法知识；古代诗歌教学，则应注意引导学生初步学习艺术鉴赏手法，引导学生理解诗中的思想精髓，激发对古代诗歌的学习热情。在诵读的过程中让学生不断体会古代汉语和现代汉语的不同，培育对传统文化及汉语美感的体认，加强文化积累。努力实现举一反三，引导学生逐渐自主阅读更多的经典诗文，从而达到提高对中国优秀传统文化的认同，培养民族归属感与文化自信的目的。

（2）体裁多样，选文经典

从时间上看，统编初中语文教材选编从最早的《诗经》（四篇）到清末秋瑾的《满江红》，横跨整个中国文学史；从字数上看，从骈文到不受字数和押韵限制、自由抒写的散文，以及四言、五言、七言、杂言等均有收录；从体裁上看，诗歌类涉及民歌、汉乐府、古体诗、律诗（排律）、绝句、词、曲等；古文涉及先秦历史散文、诸子散文、史传体、论说文、杂记、应用文、神话、寓言、小说、语录，传、序、记、书、赋、说、表、铭等。几乎每个朝代的经典诗文均有呈现，凸显唐、宋诗词，增加诸子散文和白话小说的阅读量，切实体现选篇的多样性和经典性。

（3）主题多样，文质兼美

根据统编初中语文教材里涉及的古诗文内容和主题，对其进行了一个简单的分类，如寄情山水，放歌自然；借物（事）抒怀，咏叹多情；多样人物，各领风骚；家国天下，匹夫之责；古代生活（社会人文），管窥一斑。

大部分古诗文可以放在以上的主题分类当中，不同的分类教学侧重点不同，教师需结合自身教学情况，合理安排教学重心，也可在未教学之前，提前突破同类内容，进行合并，作比较阅读。

以家国天下为例：《潼关》《岳阳楼记》《富贵不能淫》《唐雎不辱使命》《周亚夫军细柳》等，重在培育以天下兴亡、匹夫有责为重点的家国情怀教育，以仁爱共济、立己达人为重点的社会关爱教育，以正心笃志、崇德宏毅为重点的人格修养教育。

以古代生活为例：《世说新语》《诫子书》《卖油翁》《儒林外史》《北冥有鱼》《邹忌讽齐王纳谏》等，重在了解古代传统文化知识，如天文地理、哲学宗教、音乐美术、政治经济制度、治国方略、价值观念、道德情操等，在学习的过程中耳濡目染，渐入佳境。

以寄情山水为例：《湖心亭看雪》《小石潭记》《记承天寺夜游》《答谢中书书》《渡荆门送别》《野望》《次北固山下》《观沧海》等，中国古人很早就善于欣赏山水之美，《庄子·知北游》云："山林与，皋壤与，使我欣欣然而乐与。"到魏晋南北朝时期之后，对山水之美的欣赏上升为审美的自觉。重在引导学生咏诵古代自然山水的优秀篇章，通过类文阅读、比较阅读，体会古代文人们流连山水之中，用心灵观察、体悟自然风物之美，以及独到的审美趣味；或者寄情山水，排遣人生的种种苦闷与无奈。引导学生结合现代的目光审视古代文人的审美观和价值观。

（4）难度爬坡，多样呈现，注重延伸

七年级上册、下册，采用"混合编元"，即将古诗文篇目按文体或主题跟现代文编在一起，每单元根据单元主题选择一课古诗文进行学习，散见于各单元，使学生经过比较，初步熟悉文言文的语言习惯和表达方式。8—9年级四册书，采用"集中编元"，即将各册文言诗文跟现代文分开，形成专门的阅读单元。每册安排两个单元，分别放在第三单元和第六单元，这样安排，于教师而言，分散了教学难度，易于教学；于学生而言，符合其认知规律，能更合理地安排学习时间。

这里要特别强调古诗词编排的"爬坡"顺序。每一册（除九年级上册第六单元）单元学习中，都编排了古诗词，作为独立的一课。一课中放置2—5首诗歌，按朝代、主题或内容顺序排列，难度逐渐加大。例如，七年级上册第4课《古代诗歌四首》，分别涉及了三个朝代具有代表性的诗歌，有古体诗、绝句、律诗和小令，篇幅短小，内容浅显易懂，但诗歌意境各有不同，或雄浑壮丽、高远辽阔，或幽清明净、沉郁孤愁，读起来音韵和谐，朗朗上口，便于刚刚入学的孩子们了解到古代诗歌的演变。七年级下册第20课《古代诗歌五首》分别涉及初唐、中唐、北宋、南宋和清代的古体诗、绝句、律诗。杂言、五言、七言均有，其中四首和"登山"有关，难度比上册加大。八年级上册第三单元第12课《古诗五首》，全部为唐代律诗，篇幅逐渐加长，内容上均涉及"远望"之景，教师要引导学生感受不同诗人不同心境下"景与情"的抒写，还要引导学生感受律诗所特有的对仗与押韵。

六册书，每册又单独安排两个课外古诗词诵读（基本集中在第三单元、第六单元后），每次选入4首古典诗词，全套书共有48首。每册教材设计两个综合性学习，古代名家评论、课外诗文积累、成语故事等多散见于此处。还有部分古诗文资料散见在名著阅读、现代文阅读、预习及课后习题中，在此不一一赘述。古代诗文及相关传统文化知识以多种形式呈现在教材中，注重课内向课外的延伸，目的就是要让孩子们浸润于古典作品中，受到潜移默化的熏陶感染。

总体而言，统编初中语文教材的内容、知识点在发生变化，由易到难，梯度明显，循序渐进。相应地，我们的学法和教法也应发生变化。要逐渐地从文学的表象走向生活和生命的本然，阅读的方法和策略要逐渐专业化，不能仅停留在表面；要强调和学习相关的文体知识，积累文言知识，强化语感，加强学生的自主学习和教师自身对文本的深入研究。

统编初中语文教材特别注重弘扬传统文化。正如习近平总书记所说："中华文化积淀着中华民族最深沉的精神追求，是中华民族生生不息、发展壮大的丰厚滋养，是中华民族的突出优势，是我们深厚的文化软实力。""中华传统文化已经成为中华民族的基因，世世代代继承下去，是凝聚中华民族民心、民意最强大的力量。"由此可见，习近平总书记特别重视中国传统文化以及其传承的重要价值。传统文化不仅已经深深地融入中华民族子孙的血脉之中，代代相传，而且成了凝聚中华民族民心、民意的最强大精神力量。古诗文是优秀传统文化的重要组成部分，有相当一部分古诗文名篇入选到统编版初中语文教材之中。这些古诗文名篇堪称典范，是教育初中学生、感染初中学生，促进认知、审美和情感和谐发展的最佳文本。

2.《语文课程标准》的要求

《语文课程标准》指出："语文课程是一门学习语言文字运用的综合性、实践性课程。义务教育阶段的语文课程，应使学生初步学会运用祖国语言文字进行交流沟通，吸收古今中外优秀文化，提高思想文化修养，促进自身精神成长。""语文课程对继承和弘扬中华民族优秀文化传统和革命传统，增强民族文化认同感，增强民族凝聚力和创造力，具有不可替代的优势。""语文课程应激发和培育学生热爱祖国语文的思想感情，引导学生丰富语言积累，培养语感，发展思维，初步掌握学习语文的基本方法，养成良好的学习习惯，具有适应实际生活需要的识字写字能力、阅读能力、写作能力、口语交际能力，正确运用祖国语言文字。语文课程还应通过优秀文化的熏陶感染，促进学生和谐发展，使他们提高思想道德修养和审美情绪，逐步形成良好的个性和健全的人格。”因此，古诗文教学在培养学生继承中华民族优秀传统文化、提高人文素养方面有着重要的作用，它是学生品德形成、智力发展、语文素养全面提高的有效载体。《语文课程标准》（7—9年级）阅读部分中提出：“诵读古代诗词，阅读浅易文言文，能借助注释和工具书理解基本内容。注重积累、感悟和运用，提高自己的欣赏品位。”“7—9年级诵读积累60篇（首）。”

初中古诗文教学要立足于语文学科核心素养的培养，系统综合推进学生核心素养的养成，引导启发学生在领悟古诗文格律之美中学习语言的规范与运用，在品读古诗文用字用词中锻炼思维能力，在赏析古诗文意境中提升审美素质，在传承古诗文精髓中汲取丰富涵养。

初中生正处于情感态度和价值观的形成时期，他们在学习古诗文的时候，不仅可以提高语文阅读与鉴赏能力，而且可以在领悟古诗文中的精神内涵，培养自己的性情和性格。古诗文教学是初中语文阅读教学的重要组成部分，具有不可取代的教育价值。因此，初中语文古诗文教学就要紧跟新课程改革要求，在日常课堂教学方面，注重个性价值取向的展现，真正将语文核心素养教育理念落到实处，使得当代初中生语文阅读鉴赏能力得到有效培养和提高。

3. 落实立德树人根本任务，启智增慧、培根铸魂，塑造良好人格的需要

中华经典古诗文作为优秀传统文化的代表，经岁月洗礼仍能保持自身独特的魅力，除了动人的语言美，更在于它饱含着崇高、丰实的思想感情。古诗文作为中小学语文教学的重要内容，选入教材的是文质兼美的经典作品。初中学生年龄大多在11岁至15岁之间，正处在身心迅猛发展，思维活跃，思想观念可塑性较强的打基础阶段，这个阶段，古诗文教学在传承传统文化，陶冶学生情操、完善学生人格、引导学生树立正确的三观等方面有着不可替代的作用。因此，从初中学生的实际出发，借助古诗文教学，优化文化传承策略，将学生培养成有扎实科学文化知识兼具人文关怀、有强烈责任感和使命感的高素质人才，也成了初中古诗文教学的重要目标。在学生性格和三观初步养成的关键时期，老师如果能够利用古诗文为学生奠定亮丽的精神底色，切实弘扬和传承我国优秀传统文化中的诸如孝亲爱友、心怀天下、乐观自信、追求真善美等积极文化因子，对学生养成良好道德品质，提升自身文化修养和健康全面成长都会大有裨益。

4. 文化自信的需要

《语文课程标准》指出："语文课程丰富的人文内涵对学生精神世界的影响是广泛而深刻的，学生对语文材料的感受和理解又往往是多元的。因此，应该重视语文课程对学生思想情感所起的熏陶感染作用，注意课程内容的价值取向，要继承和发扬中华优秀文化传统和革命传统，体现社会主义核心价值体系的引领作用，突出中国特色社会主义共同理想，弘扬以爱国主义为核心的民族精神和以改革创新为核心的时代精神，树立社会主义荣辱观，培养良好思想道德风尚，同时也要尊重学生在语文学习过程中的独特体验。""认识中华文化的丰厚博大，汲取民族文化智慧。关心当代文化生活，尊重多样文化，吸收人类优秀文化的营养，提高文化品位。"

教育部《完善中华优秀传统文化教育指导纲要》文件指出：加强中华优秀传统文化教育是"深化中国特色社会主义教育和中国梦宣传教育的重要组成部分"，是"构建中华优秀传统文化传承体系，推动文化传承创新的重要途径"，是"加强中华优秀传统文化教育，是培育和践行社会主义核心价值观，落实立德树人根本任务的重要基础"。文件还提出中华优秀传统文化的核心是爱国主义，我们要从"爱国""处世""修身"三个层面展开对青少年的传统文化教育。一是开展以"天下兴亡，匹夫有责"为重点的"家国情怀"教育，引导青少年要以祖国的荣辱为自己的价值导向，增强国家认同感，增强民族自信心；二是开展以"仁爱共济，立己达人"为重点的"社会关爱"教育，引导青少年认识到自己与他人、与集体等是密不可分的，要学会理解他人，尊重生命，心存感恩、乐于奉献；三是开展以"正心笃志，崇德弘毅"为重点的"人格修养"教育。引导青少年要明辨是非、坚持不懈、奋发向上，形成健康向上的道德品质和良好的行为习惯。

初中生学习古诗文，可以认识千百年来中华民族的文化精英，了解先辈的心境，开阔我们的视野，丰富我们的知识，加强人文修养，陶冶我们的情操，增强民族自豪感，受到爱国主义的思想教育。中学生学习古诗文可以认识中华文化的丰厚博大，吸收民族文化智慧，吸收人类优秀文化营养。

第二节　古诗文教学境界研究的意义

中国古诗文是中国文学史上闪烁着灿烂光辉的经典性作品或优秀作品，它是世界文学宝库中令人瞩目的瑰宝，也是最灿烂辉煌的世界文化遗产，是中华民族对世界文明的巨大贡献，从《诗经》开始，唐诗、宋词、元曲，无数诗人骚客把自己对人生、对事业、对情感的铭心感悟宣泄在字里行间，它是情感的寄托，是思想的结晶，是生命的载体。古诗文是我们民族最精粹的文学样式，融饱和的感情、高超的艺术、丰富的想象和精美的语言于一体，是初中语文教学中的重要内容。它不仅能促使学生语言能力和智力的发展，而且有助于开拓知识，陶冶性情，提高文化素养。它们传承着祖国文化的命脉和丰富的爱国主义情感，包含着民族精神、审美情趣、励志怡情、明理启智等多种多样的作用。学习赏析古诗是开发智力，丰富词汇，掌握知识，提高语言修养的最好途径。

优秀的中华古典诗文，是我们的国之瑰宝。它是古代文化精英们对宇宙自然的独特观照，是他们对历史人生的深刻感悟，是他们情感生活的丰富体验，是他们思想智慧的结晶，它具有永恒的思想情感和艺术魅力。走进古诗文的世界，你仿佛常常和李太白醉酒狂歌邀月起舞；和杜少陵一起凭轩涕泪忧国忧民；和王维一起领略松竹山泉的野趣；和岑参一起饱览异域奇崛的风光；和苏轼一起泛舟赤壁、竹杖芒鞋啸傲山林；仿佛随辛弃疾与陆游一同沙场点兵，横戈跃马，气吞万里如虎。你一定会感叹生活的缤纷，品尝心胸的宽广。当你仿佛来到春秋战国，感悟着圣贤先哲的至理名言，当你仿佛来到汨罗江畔，体会着屈原问天的智慧；当你仿佛置身于风云变幻的古战场，会同各路群英中原逐鹿；当你仿佛流连唐宋，与八大家抵掌促膝，共疏经原道，评点古今，游永州，宴醉翁，临墨池，憩丰乐，凌虚而放鹤，超然而快哉！你会觉得精神世界是如此的充实。

在这古诗文的世界里，有修身、齐家、治国、平天下的理想，有愚公移山、精卫填海、夸父追日知其不可为而为之的昂扬精神和坚定意志。这里有“天行健，君子以自强不息”的人生态度和独与天地精神往来的自由个性。这里有杀身成仁，舍生取义的高风亮节，有不以物喜不以己悲的博大境界。这里还有九死不悔上下求索的执着追求，有感时伤怀悲天悯人的深愁忧患，这里有“富贵不能淫，贫贱不能移，威武不能屈”的浩然正气，这里有“出淤泥而不染，濯清涟而不妖”的崇高人格。

“熟读唐诗三百首，不会吟诗也会吟。”这其实就是一种经典古诗文阅读的境界。是的，我们从优秀古典诗文中摄取着精神的玉露甘泉，滋润着我们的心灵，哺育着我们的灵魂；我们从古人创造的美的境界中，感悟着他们的胸襟、抱负和智慧、才情，从而陶冶我们的情操，提升我们的品位。优秀的古典诗文，不仅充分显示出古代文化精英们无与伦比的艺术创造力，更渗透着浓郁的人文意识，它体现着中国的文化传统，它是中国传统的根，是中华民族的魂，为此我们必须学好古诗文。

一、研究的理论意义

习近平指出“培育和弘扬社会主义核心价值观必须立足中华优秀传统文化。牢固的核心价值观，都有其固有的根本。抛弃传统、丢掉根本，就等于割断了自己的精神命脉。博大精深的中华优秀传统文化是我们在世界文化激荡中站稳脚跟的根基”。通过学习中华优秀传统文化，立足中华优秀传统文化，在学生中牢固树立起社会主义核心价值观，落实立德树人根本任务。我国的古诗文博大精深、意存高远，是中华民族文化的精髓。古诗文中经典作品不但是汉语言文字的典范和精华，而且蕴含着中华民族的精神和品格。它是中华民族精神得以生发的深厚土壤，对民族精神的培育和形成起着巨大的、不可或缺的作用。学习古诗文，是中学生认识中华民族传统文化的绝好途径。

（1）有助于引起教师在初中古诗文教学策略方面加以研究，对古诗文在传统文化内容的传授方式上给以足够的重视，要让中学生从学习古诗文的过程中，吸收古代优秀的传统文化，陶冶民族情感，培养民族精神，成为文化意义上的中国人，就需要从传承文化的角度来看待和开展古诗文教学。

（2）有利于落实终身学习的教育观。古诗文的学习不应只是统编初中语文教材上有限的知识、方法和文化内容的传授与接受，还应重视学生学习古诗文习惯的培养，让学生对学习古诗文方法进行归纳，为更广阔、更有效地学习课外经典古诗文创造前提和掌握阅读的方法。为学生的终身学习打下基础，不仅要提升初中生的语文核心素养，而且要真正促进学生素质的全面发展。

（3）从理论上来说，目前对初中古诗文有效教学策略的研究还有待完善，尤其是详细结合统编初中语文教材古诗文的教学内容，提出有效策略的方法相对较少。本文希望通过研究，对前人古诗文教学的理论成果和实践经验进行总结和补充，梳理统编初中语文教材古诗文编排特点、有效教学策略、古诗文教学在传承优秀传统文化的策略、“互联网+”在初中古诗文教学的应用、初中古诗文蕴含的文化精神等方面更好地贯穿于初中古诗文教学，使这方面的研究更加丰富。

二、研究的实践意义

（一）教师方面

从教师的方面，有助于增进语文教师对统编古诗文中传统文化教学价值的认识和对相应教学策略的了解，进而有助于学生加深对我国传统文化的理解和认同，更好地接受和内化古诗文中的优秀文化。

在新的教育现状和社会背景下，为了在古诗文教学中更好地传授传统文化，教师在备课前需要做调查研究，根据《语文课程标准》的要求和统编版教材，来确定教学的目标和重点。而且，我们所处的时代大环境已经发生了巨变，教师的教学理念也应与时俱进，应根据现今实际的学情和可依托的教学条件，充分考虑师生两方面来决定侧重教什么以及采取什么方法策略来教，这样更有助于课堂文化氛围的形成和文化传承效果的提高。同理，我们也应加深对现今古诗文教学中文化传承现状的了解，才能提出具体的优化或解决措施。同时，在梳理总结已有研究的基础上，我们可以继承一些良好的传统教学方式，如诵读、涵泳、创设情境等，这些也是古诗文教学中注重文化传承的体现。总之，研究古诗文的文化传承需要整理已有的宝贵经验，并针对教学的真实情况和最新发现，不断优化教学方法和策略，切实做到促进学生的成长和优秀文化的传承。

1. 改变教师传统的语文教学观念

《语文课程标准》指出："语文课程是一门学习语言文字运用的综合性、实践性课程。义务教育阶段的语文课程，应使学生初步学会运用祖国语言文字进行交流沟通，吸收古今中外优秀文化，提高思想文化修养，促进自身精神成长。工具性与人文性的统一，是语文课程的基本特点。""语文课程应激发和培育学生热爱祖国语文的思想感情，引导学生丰富语言积累，培养语感，发展思维，初步掌握学习语文的基本方法，养成良好的学习习惯，具有适应实际生活需要的识字写字能力、阅读能力、写作能力、口语交际能力，正确运用祖国语言文字。语文课程还应通过优秀文化的熏陶感染，促进学生和谐发展，使他们提高思想道德修养和审美情趣，逐步形成良好的个性和健全的人格。"伴随着国家基础教育课程、教育教学方式、教育教学评价等方面的改革，初中语文教学从课程内容、结果、评价等方面发生巨大变化。同时也给初中语文教学提出了更新、更高的要求，作为语文教师更应该积极地响应语文教学改革的号召，进行踊跃大胆的实践，要不断地严谨治学，掌握新的信息，新的教学手段，更新教学观念，在课改中塑造自己，提升自己的教学水平和教学艺术，这样才能促进学生素质的综合提高。

2. 提高教师的专业素养，有利于内化专业知识

统编初中语文教材施行后，初中语文古诗文教学对学生而言，属于新的挑战，对教师而言，也属于新的挑战。语文教师需要面临课内外古诗文衔接教学、经典优秀古诗文甄选、课堂进程的有效把控以及协调等问题。基于此，语文教师一方面要能够注重对古诗文知识的广泛学习和丰富，另一方面需要转变教学思维，巩固专业知识水平和技能水平。讲解古诗文的语言与活动，最大程度地要求贴近实际，贴近学生。那么，应该从哪里作为切入点才能既可以使学生的新旧知识相联系，又可以最大程度解读诗人的思想感情？如何建立课内外诗文之间的联系，构建教学意义？显然，仅仅研究教科书中的古诗文远远不能满足现实教学需要。所以，基于推进古诗文教学发展，教师理应转变对参考书的过分依赖情况，需要不断地阅读大量书籍，然后通过各种媒体寻找阅读资源，同时采取各种方式，从不同的层面对文本进行解释。这样的学习、探索以及反思当中，使得教师的语文知识深度、广度都得到拓展，相应思想也会得到转变。

3. 激发教师的教学研究意识，有利于教学相长

统编版初中语文古诗文教学方面和传统古诗文阅读教学有着很大的区别，不管是在教学内容、主题上，还是在诗文解读、理解上，都具有了开放性并且多元化。在阅读和言论方面学生拥有了绝对权利。作为教师，角色是参与者，需要注重学生的主体地位，通过集体构建，从而最终形成共识。可见这样的过程是求同存异的。在开始开展初中语文古诗文教学时，教师必然会面临着一系列的问题，如对古诗文教学如何才能够获得有效成果进行判断，思考何种古诗文拥有比较强的比较价值进而才有助于对学生兴趣产生吸引进行考虑，对学生感悟鉴赏过程中如何使得教师指导作用得以发挥进行充分探索等。以上的问题都将会成为教师们研究的热点和关注的焦点。基于古诗文教学的需要，语文教师要能够积极开展合作，从教育部的改革理念与《语文课程标准》出发，切实深入进行沟通，不断认真总结，包括教学内容甄选、课堂进程把控等都需要通过多番打磨和共同探讨。学习研究以及合作时，需要不断地推动教师研究思维和意识的提升，发展研究能力，提高教学理念的深度、广度和宽度，使教师能够更高层次地理解和评价课程和教学，专业能力也会达到更高的一个层次。

（二）学生方面

从学生方面，研究教授统编古诗文有效教学策略和学生学习古诗文的方法，有助于提高学生阅读古诗文的能力，发展学生语文核心素养，激发学生学习古诗文的兴趣。在学习古诗文中，让学生深刻体会到我国古代优秀传统文化的博大精深，充分发挥语文教育的“立德树人，以文化人，培根铸魂，启智增慧”育人功能和奠基作用。

1. 有利于落实《语文课程标准》，提高学生阅读古诗文的能力，发展学生语文核心素养

《语文课程标准》中明确要求：“对古代诗文诵读过程中需要有意识地进行积累、感悟、运用，进而帮助学生欣赏品味、审美情趣有效提高。”这一规定体现出古诗文阅读所具有的重要地位。在初中生语言表达能力、鉴赏能力培养方面，古诗文阅读教学意义重大。通过古诗文教学，将会锻炼学生的思维能力、想象能力。学生的思维发展具有着无限性，尤其是关于古诗文文本的解释和理解，不存在固定的答案，每一个读者会拥有不一样的看法和感受，因此在古诗文阅读当中学生能够不断进行思考，这样思维就能够显著得到锻炼和提升。而且古诗文阅读教学，也让学生审美鉴赏能力大为提高。每篇（首）古诗文拥有着自己的独特性，一些内容表现出意境之美，一些内容表现出情感之美等等。总之借助古诗文阅读教学，能够让学生掌握古诗文当中的精华，进而能够善于发现诗文之美。除此之外，在古诗文阅读中学生文化传承能力也将会加强。优秀的文学诗文必然能够有助于国家传统文化的传播，在对经典诗文阅读过程中，学生将会加深对优秀文化的认知和了解。通过古诗文学习，一方面使得学生能够接触丰富的文质兼美的诗词文，另一方面可以让学生在写作方面能够融会贯通，从而借助合适的语言加以创造利用，使得自己的文章焕发出新的生机，从而提高语文核心素养。

2. 有利于巩固文化底蕴，提高学生的阅读水平

苏霍姆林斯基说："把每一个学生都领进书籍的世界，培养起对书的酷爱，使书籍成为智力生活中的指路明星。这些都取决于教师，取决于书籍在教师本人的精神生活中占有何种地位。"古诗文是中华民族悠久历史文化当中的瑰宝，对学生语文素养的提升和人文底蕴的打造都有着重要作用。初中统编教材中选编的古诗文是文学当中的经典内容，其带给人的影响是长远的，一方面能够通过不断积累，丰富文学修养和文学知识，另一方面能够提高人的文化底蕴以及水平。通过阅读古诗文，坚持"古为今用"的原则，锻炼学生的阅读速度，掌握阅读要点，丰富阅读方法，强化阅读能力。学生从阅读古诗文中汲取知识、充实知识、积累知识，还可以通过阅读古诗文提高自己的思想认识、陶冶情操、增强辨别是非美丑的能力。学生通过阅读古诗文提高文学鉴赏能力，学习古诗文的语言表达技巧，加深对作品内容以及价值的理解。

3. 有利于回归语文课堂的本质，体味语文的韵味

真正的古诗文教学课，应该是教师带领学生探知其诗意与美好，初中生的想象力也较为活跃，因此初中语文古诗文的教学应具备知识广度、思想深度和情感温度。但因为应试教育已经深入人心，所以教育改革面临巨大困境。在初中语文教学方面古诗文大都依旧是很简略的讲授，课堂大都属于功利化的教学模式，比较突出的是粗浅理解、机械式背诵，至于学生对古诗文的兴趣则往往不重视培养，这样使得古诗文文本的解读受到严重影响，学生在阅读之后关于古诗文的真实感受以及认识也无从说起。在这种情况下，学生对中国古典诗文拥有的语言精华和美妙，以及深刻的思想和内涵，都无法有效把握。而且对古诗文的讲授也仅限于教材中的课文，很少进行拓展与补充，从而使学生的古诗文积累量相对匮乏，文学素养也普遍不高。古诗文课内外衔接中的诗文不局限于教材，更多的是与之在某方面相关联的经典诗篇，在丰富学生的诗词积累的同时，也能潜移默化地培养学生学习古诗文的趣味，让学生可以逐渐融入文学当中，进而升级自身的体验、理解和认识。通过不断的锻炼和培养，使得学生对文学的高度上升到新的阶段，这将会有助于他们能够成长为一个既拥有情怀又具备情趣的成功人士。

4. 有利于培养学生鉴赏能力

中国被称为诗的国度，古诗文的传承源远流长，它既是一种高雅艺术，又是一种文化素养，是中华文化的精髓所在。古诗文具有极其精练的语言，丰富的联想以及真挚的情感，所以能够在中华文明史上源远流长，构建起中华文化的亮丽风景线。对于古诗文来说，优美的诗词歌赋往往蕴含着极为深邃的意境与情感，优美精练的语言色彩，惟妙惟肖的形象描述，都有着极为特殊的审美理念蕴含其中。“课程标准”在阅读目标明确指出：初步具有鉴赏一般文学作品的能力。一般文学作品自然包含古典诗文。统编初中语文教材选编大量的历代著名诗人、词人的代表作或成名作。钱梦龙先生指出：“经过千百年淘洗而流传下来的一些脍炙人口的文言文（包括诗歌）是诗文中的极品，是中华民族文化遗产的精华……这些作者千锤百炼的语言，斐然可观的文采，匠心经营的章法，也都足以垂范后世。”初中生古诗文鉴赏能力，是指初中生对古诗词的内容、形式、风格的鉴别与欣赏的能力，是初中生语文知识、语文能力和人文修养水平的综合反映。因此，学习古诗文，有利于培养学生的鉴赏能力，扩展学生的视野，夯实语文功底，发展学生的语文核心素养。

5. 助于学生加深对我国优秀传统文化的理解和认同，更好地接受和内化古诗文中的优秀传统文化，建立文化自信

古诗文蕴含着丰富的传统文化，是中华优秀传统文化的重要组成部分，其价值不言而喻。古诗文的内容凝聚着中华民族普遍认可和广泛接受的道德规范、思想品质和价值取向，具有十分丰富的思想内涵。《语文课程标准》提出：“欣赏文学作品，有自己的情感体验，初步领悟作品的内涵，从中获得对自然、社会、人生的有益启示。”教师应把立德树人作为语文教学的根本任务。引导学生树立正确的世界观、人生观、价值观，引导学生在体认和传承中华优秀传统文化、革命文化、社会主义先进文化的过程中，积淀深厚的文化底蕴，树立文化自信。古诗文蕴含广泛，诗词、文言文等经典文化作品，都会饱含着多元文化背后的人生哲理，以及深厚的人文精神和道德修养，都是适合初中阶段学生汲取的精神营养。学生在学习古诗文中，可以感受中华文化的博大精深和丰富文化积累，继承和弘扬中华优秀传统文化，增强中华文化的认同感和自信心。

第三节　古诗文课堂教学境界存在的问题

当前，由于教师在教学的策略和学生的学习方式上存在诸多不足，造成初中学生学习古诗文效果不明显。通过对初中语文教师在统编教材古诗文教学方面的研究，拟解决当前统编初中古诗文课堂教学中重点存在一些的偏差：

一、教师在进行统编教材古诗文教学时教材研究不深，目的不明确

在古诗词课堂上，教师备课不足，教师所准备的教学内容，是学生们已经通过预习得到的，或者是参考书上已有的，这样就导致课堂贴合度不够。在备课过程中，许多教师只是对教参的资料进行整合，并没有认真研讨参考其他的古诗文书籍。而且教师自己对于文本的分析不足，解读的深度也不够，缺乏创新精神，在课堂上进行知识点的机械讲解，教学效果可想而知。例如《酬乐天扬州席上初逢见赠》教学中，对其颈联“沉舟侧畔千帆过，病树前头万木春”的赏析，教参上的解读是借用自然景物的变化来暗示社会的发展，其中包含了事物新陈代谢的哲理。但是抛开表面，深度解读，我们可以看出作者这句诗是

一个虚构的场景，由“沉舟”“千帆”“病树”“万木”四个意象构成，所指的是自己与朝廷的新贵们。这一句直接反映了作者的悲惨处境，但是作者最终所选的场景却是生机勃勃的，这是为什么呢？诗人为什么不写“千舟侧畔沉舟落，万木前头病树枯”呢？反而把诗句的重心落在了代表新贵的意象上呢？由此我们可以看出，诗人不仅通过诗歌表达了自己被贬谪的辛酸以及坚定乐观的信念，诗人也对新贵们的崛起表达了丝丝欣慰和赞赏之情。对于同一首古诗文，不同的教师可以读出不同的意蕴，带给学生们没读出来的新的信息，这无疑是令学生和教师都很兴奋的。

二、教师古诗文研究不深，素养不够

古诗文是古典文化的精髓，如果想让学生感受到古诗文的魅力，那么作为教师，就应该有深厚的古诗文方面的修养。初中语文教师在实践中不能提高自身的业务水平和能力，不能潜心研读古诗文，领会其精髓，平时对古诗文的阅读积累不是很多，缺乏厚实的古诗文艺术功底和驾驭诗词的理论厚度。在古诗文教学过程中，如果教师没有具备丰厚的古诗词修养，那么在课堂生成部分就会出现诸多漏洞，对于学生的问题也不能进行探讨与评价，课堂内容也会枯燥无味。在教学中，教师不能机械地就诗论诗，而是应该通过知识性的拓展讲解或者以诗歌来解读诗歌达到拓展阅读的目的，也会充分调动学生的学习积极性。拓展的古诗和所用到的古诗虽然不必面面俱到，但也应简单准确，点到实质，切忌语焉不详。具体内容应该包括诗人生平经历、诗歌常识等。这就要求教师具有深厚的古诗文个人修养。“教育不是灌输，而是点燃火焰。”作为教师个人而言，如果想提高古诗文教学效率，首先要提高自身的古诗词个人修养，用自己的古诗文修养去感染、带动学生去喜欢古诗文，感受到古诗文的魅力。例如：八年级下册《〈庄子〉二则》，教师在教学《北冥有鱼》时，由于对《庄子》这本书和庄子这个人物形象了解不够，教师缺乏深厚的文学底蕴，只是把这篇文章当作简单的文言文来教。教学中，没有深入理解庄子笔下的“鹏鸟”形象及其对后世的影响，没能使学生形成对“大鹏”这一传统文化形象深刻寓意的完整认知。

三、教学策略不当，以讲代读，烦琐讲解

由于部分教师对统编初中古诗文研究不够，教学能力欠缺，不能采取恰当的策略引领学生深入欣赏、感悟，没能整体把握古诗文的内容、语言、情感以及古诗文中所蕴含的文化基因，而是用烦琐的分析替代了阅读，从字词句到篇章结构、中心思想、写作特点进行分析，往往把一首韵味十足、意境优美、情感丰富的诗词分析成索然无味的一堆文字符号。重标签式的分析和结论，而忽视诗文本身的审美和情感的共鸣，忽视学生个性的情感体味。老师过多地分析，学生少了诵读，少了欣赏，没了感悟，诗歌成了抽象的说教。部分教师将诗、词、文言文逐字逐句地讲解对译，只重视学生对字词的掌握，学生学得索然无味，课堂气氛沉闷，久而久之，学生失去了学习诗歌的兴趣。例如：《关雎》的教学中，教师只是以朗读和文言文翻译的方式让学生理解诗歌内容，没有重视古代诗歌教学要注重一些基本能力的引导，包括朗读中韵律节奏、熟读成诵。同时没能采取恰当的方法引导学生体会感悟《诗经》的艺术风格和语言之美，没有通过语言的品析加强、丰富学生的语言表达，只是理论的说教，以教师的解读代替学生的感悟，没有学生对诗歌的鉴赏能力培养和思维品质的训练。

四、以练代学，本末倒置

古诗文教学中普遍存在着“以练代学，本末倒置”的做法。为了应付考试，许多教师不重视引导学生对文本的阅读，尤其是忽视对课外古诗文的指导，舍弃了学生对古诗文的广泛阅读与积累感悟，在诗文教学中除了讲析外就是操练。让学生做大量的机械性默写和赏析练习题，背大量的老师总结出来的鉴赏知识。繁重的训练使学生疲于应付，其结果是剥夺了学生学习古诗词应有的趣味与快乐，挫伤了学生学习语文的主动性和积极性。教师在教学古诗文时，不是通过古诗文的学习让学生掌握阅读、鉴赏古诗文的方法，而是在教学中有意识地把这首（篇）古诗文的考试题罗列出来，只是以训练试题代替学生对古诗文的学习。这种以刷题为主要目的的古诗文教学方法，使学生学习古诗文变得索然无味，无法培养学生阅读古诗文的兴趣。例如：教师在教学统编教材九年级下册第六单元《曹刿论战》中，在读完本篇课文和翻译文本内容后，

就将近几年来有关本篇课文的考试试题全部给学生罗列出来，在课堂上检测学生对字词的掌握情况，无视本篇课文的文学价值。

五、教法僵化，教学目的功利化，教学辅助手段单一

教师在教学中遵循一种固定的模式，介绍了作者、时代背景后，再开始逐词逐句地串讲，最后进行“内容分析”或“中心归纳”。尤其是九年级部分教师急功近利，为了中考随意增删。中考古诗文考什么就教什么，怎么考就怎么教。在诗词鉴赏方面，目标相对单一，只指向中考的60篇（首）诗文，直接针对中考的几个普遍考点进行教学（如重点字句的赏析和作者情感等），其他基本忽略不计。不按照“课程标准”所规定的古诗文教学内容、教学目的、教学原则和教学要求进行教学，随意增删教学内容和课时，任意拔高或降低教学要求，学生们得到的是支离破碎的知识点，不能建立完整的知识体系。在教学过程中，教学手段单一，只是教师贴标签式的解答，以教师的解读来代替学生的理解，不能有效地利用当前现代教育手段来辅助课堂教学，没能充分发挥“互联网+教育”的优势来提高古诗文课堂教学效率。例如，在古诗文的教学中，教师忽视了诵读对古诗文内容和情感基调把握方面的作用，没能充分利用“互联网+”的资源优势，为学生提供优质的助读资源来提高学生的诵读欣赏能力。

六、架空文本分析思想内涵与文化价值

教师过度关注古诗文文本中蕴含的情感、价值观，关注人文精神对学生的熏陶，大量拓展，无度挖掘，诗文中语言的品味、内容的分析、写作手法的运用等基础的根基不牢。教学中重鉴赏技巧的灌输，轻自主感悟、审美愉悦情感的培养。初中语文古诗文鉴赏长期以技术性训练为主导，过分强调语文的工具性、实用性，而忽视了艺术教育的美育功能，忽视了对学生自主感悟、审美愉悦情感的培养，文学教育的任务并没有很好地得到落实。尤其在九年级阶段，为了应付中考，老师们更加注重古诗文鉴赏技巧的灌输，各种诗文鉴赏的秘诀如潮水般涌向学生，忽视了诗词鉴赏有一个渐进的过程，违背了诗词鉴赏的规律，错误地认为只要“狂轰滥炸”就能取得好的效果。学生的主体地位不突出。长期以来，在古诗文教学中，学生只是处在一个被动的位置，诗文鉴赏变

成了语文教师个人的解读。例如：统编语文教材八年级下册陶渊明《饮酒》赏析“采菊东篱下，悠然见南山”时，只是按照诗句的字面意思来理解诗意，将教师的解读代替学生的自主阅读和鉴赏，没有引导学生根据诗歌的创作背景和作者的思想感情有机地融入语言的鉴赏中。这种教学中机械的程序与单调的教学手段降低了诗词固有的趣味性，抑制了学生的主体性和创造性的发挥，使诗词教学的整体效益大大降低，使诗词激发学生情感、美化心灵的作用被严重削弱，人文精神不能得以传递和弘扬。

因此，对初中古诗文课堂教学的研究势在必行，研究初中古诗文课堂教学在培养学生传承民族优秀文化，培育社会主义核心价值观，提高学生语文核心素养等方面有着重要作用。它是初中语文教学不可或缺的重要组成部分。我们在继承传统教学方法的同时，积极探索“互联网+教育”背景下的统编古诗文教学方法，优化古诗文课堂教学模式，采取有效的教学策略，让学生欣赏和背诵一定量的古诗文，这也是时代对教师的一种要求。

第四节　古诗文教学境界研究的目标、内容与方法

一、研究的目标

通过对统编初中古诗文教材编排、教学目标的确立、教学策略等方面的研究和实践，将师生从枯燥、机械，甚至无效的讲解中解放出来，让学生在轻松、愉悦的学习中更有效地掌握古诗文知识，激发学生对古诗文诵读的兴趣，积累一定的人文底蕴。

（1）在研究、探索中，总结统编初中古诗文教学目标确定和内容选择的策略，做到教学目标明确，能正确确定教学重难点，体现立德树人和核心素养发展要求。教学内容安排适度，教学要求把握适当，教学要点实施具有操作性，教学流程循序渐进，清晰合理，教学目标和手段协调一致。

（2）在研究、实践中，探索优化初中古诗文教学的方式，坚持教学相长，

注重启发式、互动式、探究式教学；课上要讲清重点难点、知识体系，引导学生主动思考、积极提问、自主探究。总结出行之有效的古诗文教学策略。

（3）探索科学合理地采用“互联网+教学”方式，融合运用传统与现代教育技术手段，有效创设教学情境，为学生活动创造良好的课堂条件，引导学生有效开展自主学习活动。

（4）在研究、实践中，教师教学与研究同步，教师在教学中研究，在研究中学习，从而不断提高研究能力与专业素养。

（5）通过实践与探索，落实立德树人根本任务，坚持“五育”并举，坚持课程育人，提升教师的文化和道德修养，激发学生学习古诗文的兴趣，更好地传承中华民族优秀传统文化，培育社会主义核心价值观，丰富和发展学生人格，弘扬民族精神。

二、研究的内容

（1）充分调查了解教师在统编初中古诗文教学设计和课堂教学策略中存在的问题，了解学生学情，查找学生学习古诗文的困惑。

（2）研究总结统编初中古诗文教学目标确定、教学内容选择的策略。

（3）研究探索“互联网+教育”背景下统编初中古诗文有效教学的策略，优化古诗文课堂的教学模式，探索合理利用信息化手段，改变古诗文课堂教学结构，转变教学方式，创造性地使用、开发教学资源并整合古诗文教学内容。

（4）探索通过问题式、启发式、情境式和探究式教学活动，激发学生主动、探究、合作的意识，培养学生自主学习能力和实践创新素养，突出学生学习主体地位。

（5）研究如何激发学生阅读古诗文的兴趣和指导学生掌握古诗文阅读、背诵的方法。

三、研究的方法

研究过程中，开展了统编初中古诗文课堂教学策略和学生学习方法的问卷调查；开展了县域内初中古诗文课堂教学研讨活动，收集了课堂教学中存在的问题，根据教师教学和学生学习中的问题制订课题研究计划。在课题研究中，通过调查研究、专家理论培训、课堂教学研讨、课堂教学比赛、实践研究等方法，解决了教师古诗文教学与学生学习古诗文的主要问题，优化了教师在古诗文课堂教学中的策略，提高了学生学习古诗文的效率，培养了学生的语文学科核心素养。

（1）文献研究法。在开题及初期实验研究阶段，查阅有关古诗文教学方面研究专家的书籍、文献资料等，了解前人、专家的研究成果，为本课题研究提供参考与借鉴。利用开题进行理论培训，提高课题组成员理论研究水平，指导课题研究和教学实践。

（2）问卷调查法。在开题及初期实验研究阶段，在县域内中学开展教师教学和学生学习古诗文调查问卷，通过问卷调查了解教师在古诗文教学中存在的疑惑，掌握学生对古诗文学习的情况，开展有针对性的课题研究内容和方法。

（3）调查研究法。在课题初期和中期研究阶段，利用下校调研和开展的各种有关古诗文教学研讨活动，了解、分析全县教师统编古诗文课堂教学和学生学习的现状，为课题研究提供事实依据。深入教师课堂调查研究，反馈存在问题，分析对比并调整研究方案计划，不断改进方案，初步形成古诗文教学以内容定教法，合理安排教学课型，形成与教师教学和学生乐学相适应的策略和方法。

（4）行动研究法。在课题研究中期阶段，根据前期开展活动的情况以及2020年春季疫情的影响，结合古诗文教学的现状，以典型的课堂教学案例为素材，找出需要解决的问题，借助“互联网+教育”等现代教育技术，开展“互联网+”背景下的古诗文课堂教学研讨、古诗文课堂教学比赛、教学示范观摩课等活动，分析、解剖、反思教学中的问题，加强课堂实践教学活动研究，在科学的理论指导下寻求解决问题的策略，有步骤地进行问题研究。

（5）经验总结法。在课题研究初期阶段，科学设计古诗文教学的调查对象、调查内容、调查方法与调查形式。通过调查研究，收集古诗文教学现状的资料，总结提炼，完成调查问卷调查报告，为后期开展课题研究提供依据。在课题研究中期和总结阶段，通过课堂研讨、课堂教学比赛、示范观摩课等活动中积累的古诗文教学经验，通过观课、分析与综合，对古诗文教学策略和教学模式进行总结和提炼，用于归纳、检测、论证，形成课题研究报告。

第五节　古诗文教学境界国内研究的现状

近些年来，有关中华古诗文的研究呈现国际化的趋势。较早关注唐宋古文革新的学者首推钱穆先生，他的《中国学术思想史论丛》（第四卷）中有《杂论唐代古文运动》和《读〈柳宗元集〉》两篇重要的论文。《杂论唐代古文运动》一文尤其新见迭出，思路开阔，能够结合中国传统学术发展的宏观背景，深入探讨唐宋古文革新的诸多重要问题，可谓是唐代古文研究方面难得的佳作。随着中央电视台《诗词大会》在国内国际上影响力越来越大，研究、诵读、背诵古诗文越来越受到人们的关注，许多中华海外人士也很关心传统文化的发展，甚至在海外的炎黄子孙出于对祖先文化的情感，也大力提倡继承和发扬中华传统文化的美德，建立专门研究中国古诗文的机构，利用中国的传统节日开展中华古诗文诵读活动。

古诗文是中华民族的精神财富，初中教材中所选古诗文是久经考验、文质兼美的名篇，较好地组织教学，可以增强学生的爱国思想、民族自豪感、热爱祖国语言文字和优秀文化传统（特别是优秀文学传统）的感情。《语文课程标准》推荐古诗文135篇（段）。其中7—9年级60篇（首）。

在国内，已有不少专家关注到古诗文课堂教学境界的研究。

统编初中语文教材总主编温儒敏教授提出：教好古诗文的课最好的办法就是反复诵读；古诗词教学要注重让学生感受诗词音韵之美，汉语之美；古诗文教学以诵读为主，少作串讲、主题阐释以及举办活动，在吟诵过程中，将古诗文的韵味读出来，旨在通过感动自己，增加对诗文的感觉，而不是想尽办法感动别人；应该让学生“静”下来，自主阅读，自由感受，领略汉语语言之美，培养对精练、多义语言风格的感性理解，打好汉语学习基础。

上海师范大学中文系郑桂华教授在《古诗文教学的思考与建议》中提出古诗文教学的改革趋势是：①从重言到重文；②从整体价值到个人体验；③从词

语修辞到篇章结构、风格；④从单篇设计到课程化开发。

人民教育出版社中学语文室编辑陈恒舒《在谈语文教材中古诗文的异文》一文中指出：在古诗文教学中适当地引入异文，不仅可以让学生了解异文作为一种古诗文中常见现象的存在，也可以引导他们通过比较、辨析领会古人遣词用字的妙处。有助于锻炼或考查学生的审美及思维能力。

王志生《新课程背景下古诗鉴赏教学的研究》提出在古诗鉴赏教学中，要把新课程的要求落在实处，转化语文教学的观念，突出人文性。黄萍《古典诗词教学中的求异思维训练》研究关注学生求异思维在古诗词教学当中的塑造，培养学生创造性思维，提出了几方面训练意见，引导学生打破常规，进行多角度、多层次的思考。谢林玉《部编版初中语文教材古诗文选编研究》从统编版初中语文教材的选文特点、编排分布、助学系统进行统计分析，最后提出教师教学的可行策略。许梦琦《部编版与人教版初中语文教材古诗文选文系统比较研究》从新旧两本教材的比较入手，分析两本教材中的古诗词选文系统，研究两者之间改动与调整，探索调整背后的原因，进而更好地进行教学指导。

龚仲熙提出需要从细读语言开始着手进行诗词细读理解，同时认为在古诗词阅读教学当中，文本细读有着重要作用，其提出中国古诗词语言凝练，追求“言有尽而意无穷”的艺术境界，须细细推敲，方能解其中之味。相对于其他文学体裁来说，应从语言出发，再回到语言。文本细读就是精读，就是在字里行间阅读，逐字逐句地摸索。

可见当前在时代发展以及基础教育的改革下，古诗文教学正日益显现出其独特的价值，顺应我国教学的大趋势。基于目前教育文献的总结和分析，研究者应从统编版初中语文古诗文教学方面面临的不足出发，探讨问题的根源，进而针对性提出有效教学策略，以期为初中一线教师提供切实可行的教学方法，提高学生的阅读能力，发展学生语文学科核心素养。

第六节　古诗文教学境界概念界定

《语文课程标准》阐释语文核心素养，将其分为“文化自信”“语言运用”“思维能力”“审美创造”四个方面。王云峰在《试析语文学科核心素养》中提出，由于语文学科核心素养具有整体性和综合性的特点，“教师要通过语文教学，指导学生在语言思维、语言审美、语言传承和理解文化的过程中提升语文素养”。邓银凤界定初中语文核心素养为：“是在新时代背景下，学生通过对语文知识的学习和内化，进而对知识进行整理与建构，使其能够解决现实生活中问题，从而促进学生能力的提高和全面发展。”郭银龙在《优化课堂教学结构发展语文核心素养》中提出教师“可以从教学设计、课堂教学结构、情境创设和主体地位等方面的优化进行改进，促进课堂结构整体优化，从而提高学生的能力，以发展学生的语文核心素养”。

中华古典诗文主要指中国古代的诗歌和散文，拥有着悠久的历史文化内涵，如《诗经》《史记》就是其中流传得比较优秀的作品。就中国文化而言，唐朝时流行写诗，如绝句（如李白的《早发白帝城》）和律诗（如杜甫的《客至》）；宋朝流行词，有很多的词牌名（如《菩萨蛮》）；元朝时著名的是曲（如关汉卿的《窦娥冤》），有很多的曲牌名和曲调名。

境界既是人的思想觉悟和精神修养，也是自我修持的能力，即修为，人生感悟，其可表现一个人的思想境界如何，实际上指的是一个人的思想觉悟和精神修养的水平如何。王国维在《人间词话》中指出：“词以境界为最上，有境界，则自成一格。”《现代汉语词典》中对“意境”的义项二解释为：它指事物所达到的程度或表现的情况。根据这些解释，我们可把教学境界理解为：教学所能达到的程度或表现的情况，是教学过程中师生双方在教学目标的指引下，在一定的教学情境中通过创造性的教学活动所达成的一种理想的教学状态，是师生精神互动创生且共同享有的意义世界。从课堂教学特点来看，教学境界的特征主要表现为情境性、审美性和超功利性。根据王国维在《人间词话》中提出的“三重境界说”，我们也可以归纳教学境界有三重：力的境界——知识的获得；审美的境界——精神的享受；自由的境界——生命力的彰显。

其中有效教学就是一种教学境界。有效教学（effective teaching）的理念源于20世纪上半叶西方的教学科学化运动，在美国实用主义哲学和行为主义心理学影响的教学效能核定运动后，引起了世界各国教育学者的关注。20世纪以前在西方教育理论中占主导地位的教学观是“教学是艺术”。但随着20世纪以来科学思潮的影响，以及心理学特别是行为科学的发展，人们意识到，教学也是科学，即教学不仅有科学的基础，而且还可以用科学的方法来研究。于是，人们开始关注教学的哲学、心理学、社会学的理论基础，以及如何用观察、实验等科学的方法来研究教学问题。有效教学就是在这一背景下提出来的。有效教学，就是在符合时代和个体积极价值建构的前提下其效率在一定时空内不低于平均水准的教学。

有效学习是发展学生的创新思维。大量的研究表明，探索性的、自主的、研究性的学习对发展学生的创新思维很有效果。有效学习主要是指学生自主地、探索性地、研究性地学习，这也是我们要着重发展的学生的学习活动。有效教学的理念，关注学生需求是重要核心，而关注的心理基础则是尊重，尊重是人文、平等的具体体现，是社会交往中的素质要求，是诚信，关爱，协作等品质的形成基础。教师尊重学生，是实行新课程改革的重要前提，没有尊重学生，课改无从进行。古人常说的“师道尊严”应该有一个正确的解释，即有尊严的是知识，而不仅仅是早一点掌握知识的人，教师不应该仅仅停留在“阳光下最灿烂的事业”这一光环下沾沾自喜，而是要平和心态，平等尊重，只有尊重学生，才能切实地关注学生，站在学生的角度看问题，关注学生的情商，才能真正地接近学生，使每一个教学环节能够在学生身上发生作用，才能根除诸如为片面提高成绩而占用学生休息时间、满堂灌、拖堂、体罚羞辱等课堂教学顽疾，才能使有效的理念在教学过程中得到具体的贯彻落实。

有效教学的核心思想：有效教学的核心就是教学的效益，即什么样的教学是有效的？是高效、低效还是无效？所谓“有效”，主要是指通过教师在一段时间的教学后，学生所获得的具体进步或发展。教学有没有效益，并不是指教师有没有教完内容或教得认不认真，而是指学生有没有学到什么或学生学得好不好。如果学生不想学或者学了没有收获，即使教师教得再辛苦也是无效教学。同样如果学生学得很辛苦，也没有得到应有的发展，也是无效或低效教学。因此，学生有无进步或发展是衡量有效教学的唯一指标。

第七节　古诗文教学境界的研究过程

一、立足课堂调查，查找问题，培训研讨

自确立开展统编初中语文古诗文有效教学研究后，对研究相关内容进行了培训，根据研究步骤，进行了相关的理论学习、制订研究方案计划，在教师和学生中开展问卷调查，写出问卷调查报告，并针对调查所呈现的问题，共同讨论，开展立足课堂的调研等活动，并开展相关的研究培训。

1. 开展研究的理论培训和学习

研究开始阶段，从研究的背景和意义，拟研究解决的问题、目标，研究内容核心概念的界定，研究方法、研究步骤，研究成果预期形式及内容，研究主要参考文献等方面进行了阐述培训。邀请教育厅教研室中学语文教研员安奇老师对研究内容、目标、方法等方面进行指导。为了研究深入开展，主要学习了有关理论书籍：《语文课程标准》《义务教育学科教学指导（中学语文）》《有效教学的实践与反思》《文言文教学改革刍议》《文言文教学的现状与出路》《余映潮中学语文古诗词教学实录及点评》等，结合课堂教学写出心得体会，在自己的古诗文教学中借鉴，以优化自己的课堂教学策略。

2. 开展教师古诗文教学和学生古诗文学习问卷调查，完成问卷调查报告

在研究的初期实验阶段，对县域内初中学校语文教师古诗文教学进行了问卷调查，在学生中开展了初中古诗文学习问卷调查，发放老师调查问卷近110份，学生调查问卷160份。全部收回调查问卷。根据问卷调查情况，各学校教研组长完成本校调查报告，并共同完成县域内初中语文教师古诗文教学和学生古

诗文学习调查报告。

3. 深入课堂进行课堂调查研究

（1）开展古诗文教学实践活动，寻找教师教学中存在的问题。根据教研室工作安排，开展县域内九年级古诗文教学研讨活动。召开教研组长会议，要求各学校分年级根据版本教材内容，开展校级古诗文课堂教学研讨，交流教师课堂教学和学生学习中存在的问题，并进行问题梳理，探讨解决的方法。

（2）课堂教学调查研究，探讨古诗文教学的改进方法，积累经验。利用教研室下校听课指导和平时工作开展情况，尤其是指导“一师一优课”录课时机，不定期深入各学校进行听课调研指导，梳理教师在古诗文课堂教学中存在的问题，开展有针对性的小专题指导，与教师交流探讨解决教学中的问题和学生学习的方法。

4. 本阶段开展的活动、研讨主题及基本情况

（1）开展教师古诗文教学和学生学习古诗文问卷调查活动，下发调查问卷通知，共完成教师问卷近110份，学生问卷160份。各学校进行问题梳理，完成本校调查情况报告，由课题组成员共同交流完成全县调查问卷报告。

（2）开展“立足课堂，注重研究；改变策略，提高效率”为主题的九年级初中古诗文教学研讨活动。由三位有丰富教学经验的教师分别进行三节精彩的古诗文研讨课。做课教师不仅教给了学生诵读古诗和多角度赏析古诗的方法，还充分发挥学生的想象联想描绘诗歌所展现的画面，将语文教学的听、说、读、写充分结合到教学环节之中；教师以课题作为教学的切入点，利用精心的教学设计和自己亲切的体态语言以及崭新的教学理念，展示了丰富多彩、极富观摩意义的引领课。

（3）开展教学研讨和专题讲座活动。研讨活动中，两位教师带来了经典的文言文《陋室铭》和教学经典名篇《采桑子》。课堂上教师运用信息化手段展示了自己迥异的教学风格，从不同的角度体现了“三维”目标，运用不同的教学策略呈现出了较好的教学效果。从朗读到理解，到最后的课外阅读，条理清晰，让学生学习了鉴赏诗词的方法，并让学生学以致用。专题讲座中，专家以两节课的教学设计为切入点，进行了“统编教材下教师古诗文备课的教学理念和设计规范”为专题进行了详细的讲解。

（4）开展了“以评促变，以变促教，努力提升教学效率”为主题的教学展评活动。由名师进行了古诗文《与朱元思书》展评课。点评专家从教学设计的合理性、教学导入的切入点、教学的流畅性、教学语言的准确性、教学提问的艺术性、教学方法的实用性，课堂教学生成，学生参与教学的主动性和积极性等方面，从面到点进行了细致的分析点评。指出：课堂是一个抒写缺憾的地方，没有遗憾，就没有回味。老师的任务是创设美、发现美、创造美、欣赏美的责任人；他希望参评教师能够相互学习，取长补短，提高自己的教学能力，锻造自己高超的课堂教学艺术。

5. 本阶段研究的主要成果

根据本阶段的研究内容和任务，有针对性地开展了一系列切实有效的活动，圆满完成了本阶段的研究任务，取得了一定成绩。

（1）全面而深入地进行了教师教学古诗文和学生学习古诗文问卷调查，形成了县域内教师教学古诗文和学生学习古诗文调查报告。

（2）研究活动顺利，专家指导，对研究成员进行专题培训，加强研究人员理论学习培训指导，促使研究人员专业理论的提升。

（3）课堂研讨，寻找问题，改进方法，探索实践，积累经验。围绕“查找问题，改进古诗文教学策略”这个研究主题，各学校开展了古诗文教学策略研讨活动，查找教师教学古诗文和学生学习古诗文存在的问题，改进教学方法，并在教学中实践探索，积累教学经验。通过活动的开展，激发了教师研究古诗文教学策略的热情。

6. 本阶段研究存在问题及改进措施

（1）部分研究人员对古诗文方面的专业知识掌握不够，研究理论方面的专业知识学习不足，对研究的方法和内容没能深入研究。在今后研究的过程中，要加强研究人员与研究内容有关的教育理论学习，加强研究知识的培训。

（2）教师在古诗文课堂实践中方法的研究不够深入，不能通过有效的教学策略进行课堂教学实践。

（3）教师在教学实践中积累经验的方法总结提炼不足，不能把平时积累的有效教学策略进行总结。研究中期将进行有针对性的培训，在总结实践经验的基础上，总结优化教学策略。

总之，本阶段以查找教师古诗文教学和学生学习古诗文的问题，研讨古诗文课堂教学为主题的实践探索，以学习理论，教学实践，寻找问题，改进方法，探索实践，积累经验为主要活动内容，倡导教师自主、合作、探究的研究方式，使古诗文课堂教学策略最优化，形成了较好的教学模式，树立了研究教学的意识，提高了教师研究古诗文教学的能力。

二、研究中期深入课堂调研，开展课题教学研讨

经过研究人员的积极组织实践研究，在前期的实践过程中，找出了教师教学和学生学习的一些问题，有针对性地开展了教学研讨活动。根据中期研究步骤，结合“互联网+”、“互联网+教研”、线下课堂教学研讨等形式，深入教师课堂调查了解，向课题组成员反馈教师在教学统编教材古诗文中存在的问题，分析对比并调整方案计划，不断改进研究方向，推进课题研究。初步形成古诗文教学以内容定教法，充分利用“互联网+”、教学助手等现代教育技术来优化课堂教学策略，形成与教师教学和学生乐学相适应的策略和方法，开展课堂研讨交流、比赛，研究人员撰写教学案例和论文。现就研究中期阶段开展的活动总结如下：

1. 深入课堂进行课堂调查研究，反馈存在问题

在研究的初期实验阶段，对县域内初中各学校语文教师古诗文教学进行了初中古诗文教学调查问卷，在学生中开展了初中古诗文学习调查问卷，并对教师古诗文课堂教学进行调研。通过调查、课堂调研，发现教师古诗文教学和学生学习古诗文存在的主要问题有以下几个方面。

（1）教师教学方面：①教学方法枯燥。教师大多采用传统的串讲法。先是解题，然后再是逐字逐词地去解释、疏通每个句子的意思，最后串讲整篇古诗文的意思，对古诗文的教学做到字字落实、句句清楚。教师机械地讲解，学生机械地记忆，文章被拆解成一堆毫无生气的零件，学生难以理解文章的精妙之处。②忽视学生自主感悟。很多教师都是按照“填鸭式”进行教学，学生在课堂学习上的主体地位体现不足。③部分教师自身文学功底薄弱。古诗文教学本身对教师古典文学水平的要求比较高，教师需要有丰富的古典文化知识和文化底蕴，要熟悉古代的历史文明，有相对较高的审美情趣，这样在讲课的过程中

才可以旁征博引，各种文学典故信手拈来，这对激发学生的学习兴趣是十分有利的。然而，部分语文教师文学功底却远不及此。

（2）学生学习方面：①古诗文无用论。大多数学生对古诗文学习的认识存在偏差。不少学生认为古诗文离现在的生活比较遥远，对学习现代文没有多大作用，对写作也没有作用。在与部分中学生的交流中发现，只有极少数的学生是真心喜欢古诗文，认为无论是否考试，学习古诗文还是比较重要的，它文辞优美，意蕴丰富，有利于陶冶情操。②学习缺乏兴趣。因为古诗文自身语言的晦涩难懂，再加上应试教育的沉重压力，大多数学生急功近利，对于古诗文的学习妄图走捷径。如此的学习方法枯燥无味，自然影响了学生对古诗文学习的兴趣。③学习方法死板。因为学生对古诗文缺乏兴趣，但是迫于考试必须要学。他们学习古诗文基本都停留在字词的识记、字词句意和文学常识的背诵层面上，并且识记时往往是靠着死记硬背，不注意结合具体的语境和一些语法知识灵活记忆。

2. 本阶段历次活动研讨主题及基本情况

（1）通过召开县域内各校教研组长会议，了解各校本学期古诗文教学安排，进一步学习研究方案，安排本阶段研究开展的设想，制订了本学期研究计划，明确了本学期研究任务。

（2）以下校听常规课为主，以研究课为辅，研究人员根据计划安排，实事求是地抓好古诗文课堂教学。通过事实案例研究，寻找反思教学片段的切入点及方式，商讨教师古诗文教学实践中的困惑。

（3）重点调研了教师的古诗文课堂教学情况，召开县域内研究人员会议，共同研讨古诗文教学中存在的问题和对策。

（4）开展了全县“经典咏流传”古诗文诵读比赛活动。在全县学生中开展古诗诵读月的活动，鼓励学生亲近文化经典。

（5）开展名师工作室教学研讨活动，同时进行研究过程的中期研讨。由4位教师进行古诗文教学方面的研讨。

（6）开展“互联网+”教学能手古诗文现场课比赛，9位教师采取“同课异构”的形式进行古诗词比赛，课题为李清照的《渔家傲》（天接云涛连晓雾）。教师充分利用宁夏教育云平台和各种教学助手进行课堂教学，授课老师借助平台精准掌握学生学情，适时调整教学策略。教师依据学生对古诗文知识点的掌握程度将学生分成不同小组，分别有针对性地安排课堂学习和训练，使课堂教学更加精准高效。授课教师利用有效资源，激发了学生的自主学习能力，提高了学生学习古词的兴趣。

3. 本阶段研究主要成果

研究人员在广泛学习深入讨论的基础上，研究工作本阶段步入正轨，有针对性地开展了一系列切实有效的活动，圆满完成了前阶段的研究任务，取得了一定成绩。

（1）围绕“古诗文有效教学策略”这个研究主题，开展了丰富的活动。各校教研组开展了古诗文教学策略研讨，各学校开展古诗文大课间吟诵、默写比赛等活动，这些都极大地激发了教师研究古诗文、学生学习古诗文，亲近经典的热情。

（2）全县初中语文教师队伍素质和专业水平整体提升较快，研究教学的意识进一步加强，初步形成了较好的古诗文教学策略和课堂教学模式，产生了具有影响的有效培养学生古诗文素养的优秀教师。

（3）针对古诗文教学中的困惑，逐步摸索古诗文教学高效课堂的上课形式，提出了“引—释—诵—究—拓”的古诗文课堂教学新模式，教师能够充分运用“互联网+”辅助教学的手段，提高课堂教学效率，并积累了一些较优秀的古诗文教学设计和课件。

4. 研究存在问题及改进措施

（1）部分研究成员对于研究理论方面的研究仍显不足，不能很好地以理论指导课题研究。在今后研究的过程中，要大力加强研究组成员与本研究内容有关的教育理论学习，认真写好理论学习笔记。

（2）教师在古诗文课堂有效教学策略的实践中，仍存在方法老化，现代教育技术助推课堂教学的能力有待进一步提高。

（3）学生学习古诗文的方法不当，学习兴趣不浓。在学生学习古诗文的方法上，部分存在着应付，主要表现在只是背诵和机械记忆的境地。同时，培养学生古诗文素养是一项长期而艰巨的工程，需要在总结成功经验的基础上进一步强化要求和训练。

总之，本阶段在古诗文教学上以提高古诗文课堂效率为目标，以让每个学生健康成长为出发点和落脚点，坚持以学生为主体，教师为主导，倡导自主、合作、探究的学习方式，促进学生主动学习，使古诗文课堂教学策略最优化，形成了较好的教学模式，树立了研究教学的意识，提高了教师研究教学的能力。在后期的研究中将总结经验，进一步实践，形成更好的成果，在教师教学中推广。

三、研究后期借助“互联网+教育”技术，创新研究方式

2020年春季，由于新冠肺炎疫情的影响，学校无法开学，按照“停课不停学，离校不离教”的总体部署，适时调整研究内容和方式，改进研究实践活动，充分利用“空中课堂”、“直播课”、“线上答疑”、“互联网+教研”、线下课堂教学研讨等形式，继续推进研究。在开课复学后，深入教师课堂调查了解，研究人员反馈教师在疫情期间利用“互联网+”改进古诗文教学中存在的问题，总结成功经验，查找问题。在开课复学后，调整研究方案、计划，改进研究方向，初步形成“互联网+”背景下的古诗文有效教学策略，互联网助推课堂教学活动。研究人员根据前期的研究，总结已有的经验，撰写教学案例和论文。研究人员集体讨论，交流、总结成功经验和不足，并按照研究人员分工，整理研究材料、总结，撰写实验报告，完成研究总结报告。

1. 借助“互联网+教育”技术

以“空中课堂”“直播课”“线上答疑”“互联网+教研”等方式，创新研究方式。

研究人员借助“互联网+教育”的优势，通过参加“空中课堂”录课工作，让研究人员体会到了一种完全开放式课堂，备课、磨课、录课让研究人员的教学能力、意志得到了磨炼，对“互联网+”背景下古诗文的教学又有了一种全新的认识。通过录课，搭建了课题研究人员相互学习、相互交流的平台，提高了他们在“互联网+”背景下正确把握统编教材古诗文教学，借助现代教育技术提高教学效率的能力，也充分发挥了研究人员“互联网+教育”的示范引领作用。

积极参加“空中课堂”录制工作的同时，研究人员利用“直播课”“线上答疑”等方式，积极借助互联网的优势，开展形式多样的教学模式。在古诗文教学中，充分发挥宁夏教育云平台的资源优势，利用平台中“中小学古诗文优

秀诵读资源库”，给学生进行古诗文经典诵读示范朗读展示，提高学生朗读古诗文的能力。在研究人员间开展“互联网+教研”的形式，对课题内容、方法进行研讨交流，同时研究人员对学生进行测试、解惑答疑，通过“互联网+”的形式创新了课题研究。在“互联网+”的背景下，研究人员充分感受到了在古诗文教学中要借助现代教育技术，来优化课堂教学策略，充分体现人工智能在现代教学中的优势。

2. 开展“互联网+”背景下的古诗文教学研讨、观摩活动，积累经验，优化教学策略

（1）开展全县初中古诗文教学观摩研讨活动。研究人员进行古诗《月夜忆舍弟》课堂教学展示，专家进行“利用初中统编语文教材中的古典文学作品阅读传承优秀传统文化”的专题讲座。通过教学展示和专题讲座，教师明确：古诗文教学设计要有层次，各环节逻辑合理，能够运用教学助手等工具辅助课堂教学，板书设计简洁。导入要和文本内容结合起来；对作者的介绍一定要突出作品主要内容、作品风格、语言特点等知识；诗歌背景可以“嵌入式”地放在体会诗歌感情的环节中；朗读诗歌，先读什么，后读什么，怎么读，视频朗读和诗歌吟唱在课堂中的用法和作用等。同时教学中要加强古典文学作品的阅读，充分体现古典作品对传承优秀传统文化的作用。

（2）开展古诗教学示范观摩研讨活动。由名师执教古诗《酬乐天扬州初逢席上见赠》。课堂上执教老师以白居易赠诗导入新课，导入与解题环环相扣，这种由浅入深的教学设计，亲切自然的引导方式，及时恰当且有引导性的评价语言为学生们营造了活泼愉悦的学习氛围。教学中，教师充分利用数字教材资源平台来促进教师教学方式和学生学习方式的改变，使教学策略更加有效。尤其是利用朗读资源平台标准的朗读指导让学生通过朗读去了解诗歌大意，体会作者的思想感情，充分调动了学生的学习兴趣。教学助手的运用使学生在学习过程中敢想敢说敢问敢做，在知识的掌握和技能的形成过程中充分展示自我，体验到探究的快乐，为学生打开了学习古诗词的广阔天地，充分发挥了学生的主体作用，展现了学生自主探究合作的能力。通过本节课的学习，教师感受到在“互联网+”、数字教育资源平台、教学助手等现代教育技术的支撑下，古诗文课堂教学策略更加优化有效，促进了教师教学方式和学生的学习方式的转变，尤其是激发了学生学习古诗文的学习兴趣，进一步提高了古诗文教学效率。

（3）以赛促教，展示研究成果。以第二届“互联网+教育”教学能手比赛为契机，开展古诗文课堂教学比赛，以赛促教，以赛促变，展示“互联网+”背景下古诗文有效教学策略研究成果。本次比赛授课方式为“同课异构”，内容为八年级上册第六单元古诗《饮酒》（其五）。要求教师在24小时的备课时间内充分利用“互联网+教育”和数字资源平台的优势，整合资源，丰富教学内容。课堂上，有效利用教学平台，以学生为中心，展现了高质量、高水准的古诗文教学课。

比赛中，参赛教师能把数字教材的运用贯穿自己的教学中，充分利用数字教材对课文的标准解读。同时，利用网络资源、微课、教学助手等现代教学手段将知识点多样地展现给学生，清晰明了，重难点突出。课堂上能以学生为主体，充分调动学生去读诗之韵、品诗之景、悟诗之情，使学生学有所得。在突出教学重点和突破难点时，教师充分利用互联网资源对课堂内容和教师教学指导、练习等进行有益补充，课堂容量丰富充足，拓展了学生思考角度，潜移默化地培养了学生的语文能力和创新思维能力。

通过比赛展示，让我们看到了研究以来，教师能够将“互联网+教育”的思想贯彻在课堂教学中，尤其是借助人教社数字平台等互联网技术使教师古诗文教学策略更加优化、有效，提高了古诗文课堂教学效率，促使了教师在古诗文教学与学生学习方式方面的变革，从不同方面展示了研究成果。

（4）整理研究资料，总结经验，撰写实验报告，完成研究总结报告。根据研究步骤，研究人员共同研讨，整理研究以来的资料，总结古诗文教学方面的经验，尤其是教师在“互联网+”背景下，借助现代教育技术手段提高课堂教学效率的有效教学策略，以及人工智能助推学生学习方式转变、激发学生学习兴趣的经验。同时查找研究过程和方法等方面的不足，以便为今后的研究提供可借鉴的经验。

3. 本阶段研究主要成果

研究人员根据本阶段的研究内容和任务，有针对性地开展了一系列切实有效的活动，圆满完成了本阶段的研究任务，取得了一定成绩。

（1）开展“互联网+”背景下在线课堂模式的研讨活动，为研究内容、研究方法、研究目标等提出了更高要求，为借助现代教育技术转变教师古诗文教学和学生学习方式提供了有力支撑。

（2）以研促学、以学促长、以赛促改等教学研究方式，促使教师改变教学方式，提高了教师研究教学能力。

（3）在“互联网+”背景下，借助多种现代教育技术，助推教师教学和学生学习方式的转变为研究提供更加有效的方式，激发了教师进行研究的热情。

4. 研究存在问题及改进措施

（1）教师借助“互联网+”背景下古诗文有效教学策略研究的创新意识不够，没能很好地拓展思路，挖掘统编教材古诗文在创新素养教育方面的素材不够，没能很好地研究古诗文教学对学生创新素养能力培养的方法。在今后的教学中合理利用信息化手段和数字化学习平台，改变古诗文课堂教学结构，转变教学方式；能创造性地使用、开发教学资源并整合教学内容，发挥学生主体作用。通过问题式、启发式、情境式和探究式教学活动，激发学生主动、探究、合作的意识，培养学生自主学习能力和实践创新素养。教学过程实施能引导学生进行深度学习，促进学生高阶思维的发展，真正落实教育目标。同时，要根据统编古诗文教材内容，充分挖掘文本内容在创新素养方面的教育元素，通过古诗文方面素养的培养，提高学生的创新意识。

（2）教师在研究方面，研究古诗文教学对中华优秀传统文化传承策略方面不够深入，研究内容、方法没有很好地体现。教师要把“立德树人”贯穿于古诗文教学，要充分认识到古诗文教学对传承中华优秀传统文化的作用，要借助“互联网+教育”等多种现代教育技术，来增强学生对中华优秀传统文化的自豪感，让学生深刻领会培育和弘扬社会主义核心价值观必须立足中华优秀传统文化。古诗文中经典作品不但是汉语言文字的典范和精华，而且蕴含着中华民族的精神和品格，它是中华民族精神得以生发的深厚土壤。

（3）教师在研究资料的整理方法上有所欠缺，在研究内容和方法上创新意识不够，不能把更有效的方法进行提炼和总结。在研究整理总结阶段进一步树立研究教学的意识，提高了教师的研究能力。

总之，本阶段以开展“互联网+”背景下的古诗文教学研讨和课堂展示为主题的实践研究，总结在互联网、教学助手、数字教材资源平台等现代教育技术支撑下的古诗文课堂有效教学策略经验，整理研究资料，总结研究方法，撰写课题研究总结报告，完成研究工作。

四、实践研究的成果

在各位研究教师的积极参与下，通过课堂教学调查研讨、案例分析、文献研究以及经验总结等研究方法，对初中古诗文课堂有效教学策略等方面进行研究，努力探索在“互联网+”背景下统编初中古诗文课堂有效教学策略，形成教师积极研究古诗文教学和学生乐学古诗文的新局面。

1. 有效的教学设计的方法

通过研究，总结出在统编初中语文教材编写理念下，有效的古诗文教学设计的方法。

（1）教学设计做到目标明确，教学重难点突出，体现立德树人和核心素养发展要求。

教学设计体现新课程、新课标的理念，根据教学内容制定科学、合理的目标，按照单元结构要求进行教学规划，把握单元教学内容。教学内容难易适度，突出教学重点，有效突破教学难点。在处理教材上，从教材的思路和学生的实情来考虑，兼顾教师的教学行为和学生的学习行为，以学定教，教学时间分配合理。

（2）教学设计要依据统编教材古诗文编排特点和教学要求，对古诗文教学篇目进行巧妙构思，有机整合。按照单元结构要求进行教学规划、整合，充分利用讲读古诗文和课外诵读古诗文的编排特点，做好课内讲读设计和课外诵读拓展的有机结合，提高学生阅读古诗文的能力。

2. 融合运用传统与现代技术手段

在“互联网+”背景下，融合运用传统与现代技术手段，教师在教学中采取科学、有效的古诗文课堂教学策略，增强了学生学习古诗文的浓厚兴趣，课堂上呈现出多样化、互动式、探究式的古诗文学习方式。

（1）借助“互联网+”的优势，融合运用传统教学手段与现代教育技术，以读促悟，引导学生反复吟诵古诗文，在诵读中品味美感，在探究中体悟美感。教师在古诗文教学中借助“互联网+”古诗文诵读资源丰富的优势，引导学生反复诵读，在诵读中品味语言的音韵美，学生形成良好的古诗文语感，感悟作品的精神魅力，从而提高学生阅读古诗文的能力。教师只有让学生在反复吟诵中咀英嚼华、涵泳式浸润，才能进入作者的内心世界，在感受、体验和想象中得到熏陶，提升审美能力。

（2）夯实学生的基础知识，加强古诗文字词教学，重视学生对基础知识的积累，提高学生阅读古诗文的能力。

在古诗文的教学中，教师要引导学生借助课下注释、工具书，理解字、词、句。在学生自主学习的基础上，教师加以指导。引导学生对古诗词中常见的体裁、意象代表的含义加以归类。对文言文中的通假字、古今异义、一词多义、词类活用等进行归纳整理，通过对古诗文基础知识的归纳整理和积累，提高学生阅读古诗文的能力。

（3）利用“互联网+”的资源优势，根据古诗文教学内容需要进行数字化教学准备，有效利用多媒体教学环境，通过宁夏教育云平台数字化资源、数字教材、人人通空间等资源平台选择教学资源，制作课件、微课等。教师在古诗文教学中对准备的资源进行合理运用，通过启发、互动、探究等方式引领学生理解古诗文作品中的思想内容和艺术特色，增强课堂教学的活力，使学生学会因“言”悟“文”和据“文”赏“言”的方法，提高人文素养。

（4）在“互联网+”背景下，古诗文教学中采用“知人论世”的方式，联系作者的身世和写作背景，全面深入理解诗词内涵，体会作者的思想感情。

古诗文的教学要把握文章的思想内容、艺术特色，让学生浸润在中国传统文化精华的滋养中。学生情感要与“文本”产生共鸣，把握作者在文中表达的思想感情，还要了解作者、写作背景，能知人论世，还原历史以及文化情境，激活作者储存在语言符号中的思想感情。教学时，利用“互联网+”恰当及时地补充相关背景材料，使学生更深入理解作品的内涵和诗文中蕴含的思想感情，激发学生探究的兴趣。

（5）加强课外古诗文的阅读，由课内古诗文向课外辐射，提高学生阅读古诗文的能力。

根据统编教材古诗文的编排特点，恰当地进行课外拓展，采用“立足课内，打牢基础”，引导学生多读一些课本以外的经典古诗文，形成“课内外结合、学用结合”的新课程语文教学策略，引导学生挖掘教材以外经典古诗文蕴藏的美，让他们去品味、去欣赏，接受美的熏陶，获得美的享受。同时，通过开展丰富多彩的诗词文化教育教学活动，营造浓厚的诗词文化学习氛围，从而使学生真正体会到古诗文之所以能流传千古的独特魅力。

3. 挖掘中华民族优秀传统文化的元素

教学中，充分挖掘统编教材古诗文中体现中华民族优秀传统文化的元素，潜移默化、自然渗透社会主义核心价值观，激发学生热爱中华民族优秀传统文化的情感，更好地传承中华民族优秀传统文化，丰富和发展学生人格，弘扬民族精神，落实立德树人根本任务。

五、在实践研究中提升

在研究中实践，在实践中检验、提升，努力探索在“互联网+”背景下统编初中古诗文课堂有效教学策略。在实践中，县域内初中语文教师古诗文课堂教学模式得到了改变，课堂效率得到了提升，学生阅读古诗文的能力得到了提高，学生语文核心素养得到了培养，教师教学和教研能力得到了提高。

（1）在研究成果实践检验中，教师能在统编教材编写理念下，掌握统编教材初中古诗文的编排特点和教学要求，能依据统编教材初中古诗文编排特点和教学要求，准确定位教学目标，恰当选择教学内容，按照单元结构要求进行教学规划、整合，充分利用讲读古诗文和课外诵读古诗文的编排特点，做好课内讲读设计和课外诵读拓展有机结合，提高学生阅读古诗文的能力。

（2）在“互联网+”背景下，教师能融合运用传统与现代技术手段，采取科学有效的教学策略来提高课堂效率，增强学生学习古诗文的兴趣，课堂上呈现出了多样化、互动式、探究式的古诗文学习方式。同时教师在教学时，利用“互联网+”的资源优势，根据古诗文教学内容需要做好数字化教学准备。

（3）在“互联网+”背景下，教学中能采用“知人论世”的方式，联系作者的身世和写作背景，全面深入地理解诗词内涵，体会诗人的思想感情。教学时，教师能利用“互联网+”恰当及时地补充相关背景材料，使学生更深入地理解作品的内涵和诗中蕴含的思想感情，极大地激发了学生探究的兴趣。加强课内古诗文的阅读，辐射课外古诗文，提升阅读古诗文的能力。

（4）教师能根据统编教材古诗文的编排特点，恰当地进行课外拓展，采用“立足课内，打牢基础”，引导学生读一些课本以外的经典古诗文，形成“课内外结合、学用结合”的新课程语文教学策略，引导学生挖掘教材外经典古诗文蕴藏的美，让他们去品味、去欣赏，接受美的熏陶，获得美的享受。同时，通过开展丰富多彩的诗词文化教育教学活动，营造浓厚的诗词文化学习氛围，从而使学生真正体会到古诗文之所以能流传千古的独特魅力。

（5）教师能落实立德树人根本任务，发挥中华古典诗文在体现中华优秀传统文化的元素的优势。教学中，教师能根据古诗文内容自然渗透社会主义核心价值观教育，激发学生热爱中华优秀传统文化的情感，更好地传承中华民族优秀传统文化基因，丰富和发展学生人格，弘扬民族精神，坚持“五育”并举，坚持课程育人，充分发挥了语文在启智增慧、培根铸魂的育才奠基作用。

第八节　古诗文教学境界调查问卷研究

为了促进教师统编初中古诗文教学策略和学生学习古诗文方式的转变，决定开展教师问卷调查活动。此次调查问卷分为教师调查问卷和学生调查问卷，现将调查结果总结如下：

一、调查的目的

研究人员对统编初中古诗文教学中学生与教师分别存在的问题进行了调查，调查的目的主要是了解县域内统编初中古诗文教学中学生的学习情况以及存在的问题，以便于优化教师课堂教学策略，提高古诗文课堂教学效率，同时在学生学习方式上进行创新，激发学生学习中华古典诗文的兴趣，充分调动学生学习古诗文的积极性，为学生创设多样化、互动式、探究式的古诗文学习情境，发展学生语文课程核心素养。

二、调查对象与方法

调查对象是县域初中七、八、九年级的学生和语文教师。随机抽取了不同学校、不同年级的200名学生和100名教师，通过问卷调查的方法进行调查研究。

三、调查内容及结果分析

（一）教师调查问卷

1. 调查内容、调查结果

	序号	内容	选项
关于古诗词教学	1	你把古诗文教学重点放在（　　）（多选题） A. 理解字词，能够背诵 B. 了解社会语言背景 C. 古意悟新意，发散思维，让学生学会分析 D. 学生能力的培养和人文素养的关注 E. 其他	A. 65人；B. 55人； C. 85人；D. 85人； E. 50人
	2	你认为古诗文教学的难点是（　　）（多选题） A. 理解古诗文的字词　B. 体味古诗文的意境 C. 讲解分析文意　　D. 把握作品内涵，探究文化意蕴 E. 鉴赏诗文	A. 0人；B. 95人； C. 45人；D. 85人； E. 90人
	3	你采用的课堂教学方法是（　　）（多选题） A. 让学生合作学习，共同学习 B. 教师启发，学生疏通文意后教师讲解 C. 教师讲解，学生自己做好笔记 D. 其他	A. 95人；B. 75人； C. 75人；D. 60人
	4	你在古诗文教学过程中对传统文化教育的策略是（　　）（多选题） A. 渗透传统文化教育　　B. 营造课堂文化氛围 C. 丰富课堂文化活动　　D. 课外延伸拓展　　E. 其他	A. 100人； B. 80人； C. 100人； D. 85人； E. 85人
	5	你在古诗文教学中的困惑是什么？（简答）	
	6	你对古诗文教学的建议是什么？（简答）	

续表

	序号	内容	选项
关于文言文教学	7	你采用的文言文教学方法是（　　）（多选题） A. 逐字逐句翻译　B. 因文释言 C. 以学生自主学习为主，教师适当点拨　D. 其他	A. 80人；B. 90人； C. 60人；D. 75人
	8	对“文”与“言”关系的处理（　　） A. “文”“言”并重　B. 重“言”轻“文” C. 重“文”轻“言”	A. 100人；B. 0人； C. 0人
	9	你认为文言文教学过程中的难点是什么？ （简答）	

2. 调查结果分析

（1）关于古诗文教学的重点多数教师各不相同，有些教师把教学重点放在理解字词，能够背诵，学生能力的培养和人文素养的关注上，但在“古意悟新意，发展思维，让学生分析”和“学生能力的培养和人文素养的关注”两个方面大家意见一致。

（2）古诗文教学中，意境的体会，作品的内涵，文化意蕴的探究较难。在古诗词教学中，关键字词的理解是理解古诗词的重要前提，许多教师也善于通过关键字词让学生理解内容、掌握诗意。但如果让学生仅仅通过查看注释、翻阅字词典了解到古诗词中字词的表面意思，往往不能够深刻地体会关键字词所蕴含的精妙之处。因此，通过体验意境，将古诗词的意境附着在这些关键字词上，学生将充分理解和体验关键字词所蕴含的意蕴，能够加深对关键字词乃至古诗词的整体理解。其次，对古诗只是存在表层内容的解读上，对作品内涵把握不够深或是一知半解，谈不上对文化底蕴的探究。

（3）课堂上，古诗文教学大多采用合作学习，共同学习，重视教师讲解，教学方式较单一。由于受到传统教学和应试教育的约束，老师们仍然采用传统的教学方法，特别是在古诗文教学的过程中。老师仍然采用的是满堂讲、满堂问，缺少启发、能力培养和人文熏陶的现象并不少见，不是从整体把握，而是死记硬背式的教学方法。另外，古诗文的学习变成了功利性的、实用主义的，没有激情和学习的欲望。当前的初中课堂古诗文教学虽然不再以应试训练为重点，但也只是把精力更多地投向课文分析和语文知识讲解，而对语言知识与人文精神传递的关注相对不足。

（4）忽略了情感教育。情感教育在古诗文教学中有着重要的、特殊的地位，特别是诗词教学，所谓“诗言志”每首诗都包含着作者的情感，无论是教师教学还是学生学习，在诗词学习中，都要注意把握诗作者的情感，如果脱离了情感的把握，而去做更多的解释，都是在做无用功。而中学古诗词教学中，我们总是“轻情感重知识”，这样只能是舍本逐末。在教学时，从教材本身入手，在诵读中体验情感，在诗词的意境欣赏中理解情感，在领悟诗人的情感后，就容易把握所学诗词。

（5）关于教师的课堂教学方法，教师多采用三种方法相结合，即教师启发，学生疏通文意后教师讲解；学生自主合作共同学习，以及教师讲解，学生自己做好笔记；教师将教学重点放在理解字词，能够背诵，让学生分析诗意上面。教师在古诗词课堂上用得较为频繁的方法是背诵、分析，把诗词当成文言文翻译，甚至是逐字逐句，对号入座，而在课堂上给学生诵读吟咏的机会很少，或是对诗句进行翻译，诗歌里的意蕴美被翻译得支离破碎，毫无宁静美好之感。

（6）在古诗文教学中的困惑有：对古诗文讲解的多少，尺度不容易把握；古诗文到底是以学生自学为主，还是以教师讲解为主，讲解多少？鉴赏角度不同，对古诗文的理解也有不同的见解，容易给学生造成困惑；《语文课程标准》要求充分体现学生的主体地位，但在实际教学中学生理解问题、分析问题、消化知识的能力差异很大，给教学进度造成一定的障碍；古诗文的翻译，教师应不应该领着学生逐字逐句地翻译？古诗文产生时代背景距今较远，学生若不理解，就很难体会古诗文的意境；古诗文教学的侧重点同学生实际水平相左右时，该如何调整；时过境迁，有些古诗文传递出的思想，并不符合当今社会，该如何引导等？

（7）教师对古诗文教学的建议：①在古诗文教学中以读为基础，在读的基础上理解文意；重视古诗文的朗读，读中品，读中悟，培养学生欣赏传统文学的能力。②知人论世，在进入作品前先了解作者的经历和时代背景，充分了解作家作品基础上深入理解，才能更深入地把握作品、理解作品。③要求学生做到的，教师必须先做到，教师必须对所教古诗文熟悉，且有自己的独特见解。

④教师在教学过程中少讲解，要教给学生赏析古诗文的最基本的方法，学会从内容、写法、情感等几个方面鉴赏古诗文让学生自己去理解感悟。⑤教师要利用先进的教育教学手段和现代多媒体技术，充分利用教学助手、数字教材，丰富课堂教学内容，拓宽学生的视野，理解作者的写作意图。

以上是对教师调查问卷的情况综合分析，语文教师对古诗文教学的重难点的确定还有疑惑，教学方法虽然在以前“一言堂”的基础上不断尝试改进，但学生自主学习的教学方法和教学效果、教学进度之间还存在矛盾，教无定法，古诗文的教学还需要不断地探索，不断地总结，只要能让学生掌握一定的学习古诗文的方法，提高学生学习古诗文的能力，就是最好的方法。

（二）学生调查问卷

1. 调查内容、调查结果

序号	内容	选项
1	你是否喜欢上古诗文课？ A. 非常喜欢　B. 喜欢　C. 一般　D. 不喜欢	A. 80人；B. 100人； C. 20人；D. 0人
2	学习古诗文时，你喜欢什么样的讲课方式？ A. 老师讲授为主　B. 学生自学为主 C. 老师引导学生自学　D. 学生讲学生评	A. 60人；B. 0人； C. 130人；D. 10人
3	古诗文课上，对老师的课堂提问，你一般是： A. 积极思考，主动回答问题 B. 积极思考，但不主动回答问题 C. 不积极思考只希望听别人回答问题 D. 老师抽到时再回答问题	A. 70人；B. 130人； C. 0人；D. 0人
4	在古诗文课堂上，你做笔记吗？ A. 经常记　B. 老师要求就记 C. 偶尔记一点但不能坚持　D. 没有记过	A. 190人；B. 10人； C. 0人；D. 0人
5	你在古诗文课上喜欢发现并提出问题吗？ A. 非常喜欢　B. 比较喜欢 C. 一般　D. 不喜欢	A. 20人；B. 90人； C. 50人；D. 40人
6	你在古诗文课上喜欢同老师或同学一起分析、讨论问题吗？ A. 非常喜欢　B. 比较喜欢　C. 一般　D. 不喜欢	A. 110人；B. 80人； C. 5人；D. 5人
7	你在古诗文学习中常和其他同学进行信息交流、资源共享吗？ A. 经常　B. 一般　C. 偶尔　D. 没有	A. 190人；B. 5人； C. 5人；D. 0人

续 表

序号	内容	选项
8	在古诗文课上是否使用工具书，你的做法是： A. 能按阅读的需要查阅工具书，并记录下来 B. 偶尔查一查，有时也记录 C. 老师要求就查，自己不主动查 D. 从来不查，也没有工具书	A. 100人；B. 90人； C. 10人；D. 0人
9	你学习古诗文时，是否注意提示或注解？ A. 能充分利用它们帮助自己更好地理解文意 B. 偶尔看一看，但不特别注意 C. 完全凭阅读时的兴趣来处理 D. 从来不看这些东西	A. 120人；B. 30人； C. 30人；D. 20人
10	你在学习古诗文时遇到问题怎么办？ A. 喜欢独立思考，实在不懂时才问人 B. 遇到问题时马上就问人 C. 偶尔问一问 D. 从来不问	A. 180人；B. 15人； C. 5人；D. 0人
11	当我们面对课后习题和批注式预习时，你能确定本课的学习目标吗？ A. 会　　B. 有时关注　　C. 不关注	A. 80人；B. 120人； C. 0人
12	你会按照学习目标进行学习吗？ A. 完全按照　　B. 自己添加或减少　　C. 随意	A. 30人；B. 170人； C. 0人
13	每一课时学习完后，你会主动按照学习目标来检测自己的学习效果吗？ A. 会　　B. 不会　　C. 老师要求下会	A. 170人；B. 10人； C. 20人
14	你会不会在完成本课的学习的时候，将本课的学习目标进行一个系统的梳理？ A. 会　　B. 不会　　C. 老师要求下会	A. 140人；B. 20人； C. 40人
15	你会对单元教学目标进行梳理吗？ A. 会　　B. 不会　　C. 老师要求下会	A. 170人；B. 10人； C. 20人

2. 调查结果分析

（1）对学生学习古诗文课学习态度的分析：40%的学生非常喜欢上古诗文课，50%的学生喜欢上古诗文课，没有学生是不喜欢上古诗文课的，说明绝大多数学生对古诗文课喜欢，充满了兴趣。所有学生在古诗文课上，对于老师的课堂提问，大多数学生都会积极思考，在古诗文课堂上，95%的学生会主动做笔记，5%的学生在老师的要求下会做笔记，说明大多数学生在古诗文课上会积极主动地学习，只有少数学生需要老师的监督。10%的学生在古诗文学习中非常喜欢发现并提出问题，45%的学生在古诗文学习中比较喜欢发现并提出问题，说明大多数学生喜欢在古诗文课堂上积极思考，发现并提出问题。55%的学生在古诗文课上非常喜欢同老师或同学一起分析、讨论问题，40%的学生在古诗文课上比较喜欢同老师或同学一起分析、讨论问题，说明绝大多数学生在古诗文课上能积极主动的投入到与老师或同学分析、讨论问题中，学习参与兴趣高。95%的学生在古诗词学习中常和其他同学进行信息交流、资源共享，说明学生在古诗文课上参与度高。50%的学生在古诗词课上能按阅读的需要查阅工具书，并记录下来，45%的学生在古诗词课上能按阅读的需要偶尔查一查工具书，并记录下来，说明大多数学生能积极主动地解决古诗文学习过程中存在的问题和疑虑，自己动手解决问题。90%的学生在学习古诗文时遇到问题喜欢独立思考，实在不懂时才问别人，说明大多数学生在学习古诗文时学习习惯好，能积极主动思考问题。

（2）对学生学习古诗文学习方法的分析：40%的学生面对课后习题和批注式预习时，能确定本课的学习目标，60%的学生面对课后习题和批注式预习时，有时能确定本课的学习目标，说明学生对课后习题和批注式预习的学习方法掌握和运用得不是很好。15%的学生会按照学习目标来进行学习，85%的学生会按照学习目标自己添加或减少学习任务。85%的学生每一课时学习完后，会主动按照学习目标来检测自己的学习效果，说明大多数学生在古诗文学习课上主动性强，学习效果较好。70%的学生会在完成本课的学习的时候，将本课的学习目标进行一个系统的梳理，85%的学生会对单元教学目标进行梳理，说明大部分学生在学习时能做到心中有丘壑。

（3）对教师在引导学生学习古诗文的分析：30%的学生在学习古诗文时喜欢以老师讲授为主，65%的学生在学习古诗文时喜欢老师引导学生自学，5%的学生在学习古诗文时喜欢学生讲学生评，对此教师在教学过程中可以多采取老师引导学生自学的讲课方式。35%的学生在古诗文课上，对于老师的课堂提问，能主动回答问题，65%的学生在古诗文课上，对于老师的课堂提问，不主动回答问题，对此教师在教学过程中要多引导，多鼓励学生积极主动地回答问题，并对学生的回答给与积极的评价。

（4）对学生学习古诗文学习兴趣的分析：绝大多数学生对古诗文学习充满了兴趣，主动性高，但不主动回答问题，需要教师在教学过程中多引导多鼓励学生，让学生敢于发言，畅所欲言。

（5）对学生学习古诗文的主动性分析：部分学生在学习古诗文时喜欢以老师讲授为主，大部分学生喜欢老师引导自学，对此教师在教学过程中可以多采取老师引导学生自学的讲课方式。部分学生在古诗文课上，对于老师的课堂提问，能主动回答问题，大部分的学生对于老师的课堂提问，不主动回答问题，对此教师在教学过程中要多引导，多鼓励学生积极主动的回答问题，并对学生的回答给与积极的评价。

（6）对学生学习古诗文学习目标的分析：部分能够主动按照学习目标来检测自己的学习效果，并对学习目标进行梳理，也会对单元教学目标进行简单梳理。少部分学生会完全按照学习目标来进行学习，说明目标教学对学生学习古诗文有着非常重要的作用，这就要求教师在教学前的预习布置中强调、明确学习目标，让学生提高学习古诗文的效率。

可以看出：初中学生对于古诗文学习有着浓厚的兴趣，但学起来却非常吃力，积极性普遍不高，而且成绩也不理想。究其原因，从学生方面来说，学生对于古诗词学习的重要性认识不够，学习没有明确的目标，完全是为了应付考试而去学，只是简单地背诵，头脑中几乎不会出现诗歌中所出现的美好画面，更不会关注到古诗文背后所蕴含的文化价值。学习缺乏主动性，主要靠老师去督促和检查，另外学生阅读古诗文基本上只局限于课本，对于课外的古诗文很少涉足。对学习古诗文心存畏惧之心，甚至影响到对语文学习的兴趣。从老师方面来说，在古诗文教学方面，教学方法单一，形式呆板，往往采用的是老师讲学生听的方式，不能充分地调动学生的学习积极性，课堂效率不高。许多老师自身对于古诗文的知识储备也不够，因此无法更加深入地引导学生进行学习、感悟、体会。另外，学校也很少开展关于古诗文方面的活动，大多数以诵读、背诵比赛为主，缺乏新意，无法充分激发学生的学习兴趣。

为此，培养初中学生学习古诗文的兴趣，指导学生欣赏、品味古诗文，在感悟和运用中，提高自己的欣赏品位和审美情趣成为我们要解决的重大课题。

通过研究，寻求便于调动学生学习兴趣、激发学生学习热情、提高学生古诗文欣赏能力的方法，让古诗文的学习不再成为学生的精神负担，让学生在诵读古典文学的同时，也能体会其中蕴含的意境和文化价值，开拓视野、陶冶情操、提升审美境界。

总之，古诗文是人类艺术宝库中的瑰宝，初中语文教师一定要重视古诗文教学，给予古诗文教学更多的时间、空间，并遵循古诗文教学的规律，在课堂教学中不断探索、完善，使初中古诗文教学真正由低质走向高效。

第二章
教学境界策略探析

第一节 文本细读，发掘古诗文的核心价值

文本细读源于20世纪西方文论中的一个重要流派——语义学，这一流派将语义分析作为文学批评的最基本的方法和手段，其中文本细读是语义学对文本进行解读的重要方法和显著特征。其基本特征是：第一，以文本为中心。第二，重视语境对语义分析的影响。第三，强调文本的内部组织结构。这是一种文学批评语境下的文本细读。

课程教学语境下的“文本细读”的服务对象则转移至阅读教学身上。此时的文本细读，从阅读教学出发，为了阅读教学，与阅读教学结伴同行。具体来说：第一，细读姿态的多元性。细读姿态是文本细读的一个前在的问题，课程论语境下的文本细读，主张作者崇拜、文本崇拜、读者崇拜等多种姿态的和平共处。第二，细读指向的言语性。文本细读，就是教师对言语的此在的细读。它从字、词、句等言语材料的释读入手，细致分析言语的表达手法、修辞手法，层层解剖言语内在的组织结构，全力开掘言语的多侧面内涵。第三，细读结论的兼容性。教师的文本细读，既是一个接受的过程，也是一个发现的过程。教师在文本细读时，既要消化吸收、整理评判他人对文本细读的种种见解和观点，更要关注珍视、归纳梳理自己对文本细读的独特感悟和发现。只要有利于教学，他人的观点、自己的感悟就有必要兼容并包、相辅相成。第四，细读经验的共享性。文本细读，对教师而言，不仅是对言语存在的一个发现过程，也是对言语细读的一个体验过程。因此，文本细读对教师而言是一种双

重收获，他既收获言语解读的意义、意味和意蕴，也收获细读言语的经验、情绪和感受。这些通过教师亲力亲为得来的细读经验，对阅读教学来说，无疑是一笔宝贵的课程财富。正如孙绍振先生在他的《名作细读——微观分析个案研究》自序中所说的那样：不管在中学还是大学课堂上，经典文本的微观解读都是难点，也是弱点。……要解决这些微观的问题，不但要有深厚的宏观学养，而且要有具体问题具体分析的功夫，这种功夫，不是一般的，而是过硬的功夫。而这种过硬功夫的特点，就是于细微处见精神，越是细微，越是尖端，越是有学术水平。

陈思和先生在《文本细读在当代的意义及其方法》中说过："在中国语境中，文本分析的实际含义可表达为：细读文本。"他也重视文本的细读，他认为"细读文学作品的过程是一种心灵与心灵互相碰撞和交流的过程。我们阅读文学，是一种以自己的心灵为触角去探索另一个或更为熟悉或陌生的心灵世界"。比如细读诗歌，我们必须关注诗歌语言、文学传统、诗人的想法、诗人的个人经历。关注语言，读者不仅要分析语气，而且要关注隐喻、反讽的元素；关注文学传统和文化背景也是关注诗歌的本质。诗歌阅读应避免的几个错误：第一，避免只关注诗歌的内容（忽视诗歌特性如韵律、隐喻等）。第二，避免把诗歌狭隘地认为只在表达虚无的感情，应该注重发现诗人对生命体验的诠释。第三，避免把诗歌的内容和诗人的个人经历机械地结合到诗歌的理解中，这忽视了将诗歌作为有机整体的考察。

吕叔湘先生曾说："文本细读就是从语言出发，再回到语言。"细读文本时，通过语言进入思想内涵，再从思想内涵出来，回到语言，走一个来回，这样才能领略到语言的艺术，发掘出文本的核心价值。细读就是教师和学生要浸入文本之中，沉入词语，潜心涵泳，全身心地和文字接触。朱嘉说的"虚心涵泳"也是这个意思。《语文课程标准》指出："阅读教学是学生、教师、教科书编者、文本之间对话的过程。"虽然这个过程涉及四者之间的关系，但若站在语文教学的角度，最先强调的应是教师与文本之间的对话，也就是教师在教学前进行深入、立体的文本细读，为教学奠定基础。

《语文课程标准》指出："教师应确立适应社会发展和学生需求的语文教育观念，注重吸收新知识，不断提高自身的综合素养。应认真钻研教材，正确理解、把握教材内容，创造性地使用教材；积极开发、合理利用课程资源，灵活运用多种教学策略和现代教育技术，努力探索网络环境下新的教学方式；精心设计和组织教学活动，重视启发式、讨论式教学，启迪学生智慧，提高语文教学质量。”因此，语文教师在古诗文教学中，要充分发挥中华古典诗文落实立德树人根本任务，启智增慧、培根铸魂，弘扬中华优秀传统文化方面的巨大作用，认真钻研中华古典诗文，正确理解、把握统编教材古诗文内容，创造性地使用统编教材中的古诗文，并进行文本细读，为发展学生语文核心素养奠定坚实的基础。

初中古诗文的“文本细读”是指在古诗文教学中，教师先行，既要深入文本的各个细致部分，又要高屋建瓴从整体上把握文本。教师经过文本细读之后有了一定的阅读体验和感悟，为学生们提供一系列的文本细读的方法，引导他们选择合适的角度，如语言、意象、意境、情感等进入古诗文，发展学生的语文课程核心素养：语言建构与运用、思维发展与提升、审美鉴赏与创造、文化传承与理解。同时，遵循文本细读的一定特征，对古诗文文本进行细读的解读，从而产生直接的阅读感受、体验和理解，养成良好的阅读习惯，培养独立阅读鉴赏的能力，从而使学生的语文课程核心素养得到全面发展。

一、当前初中古诗文教学中存在着一些偏差

1. 教师教学古诗文重背诵轻感悟

学生在学习古诗文的时候，教师直接跳过对古诗词的解读鉴赏，无视对意境的品味、忽略对诗词情韵的赏析，只是简单机械地背诵默写。初中古诗文教学的初衷是为了让学生在学习中品味中国古典诗文优美的语言，感受祖国传统诗歌的艺术魅力，从而培养热爱祖国通用语言文字，在古典诗歌语言的学习中，运用咬文嚼字、语言品咂与运用、意境的勾勒等方式，使学生的直觉思维、形象思维、逻辑思维等得到发展，从而提升学生的语文思维品质，以此提高学生的审美鉴赏能力与创造能力，在审美与鉴赏中陶冶高尚情操。同时通过古典诗文的文本细读，充分挖掘诗歌中的优秀传统文化知识，引导学生体会中华优秀传统文化的博大精深、源远流长，使学生切实感受到传统文化的魅力，从而主动学习与传承传统文化，并继承和弘扬中华优秀传统文化，提高思想

文化修养。当前重背诵轻感悟的教学方法，直接影响了古诗文教学的效果和目的。

例如，统编语文教材七年级上册《〈世说新语〉二则》中的《咏雪》《陈太丘与友期行》，作为初中阶段学生初次接触的文言文，教师将其作为普通的文言文文本进行解读，只是引导学生进行朗读、翻译等，就误解了统编语文教材编排的意图，失去了这两篇文言文应有的文本价值。教学时，教师要充分考虑初中文言文学习的特殊属性，培养学生文言文素养。在指导学生朗读文言文的方法、掌握文言字词、理解内容的基础上，领会本文作者的主场、观点和思想。《咏雪》始出于东晋谢安与其子侄辈们的一段即兴对话。言简意赅地勾勒了疾风骤雪、纷纷扬扬的下雪天，谢家子女即景赋诗咏雪的情景，展示了古代家庭文化生活轻松和谐的画面。文章通过神态描写和身份补叙，赞赏谢道韫的文学才华，并因此而流传千古，成为一段佳话。老师教学时要引导学生从文中的细节描写中感受温馨美好的家庭气氛。《陈太丘与友期行》全文仅有103个字，却叙述了一个完整的故事（关于守信与不守信的一场辩论），刻画了三个有鲜明个性的人物，说明了为人处世，应该讲礼守信的道理。老师在解读这两篇文本后，要延伸解读《世说新语》内容特点：对人物的描写有的重在形貌，有的重在才学，有的重在心理，但都集中到一点，就是重在表现人物的特点，通过独特的言谈举止写出了独特人物的独特性格，使之气韵生动、活灵活现，跃然纸上；语言精练含蓄，隽永传神。通过这样的文本解读，就能使学生在初中文言文学习的起始阶段，对文言文充满好奇、兴趣，从而培养学生学习文言文的自豪感和人文素养。

2. 教师解读粗糙，不求甚解

当前大部分教师在古诗文的解读是参考资料上的标准答案或一味说教。学生拿到一首（篇）古诗文，首先看书下的作者和注解，单单由作者的风格奠定了诗词的情感基调，然后再粗略地扫几眼，总结出诗文的大意，或者直接等教师宣读这诗文的意义。古诗文的教学本该追求让学生在教学中受到古典语言的熏陶与感染，但是学生个性化的阅读体验以及心灵上的共振在课堂上荡然无存。古诗文中的语言美、意境美、艺术美和人性美已经被忽略了。

例如，统编语文教材七年级上册《诫子书》，部分教师只是按照文言文朗读方法指导学生进行朗读，然后对照书下注释进行文本翻译，掌握文本内容。只重其“言”，而忽视了其“文”的价值。本文的正确解读应是通过前面文言文的学习，进一步熟悉文言文，了解文言文的特点，积累本课重点词语和文言知识。在理解文意的基础上，结合作者（诸葛亮）生平，体会文章主旨，思考其现实意义。在这个阶段，教师要发挥自己文言文素养，可适当补充作者生平资料，引起学生兴趣，帮助学生理解文本主旨。最后引导学生感受传统文化，接受古典作品熏陶。在准确解读文本内容的基础上，教师还要正确理解统编教材编排本课的意图：这是一篇以议论为主的文言文，主要论述修身治学，强调淡泊宁静的价值。在当下，物欲纷呈，尘世喧嚣，有各种诱惑，各种干扰；对学生来说，如何做到立定志向，专心向学，是一个大课题。从这个角度来说，文章具有很高的教育价值。虽然有些内容七年级的孩子未必全能领悟，但读了这篇文章，可在他们的内心埋下一个宁静淡泊的种子，对他们的未来会有裨益。所以本文文本的解读，除了考虑人文性方面的解读，还要注意提升学生语文素养的价值。

3. 教师文本意识缺失

教师在课堂教学实践中，不加选择地运用大量新奇的教学手段活跃了课堂气氛，却忽视了文本的内在意蕴与艺术价值。教师在教学古诗文时，先让学生听一段标准优美的朗读或者美妙的音乐或出示与诗词内容相关的图片，造成教师先入为主，以直观的表象代替学生对古诗文语言的感悟和理解。

例如，统编七年级下册《木兰诗》的教学中，教师直接让学生观看美国迪士尼出品的经典动画片《花木兰》，将古诗词教学变成了影视欣赏课，使一篇优美的诗歌语言和英雄人物鉴赏变成了娱乐课，将文本的编排意图和文学价值直接忽视；如有的教师为了吸引学生的眼球，将部分优美的古诗词的课堂教学变成了将古诗词改编为现代流行歌曲的欣赏课；在《山居秋暝》的教学中，直接以青山、松竹、泛舟的图片代替了学生对诗句的语言建构赏析和思维训练。同时，互联网上的各种优质课程资源本应该作为文本解读的催化剂来突破教材难点的，却成为教师搞活课堂气氛的一点点“调味佐料”，这无异于“焚琴煮鹤”。

二、统编初中古诗文“文本细读”的意义

于漪老师曾经说过：“文本的内涵还未掌握就延伸拓展，远离文本去过度发挥，语文课就会打水漂、就会浮泛……离开文本中语言文字的具体运用，讨论某些内容；不探究文本内容，却醉心于语言文字排列组合的技巧，割裂开来，厚此薄彼，或厚彼薄此，都会造成阅读中的残缺，影响学生良好语感的形成和语文素养的全面提高。”福州一中的陈日亮老师曾经提出“文心”的概念，即“读其‘文’（语言文字）而识其‘心’（心灵、情感、思想），进而学其‘文心’，并借以滋养自己的‘文心’”。这是陈日亮老师所提倡的中小学语文教育的承担方式。只有当教师深入文本，细读文本，以文本作者所处的时代语境看待作者之“文”，才能跨越时空触碰“文”中之“心”，才有资格培养下一代之“文心”，这样的语文教学才能称得上是有承担的教学。《语文课程标准》指出：“教师应认真钻研教材，正确理解、把握教材内容，创造性地使用教材；积极开发、合理利用课程资源，灵活运用多种教学策略和现代教育技术，努力探索网络环境下新的教学方式；精心设计和组织教学活动，重视启发式、讨论式教学，启迪学生智慧，提高语文教学质量。”

初中古诗文文本细读，实现了古诗教学中精细分析与整体观照的统一，实现了学生学习古诗的兴趣、能力、积累的统一，实现了教师达成《语文课程标准》的要求和提升个人素养的统一。在教学中教师需要引导学生对古诗的语言、意象和意境、形式三个层面进行解读和品析，在课堂教学中，教师应遵循“细致讲析，强调联想想象”“创设情境，注重激活体验”和“循序渐进，实现从‘扶’到‘放’”的基本原则，才能保证“文本细读”在古诗教学中的有效实施。

三、初中古诗文“文本细读”的策略

1. 从古诗文的背景进行文本细读，感受作者的人生体验

统编初中古诗文的教学，让学生对作者的背景了解和学习是理解文章内容的基础和前提，也是提高学生学习效率、深化学生印象的主要措施。教学时，教师通过“互联网+教育”的优势，利用现代教育技术提供的优质教学资源，引

导学生先对作者的背景和生活经历、诗文的时代背景、故事背景等多方面内容进行简单的讲解，让学生对诗词的情感基调和主要内容形成初步了解。这样，学生在学习古诗文内容时就能避免出现情感方向及细节性内容理解上的偏差，从而提高理解的效率。因此，对古诗文写作进行背景细读是古诗文教学的要点之一。

例如，在教学陆游《游山西村》时，教师首先对陆游进行简单介绍。然后，教师让学生了解陆游兼具李白浪漫派幻想、奔放和杜甫写实派沉郁、悲凉的语言特色和写作风格，从而为学生之后欣赏其诗词语言特色奠定基础。接着，教师为学生介绍陆游的生平经历，以及在写作此诗时所经历的事件。此诗作于宋孝宗乾道三年（1167）初春，当时陆游正罢官闲居在家。在此之前，陆游曾因积极支持抗金将帅张浚北伐，后遭到朝廷中主和投降派的排挤打击，被罢官归里。陆游回到家乡的心情是相当复杂的，苦闷和激愤的感情交织在一起，然而他并没有心灰意冷。“慷慨心犹壮”（《闻雨》）的爱国情绪，使他在农村生活中感受到希望和光明，并将这种感受倾泻到自己的诗歌创作里。此诗即在故乡山阴（今浙江绍兴）所作。诗人将心中对错综复杂的官场的失望和对生活的期盼都寄托在了自然山水上，因此诗中不仅描写了村庄古朴单纯的生活方式及景色，也表达了自己对仕途的想法及对今后悠闲生活的看法。同时，诗人在诗中还借写景表达了“山重水复疑无路，柳暗花明又一村”的哲理，这也是诗人经历了困难之后的心情的真实写照。在介绍完诗人的基本情况之后，教师对诗词的整体社会背景和文化背景做简单的介绍，帮助学生了解诗词中涉及的风俗习惯及特色生活，加深学生对诗词内容的理解和记忆。教师通过各种方式引导学生对陆游的生平进行介绍，使学生对诗人陆游的生平有了全面的认识，为今后学习陆游的诗歌奠定了基础。

2. 从古诗文语言的朗读层面进行文本细读，领悟古诗文的语言美

中华古典诗文的语言是高度凝练的，每首古诗词的遣词造句都有其独特的意义和韵味。尤其是被选入统编教材的古诗文内容，在语言上更是有着精彩之处。所以，教师在引导学生进行细读的过程中要格外关注对每一个字词、每一句的仔细分析和欣赏。在中华古典诗文语言层面中文本细读的要求有三个方面：其一，准字音、准句读、准节奏；其二，懂大意，知基调（情感基调）；

其三，品内蕴，悟情感。在古诗文的传统教学模式中，教师往往重在分析文本，忽视朗读诵读的价值。因此，教师可以将文本细读应用于古诗文的语言分析。

例如，统编语文教材七年级上册第一单元教学要求为：重视朗读，想象文中描绘的情景，领略景物之美；把握好重音和停连，感受汉语声韵之美，注意揣摩和品味语言，体会比喻和拟人等修辞手法的表达。本单元编排了四首课内诗歌阅读，曹操《观沧海》一诗中，诗人用寥寥数笔，采用借景抒情的方式，便描绘出了一幅波澜壮阔的秋日海景，也把眼前的海上景色和自己的雄心壮志很巧妙地融合在一起。这与诗人在语言上的严谨息息相关。在诗句的开头，作者只用了“东临碣石，以观沧海”八个字，既点明了全诗所要描绘的主要内容，又告诉人们自己所在的位置，以及此行的目的，并为后文的描述做好了铺垫，语言简练，却没有影响其作用。“水何澹澹，山岛竦峙。树木丛生，百草丰茂。秋风萧瑟，洪波涌起。日月之行，若出其中；星汉灿烂，若出其里。”这几句都是对沧海具体景象的描绘。其中，“秋风萧瑟”四个字，既表明了当时的时间，又表现了诗人此时的心情。虽是秋天的典型环境，却无半点萧瑟凄凉的悲秋意绪。作者面对萧瑟秋风，写大海的辽阔壮美：在秋风萧瑟中，大海汹涌澎湃，浩渺接天；山岛高耸挺拔，草木繁茂，没有丝毫凋衰感伤的情调。这种新的境界，新的格调，正反映了他“老骥伏枥，志在千里”的“烈士”胸襟。更是为之后的“洪波涌起”提供了条件，为突出沧海波涛汹涌的场景埋下了伏笔。而“日月之行，若出其中；星汉灿烂，若出其里”这两句则在描绘沧海广阔的同时，显示出一定的哲学意蕴，作者借助自己的想象将大海和宇宙联系起来，抒发了自己的伟大志向，明确了未来的方向。这首诗词虽然语言数量不多，却表现了宏大的自然景象，蕴含了诗人的深厚情感，这正是古诗词语言的魅力所在，也是需要学生进行精读、细读的必要所在。所以，教师在引导学生完成古诗词的文本细读时，对语言的具体分析和欣赏必不可少。

例如，统编语文教材八年级下册杜甫的《茅屋为秋风所破歌》的教学。在教学过程中，教师首先让学生朗读，并在朗读的过程中做到“准字音、准句读、准节奏”，再让学生进行第二次朗读，要求学生在朗读过程中明确《茅屋为秋风所破歌》的大意，本首诗叙述作者的茅屋被秋风所破以致全家遭雨淋的痛苦经历，抒发了自己内心的感慨，体现了诗人忧国忧民的崇高思想境界，了解本诗歌的情感基调（身世飘零的感慨、暗淡愁惨的悲哀、炽热的忧国忧民的情感）。教师在剖析《茅屋为秋风所破歌》的思想情感之前，让学生再次朗诵一遍，并叮嘱学生在朗读的过程中，领悟作者的思想情感。学生通过朗读，可以初步了解文本传达出来的思想情感。别林斯基曾说："任何一个诗人也不能由于他自己和靠描写他自己而显得伟大，不论是描写他本身的痛苦，或者描写他本身的幸福。任何伟大诗人之所以伟大，是因为他们的痛苦和幸福的根子深深地伸进了社会和历史的土壤里，因为他是社会、时代、人类的器官和代表。"杜甫在这首诗里描写了他本身的痛苦，但当读者读完最后一节的时候，就知道他不是孤立地、单纯地描写他本身的痛苦，而是通过描写他本身的痛苦来表现"天下寒士"的痛苦，来表现社会的苦难、时代的苦难。

通过教师引导学生在诗歌语言层面上的文本细读，让学生准确地把握诗歌的音节、节奏、语调，领悟诗歌语言的独特魅力。这样，就有利于学生在朗读中体会诗歌字里行间流露出来的情感，为领悟文本主旨做好铺垫。另外，还有利于学生养成学习诗歌的良好习惯。

3. 从诗歌意境层面进行文本细读，提升学生思维品质

意境是诗歌的重要内容，它带有作者的主观情感，深邃幽远。意境教学质量能直接影响诗歌的整体教学质量。因而，提高诗歌意境教学质量尤为重要。学生主要通过诗歌语言中的意象联想并进入意境，即将诗歌中的意象组成一幅图画，然后深入图画中分析、朗读，最终体会作者的情感，达到理解诗歌内容、领悟作者思想情感的目的。因此，教师可以将文本细读应用于诗歌意境的分析中。

例如，统编语文教材八年级上册王维《使之塞上》"大漠孤烟直，长河落日圆"这一联，写诗人进入边塞后所看到的塞外奇特壮丽的风光，画面开阔，意境雄浑。教学时，教师引导学生赏析"圆""直"两字的妙用，合理运用联想和想象，激活、拓展学生思维。首先从直觉上感受这首诗歌的独特语言魅力，然后再从广阔的沙漠自然意境描绘中训练学生的思维，同时在奇特雄浑的意境勾勒中，结合作者写作背景让学生体悟诗人由此触发的悲壮情怀。再如：统编语文教材七年级上册"课外古诗词诵读欣赏"中李白的《峨眉山月歌》。"峨眉山月半轮秋，影入平羌江水流"可引导学生从"秋"字的赏析中直觉感受到秋天月色之美，“半轮”让学生联想到青山吐月的优美意境。“影”和“入”“流”两个动词，构成了一幅月影映入江水，又随江水流去的“影入江水流”美景图，通过诗歌语言的品析和意境的勾勒，提高了学生的诗歌赏析能力，学生的各种思维也得到了发展。也就是说，教师在古典诗歌教学中要关注作者，注意教材中给出的注释，挖掘诗歌中的意象、炼字等，全面理解诗歌的内涵，让学生掌握好鉴赏诗歌的思维方法，这样学生的思维通过理解、梳理、自主领悟与总结等方式得到提升。

4. 从诗歌情感层面进行文本细读，陶冶学生高尚情操

诗歌是人类情感的产物，情感是诗歌的灵魂。诗歌情感是诗歌教学中的重点，也是难点。在诗歌教学的传统教学模式中，教师通常从语言、表达技巧等方面分析作者的情感，这不足以加深学生对文本、对作者情感的理解。文本细读可作用于学生对诗歌情感的理解，并通过对比，加深学生对诗歌情感的理解。因此，教师可以将文本细读应用于诗歌的情感分析中。

例如，统编语文教材九年级上册张养浩《山坡羊·骊山怀古》的教学。教师在讲解本诗歌的思想情感时，先通过采取自主朗读、听名家诵读、指导学生诵读等形式，从整体上让学生感知本首曲的感情基调，然后在诵读的过程中找出最能体现作者情感的词语或句子“只见草萧疏，水萦纡。至今遗恨迷烟树。列国周齐秦汉楚，赢，都变做了土；输，都变做了土”。学生找出后，教师引导学生将词语或句子进行替换，如“草萧疏，水萦纡”替换掉，或将“赢，都变做了土；输，都变做了土”换成“赢，输，都变做了土”。还能有效地表达出作者的思想情感吗？学生通过对比分析后，认识到《山坡羊·骊山怀古》每个字词的重要性，并深入理解字里行间所传达出来的思想情感。通过教师在诗歌情感层面的文本细读，并引导学生对比、替换诗歌中的词语，从中提升学生的思维品质，使学生感悟不一样的思想情感。如此，有利于学生在诗歌鉴赏中辨别优势，提高思辨能力，提升感悟。另外，还活跃了课堂气氛，调动学生思考的积极性与主动性，能在体悟作者思想感情的基础上，发展学生的语文核心素养。

在统编教材初中古诗文教学中，教师还可以从以下方面进行文本细读的尝试：从古诗文文本的细读中发现古诗文教学的育人功能和教育价值；从初中生学习古诗文“为什么好”的角度整体地反复细读文本；从研究教学处理的角度细读古诗文；从思考学生能力训练、提升语文课程核心素养的角度细读古诗文；从读写结合训练的角度揣摩文本内容；从文章结构欣赏的角度精细地分析文本；对古诗文进行“选点品读”“美点赏读”“选点深读”；用“同类文联读”“同诗人比较阅读”的方式，从横向联系的角度采撷多篇文本中的美好；用小论文写作的方式带动文本细读；对古诗文的语言表达进行“专题研读”；用评点的方式对古诗文细读……

综上所述，中华古典诗文是我国文学史上的瑰宝，在我国传统文化中占据重要的地位，往往寄托着诗人复杂的感情和时代的独特印记，因此古诗文的阅读对中学生理解起来并不容易。所以，教师要采用正确文本解读的方法，集中对古诗文的背景、语言、意境和结构进行分析，真正提高学生的古诗文鉴赏能力，培养学生语文学科核心素养。

四、文本细读，教师应具备的品质

1. 积极学习，积淀中华古典文化素养，提高文本解读能力

一个语文教师，最重要的基本功是文本解读的能力，要具备高超的古诗文文本解读能力，那就要不断地阅读、学习，因为它直接制约着教师对文本的理解能力和教学设计的能力。古诗文教学设计的水平是古诗文文本解读能力的直接体现。老一辈教育名家深厚的古诗文底蕴，积淀下了令人惊叹的极高超的古诗文本解读能力，而古诗文文本解读能力背后，则是深厚文化素养的支撑。如何高质量地解读古诗文文本，力求课堂上披沙拣金，深入浅出。这需要教师高度的责任心，严谨的治学态度，更需要教师不懈地提升个人古诗文素养和能力。

2. 必要的古典文化知识，作古诗文教学的“长流活水”

准确、高质量地细读古诗文文本，离不开深厚的古典知识的能力。如果教师不积淀渊博的古诗文知识，或轻易否认语文知识对语文学习的指导和促进作用，容易使古诗文语文教学走向非理性主义的误区。“书到用时方恨少，事非经过不知难。”在自媒体高速发展的今天，学生接触获取知识的渠道越来越通畅，获取到的知识越来越多，对于我们教师而言，要学的东西实在太多，而我们知道的东西又太少了。因此，语文教师要高质量地解读古诗文文本，要多方面获取必要的语文知识，尤其古诗文基础知识。如：古典语言学、文章学的

一些常识，要深入学、广泛学，透彻掌握。比如古诗文文体、体裁、技法、修辞以及各种文学、文化常识、历史知识等等，要充分掌握，教学时方能得心应手。人们常说："教给学生一杯水，教师应该有一桶水。"语文教师要让"一桶水"变为"长流活水"，变为"一条奔涌不息的河流"。唯有这样，才能始终与时俱进，做合格的语文教师。

3. 深厚的文化素养，增长古诗文教学智慧

初中语文课程涉及的知识面极广，古诗文教学联系上至天文地理，下至市井风俗，涉及古今中外。作为语文老师，要努力使自己成为一个博学多才的"杂家"，要大力发扬多阅读古诗文书籍的风尚，丰富自己的人生阅历，从古诗文知识中寻找能引起学生心灵共勉的切入点，把生活的源头活水引进古诗文课堂教学，才能使学生心田永远清泉汩汩。一个初中语文老师，一个在古诗文教学上有大成的语文教师，更应该是一个永远的学习者，广泛阅读古典文学经典，阅读古典名著，日积月累，方可在古诗文知识方面大成。人的一生，其实是不断积累的过程，古典文化素养这样，古诗文文本解读能力也是，教学智慧也是。只有用心学习，用心积累，才能一步一步走得更远，走得更高。

总而言之，古诗文教学是初中语文教学中的重要组成部分，它可以丰富学生知识，建构学生语文课程核心素养，提高学生的阅读能力。为进一步提升初中古诗文教学质量，教师在教学过程中必须重视文本细读，从古诗文文本语言、意境以及情感等层面利用比较、联想、朗读以及创作等方法进行细致分析，并分析教学过程中存在的问题，及时解决，进而提高初中语文古诗文教学的质量，提升学生的文学审美鉴赏能力，促进学生语文学科核心素养的提升。

五、文本细读教学案例

《茅屋为秋风所破歌》文本解读

一、导入

师：在我们祖国灿烂的文学史中，唐诗是一串璀璨夺目的明珠。在这串明珠中，杜甫的诗以其强烈的时代感，深沉的人民性而独占鳌头，被誉为"诗史”。上次布置了同学们回去预习，查找有关杜甫的作品。

生：学生背诵学过的《石壕吏》《春夜喜雨》等作品。

（教师以幻灯片的形式检查学生对背景和作者的掌握）

师：今天我们一起来学习杜甫的《茅屋为秋风所破歌》，体味杜甫忧国忧民的感情，鉴赏杜诗沉郁顿挫的风格。同学们课前都进行了预习，你感觉它和我们平时所学的唐诗有什么不同？

生：句子长短不一，比如有些句子是九个字，有些只有七个字，有点参差不齐。

师：你的发现很敏锐，请坐。有同学补充吗？

生：我们以前学的五言或七言古诗一般都是四句或者八句，很短。但是这一篇《茅屋为秋风所破歌》比我们以往背的诗要长许多。

师：请坐。你关注到了诗歌的篇幅，很好。这里其实就是一种很特殊的文学体裁，请同学们看屏幕。

二、背景介绍

屏幕显示：背景资料（一）

歌，能唱的诗。本是古代歌曲的一种形式，后成为古诗的一种体裁，称为“歌行体”。这种古诗，讲究押韵，朗朗上口，体现“歌”的特点；用长短句，顿挫相谐，有“行”的动感。

（学生齐读）

师：《茅屋为秋风所破歌》，这个题目里的“歌”，就是一种体裁。下面我们来看看作者写这首诗的背景，读起来。

（教师出示课件，学生齐读）

杜甫终于结束了十余年颠沛流离于战乱的生活，来到成都，在朋友的资助下，于成都郊区浣花溪旁盖了几间草房，全家暂时安顿下来。这是公元760年，安史之乱已经持续了六年。第二年秋天，辛辛苦苦盖起的茅屋竟为秋风所破，诗人感慨万千，写下了这首著名的诗歌。

师：“茅屋为秋风所破”是诗人写这首诗的缘由，由此触动了他的情思与情怀。下面我们就一起来朗读课文。

三、读诗歌

（学生齐读）

师：同学们读得很流利，这三个字的读音要注意一下。（板书）

顷qǐng　　丧sāng　　厦shà

师：这三个字的读音要重视，刚才同学们的朗读，虽然很通——但是作为“歌”，作为能唱的诗，它独有的味道没有被读出来。下面我们对朗读进行一些细节的揣摩。

屏幕显示：吟读课文：读好七言句的停顿。

师：我们往常读七言句一般都是二二三的节奏，或者四三的节奏。这里用四三的节奏来读，更有歌行的味道，师范读：

屏幕显示：八月秋高/风怒号，卷我屋上/三重茅。

师：请同学选一个其他的七言句子来读一读。

生：唇焦口燥/呼不得，归来倚杖/自叹息。

生：俄顷风定/云墨色，秋天漠漠/向昏黑。

师：请同学们把第一段读一读。

（学生齐读）

师：这样就有一点吟咏的味道了，用“四三”的节奏来读，情感沉郁顿挫。同学们按照这样的要求，来自读一下全诗。

师：同学们，经过这样的读，我们就读出了歌行的味道。下面我们变换一种形式来读课文，叫译读，就是对照注释翻译课文，看着课文句子直接说翻译。比如第一句，我边读课文边翻译，“农历八月啊，深秋时节，狂风怒号，卷起我茅屋上的好几层茅草”，就这样直接说课文的句子大意，如果有拿不准的地方，打一个问号。

（学生译读课文）

四、译读诗歌

师：在翻译的过程中，有疑问的同学可以跟前后左右商量商量。

（学生译读课文，小组交流）

师：有没有经过小组交流和自己再思考，仍然解决不了的问题？有的话请举手。

生：“何时眼前突兀见此屋”，翻译起来不太顺口。

师：哪位同学来帮帮他？

生：什么时候我的前面突然出现这样华丽的屋子。

生：“自经丧乱少睡眠，长夜沾湿何由彻。”

师：你是前一句不理解，还是后一句不理解？

生：两句都不理解。

师：我们一起来逐词理解。“自经”可以用同义词替代，“丧乱”，自从安史之乱以来，我就很少——

生（齐）：睡觉！

师：睡得着觉，“长夜”？

生：漫漫长夜。

师：你说得对，“沾湿”，我屋子里到处都是湿漉漉的一片，“何由彻”？

生（齐）：如何挨到天亮。

师：如何挨到天亮，何时是一个尽头。理解了吗？

生：理解了。

师：还有问题吗？

生：“风雨不动安如山”的“安”，怎么解释？

师：这个“安”字可以用组词法来解释。

生：安稳。

师：安如山，像山一样安稳，无论你暴风骤雨，我自岿然不动，理解了吗？

生：理解了。

师：还有问题没有？

生（齐）：没有了。

五、赏读诗歌

师：下面我们赏读课文，与诗人同行。大家读课文，将你所读的每一段用四字短语概括出来，比如第一段：秋风卷茅。

师：请同学们选择自己喜欢的方式读二、三、四段，用四字短语概括主要内容。（学生默读）

生：我觉得第二段可以概括为：诗人叹息。如果可以扩充为八个字的话可以是："群童戏谑，诗人叹息。"

师：群童的主要行为是什么呢？

生：抱茅。

师：那你们认为哪四个字更合适？

生：群童抱茅。

师：这样就把最主要的内容概括出来了。第三段谁来？

生：可以是"风雨破茅"。

师：你真不简单！这个"破"字用得真好，既照应了文题，又写出了风雨的力量。第四段呢？前面三段有具体的事，第四段是作者抒发的感慨，只要把作者的情感用四个字概括出来就可以了，教大家一个最简单的方法：体现摘取原文。

生：安得广厦。

师：那我们就用"安得广厦"，这其实就是诗人的一种热烈的渴望。

六、理解诗情

师：我们理解了诗歌内容，再来感受一下，诗歌中体现的作者的感情。屏幕显示：

"代诗人抒情"，代，代替，代替诗人抒发他的情感。示例：第一段，抒发了诗人焦急的心情，由"三重"可知茅草被卷之多，由一个"飞"字可知茅草飘转之远，再捡回来也不容易，茅屋建盖多么不易啊，现在为秋风所破，怎不让人心急如焚？

下面请同学们开始读课文，代诗人抒情。

（学生读书，做发言准备）

生：第二段，抒发了诗人惋惜的心情。

师：是惋惜么？

生：无奈。

师：请说理由。

生：第二段写诗人无奈的情绪，诗人年老体弱，没有办法阻止儿童抱茅的行为，从"呼不得""自叹息"这两个词语上，我们仿佛看到了一个无奈地摇着头在那里叹息的诗人。

师：你读书很认真，而且想象也很丰富。第三段呢？

生：诗人悲哀的感情。

师：说说看你的理由？

生：安史之乱以来，诗人就“少睡眠”了。

师：一个经常失眠的人确实蛮悲哀的，但是，他并不是为睡不着而悲哀，而是为国运而悲啊。还有补充吗？

生：痛心。

师：痛心？说说理由。

生：盖的被子又冷又硬，偏偏这样的被子还被小孩子蹬破了，他能不痛心吗？

师：杜甫不是舍不得被子，这样的雨夜，这样的家境，一个父亲，一个丈夫，他无力改观，心中该是多么的凄苦！凄凉而悲苦。好，看第四段。

生：一种渴望。

师：请你说说理由。

生：“何时”，什么时候，“何时”二字就是一种期盼。

师：这种期盼能实现吗？

生（齐）：不能。

师：对，不能实现的期盼，不能实现的渴望，就带有一种——

生（齐）：伤感。

师：如果最终渴望能够成为现实，诗人愿意付出怎样的代价？

生（齐）：自己被冻死。

师：自己被冻死了也心满意足，以自己的生命为代价换得这样的一种渴望实现，那么，这种渴望，这种情感就带上了怎样的味道呢？

生：悲壮的味道。

师：第四段，抒发了诗人悲壮的情怀，我们看，在这短短的诗句中，诗人的情感是丰富变化的，从焦急到无奈到凄苦到悲壮。

师：下面自由读课文，说说你在这首诗中读到了一个怎样的诗人。

（学生读课文，小组讨论）

生：伟大的诗人。

师：伟大，这个词语有点空，伟大具体体现在哪里呢？

生：一个心酸的诗人。

师：他颠沛流离，长夜沾湿，穷愁潦倒，心酸啊！很好。

生：心胸宽阔的诗人。

师：体现在哪里呢？

生："安得广厦千万间，大庇天下寒士俱欢颜"，诗人自己睡在破茅屋里，心里想的不是改善自己的境遇，却惦记着天下寒士，这就是心胸宽阔啊。

师：有一个词，比心胸更贴切，更有褒义感情。

生：胸怀。

师："胸怀""胸襟"，杜甫的伟大，就在于他身在茅屋，心忧天下（板书：身在茅屋，心忧天下），身在茅屋之中，心忧天下寒士，这种忧国忧民的情怀，垂名青史。前面三个小节，写自己的贫苦，写自己的辛酸，写自己的颓唐，仅仅是写了一个小我；最后一节，想到天下寒士，想到天下苍生，那么这样的人他就拥有了悲悯天下的情怀，这就是大我，所以杜甫他才被称为"诗圣"（板书：悲悯情怀诗圣）。其实，历史上这样的人又何曾少呢！如屈原……

生：欧阳修、岳飞、范仲淹、顾炎武……

师：他们，就是我们这个民族的脊梁。"诗圣"，对于杜甫，他是当之无愧的；他写的诗歌，再现了那一段历史和生活画卷，被称为——诗史。

屏幕显示，学生齐读：

任何伟大诗人之所以伟大，是因为他们的痛苦和幸福深深地扎根于社会和历史的土壤里，因为他是社会、时代、人类的器官和代表。

师：关注社会和历史的土壤，有悲悯的情怀，我们就提升了自己的精神境界。

《茅屋为秋风所破歌》文本细读

《茅屋为秋风所破歌》这首诗作于唐肃宗上元二年（761）八月。公元760年春天，杜甫求亲告友，在成都浣花溪边盖起了一座茅屋，总算有了一个栖身之所。不料到了公元761年八月，大风破屋，大雨又接踵而至。当时安史之乱尚未平息，诗人感慨万千，写下了这篇脍炙人口的诗篇。

听了《茅屋为秋风所破歌》这堂课，这位老师深入细微研读教材、准确确立教学目标、条理清楚的教学过程等给人耳目一新之感。这堂课明确的内容，清晰的板块，简洁的线条，有效的指导，让我们欣赏到了老师的精致语文的风格。

王荣生教授主张老师观课、评课时要从教学内容角度来完成，他认为一堂好的语文课，“主要的标志是教学内容正确并使学生有效地获取相应的经验”。他提出要重点关注“教师想教什么—教师实际在教什么—学生实际在学什么”。这样的一组关联为我们的观课、评课、教课提供了有效的模式。教学内容的正确离不开教师所教文本的细读，下面我们就根据这一模式和教师的文本细读来评点这一堂诗歌教学课。

一、文本细读，关于教师想教什么

纵观整个课堂教学，我们可以清晰地把握教师在这一堂语文课上，想要实现的主要教学目标和内容：让学生了解诗歌“歌行体”的基本特点；概括诗歌内容；把握诗人情感；理解诗人情怀。老师准确定位了这首诗歌的教学目标和教学内容，由此可看出教师在文本细读上下足了功夫，对有关这首诗歌文本的相关诗歌常识、作者背景、诗歌语言及诗人诗歌语言特点，诗人为什么在这首诗歌中表达“安得广厦千万间，大庇天下寒士俱欢颜”这样的情怀，都作了深入研读。因此，在文本细读上，这位老师做得非常出色。

二、关于教师实际在教什么

1. 教师实际在教“歌行体”的基本常识

“歌行体”的基本常识通过角度特别的新课导入自然而然地引进。

这样的导入既是检查预习，也是巧妙引进新课。学生们对唐诗的了解还是表面化、形式化的，让学生从形式上准确地说是从字数、句子的角度一下子感觉“歌行体”的特点，教师在学生的直接经验之后再进行专业介绍，这就显得水到渠成。教学线条自然流畅。

2. 教师实际在教把握文意

把握文意这一教学环节，教师设计得很精妙。因为是古代诗歌，学生在文字理解上就会有一定的难度。教师充分调动学生的主体性，运用“译读”法，由学生“对照注释翻译课文，看着课文句子直接说翻译”。这样，学生通过朗读、翻译的方法，对文章的内容有了总体的印象。然后教师设计了“与诗人同行”的教学活动，要求学生“用四字短语概括”每一段内容。

3. 教师实际在教理解诗人情感

学生理解本首诗歌中处于战争中生活颠沛流离的诗人是比较困难的。如何让学生读懂作者、理解抒情主人公形象，徐老师还是花了不少心思的。“代诗人抒情”，这一活动的设计就让学生自己成为抒情主角。这一次的读应该是深读，是深入文本地读，是深入作者内心地读。因为唯有深读，才能实现读者和文本的对话，实现读者与作者的对话，实现当下与历史的对话。在“代诗人抒情”的过程中，教师引导学生立足文本，紧扣文本来理解。这既是在引导学生理解作者，更是在教学生理解另一颗心灵的方法。

4. 教师实际在教理解诗人的伟大情怀

这篇诗歌如果只是通过读读、说说来了解杜甫的生活遭遇，来理解在动乱的战争年代里杜甫的悲苦和期望，那就比较肤浅了。真正的诗人是以民生问题为他的诗歌创作灵魂的。老师设计了让学生说说“在这首诗中读到了一个怎样的诗人”，实际上是要让学生通过自己的阅读来理解历史给予杜甫“诗圣”的评价。教师巧妙地设计了几个问题，根据学生的回答做了即时的、灵活的点拨、追问和提升，使学生对“伟大”“情怀”的理解不再虚空、缥缈，最后的教师小结是有力度和高度的，而又为学生所能自然接受的。

三、关于学生实际在学什么

上海的李海林老师曾经提出，要建设“依文本设计活动，学生在活动中学语文”的课堂教学形态。他主张语文课堂上要“搞活动”，在活动化的课堂里，不是教师把自己对文本的理解告诉学生，学生理解并记住教师的这些理解，而是教师设计活动，让学生在活动中体验语文、生成能力、提高素养。

这节课，就是一种由教师设计而由学生完成的“活动化”的语文课堂。整堂课，学生在教师严密而又精致的教学设计中进行学习。通过读出句子停顿、句中节拍和特别顿音了解“歌行体”，通过“与诗人同行”概括内容，通过“代诗人抒情”理解作者情感，通过“给诗人画像”理解悲悯情怀。这些内容都是在学生的读、说的活动中进行的，教师起了牵线搭桥的作用。因为有教师的活动示范，学生学习起来就比较容易达到教师提出的要求。

第二节　课程目标，教学活动的导向

教学目标是关于教学将使学生发生何种变化的明确表述，是指在教学活动中所期待得到的学生的学习结果。在教学过程中，教学目标起着十分重要的作用。教学活动以教学目标为导向，且始终围绕实现教学目标而进行。教学目标可以分为三个层次：一是课程目标；二是课堂教学目标；三是教育成才目标。

一、语文课程目标的三个维度及关系

《语文课程标准》在“课程目标与内容”中指出：“课程目标从知识与能力、过程与方法、情感态度与价值观三个方面设计。三者相互渗透，融为一体。目标的设计着眼于语文素养的整体提高。”

课程目标的三个维度是密不可分的一个整体，三个维度水乳交融，相互渗透，融为一体，就像血肉丰满的生命体。这三个维度的划分只不过是对目标描述上的划分，在课堂教学过程中是不能割裂开来的，三者之间是相辅相成的。但又绝不可把三者混为一谈，它们是一个事物的几个侧面，这正如语言文字的性质是多维的一样。语文是表情达意的，要用语言文字来表达。表达与情意是一个事物的两个侧面，离开了情意，表达也就没有意义了：而离开了表达，情意是无法讲出来的，是无法达到交流的目的的。知识与能力是显性目标，情感、态度、价值观是隐性目标，显性目标是隐性目标的基础，是为隐性目标服务的。在学习知识和技能的过程中，培养积极的情感态度和正确的价值观，离不开过程和方法的实施，过程和方法又恰是二者之间的联系纽带。设想一堂课仅有显性目标，那学生遭遇的只能是一堆“死”的符号型的结论，势必造成单纯的知识传递，造成死记硬背和封闭僵化，使教学缺乏“人气”，缺乏生命活力；如果一堂课仅有隐性目标，那就好比天上美丽的彩虹，可望而不可即；过程和方法恰似二者之间的桥梁，使得美丽的彩虹触手可得。好的教学目标应是三个维度的完美结合，既有知识、技能的增长，又有适度恰当的过程和方法，最终实现情感、态度、价值观等的生成和发展。

二、课堂教学目标

我们常说的教学目标应是指：课堂教学目标。

课堂教学目标就是课堂教学过程中的教与学的互动目标，是师生通过教学活动预期达到的结果或标准，是对学习者通过教学以后将能做什么的一种明确的、具体的表述。主要描述学习者通过学习后预期产生的行为变化。

课堂教学目标是依据课程目标设计的，课程目标应贯穿和体现于课堂教学目标之中，因此教学目标的内容范围与课程目标应该是一致的，具体可分为三个维度：知识与能力、过程与方法、情感态度与价值观。知识和能力目标是对学生学习结果的描述，即学生通过学习所要达到的结果，又叫结果性目标。这种目标一般有三个层次的要求：学懂、学会、能应用。过程与方法目标：是学生在教师的指导下，如何获取知识和技能的程序和具体做法，是过程中的目标，又叫程序性目标。这种目标强调三个过程：做中学、学中做、反思。情感态度和价值观目标：是学生对过程或结果的体验后的倾向和感受，是对学习过程和结果的主观经验，又叫体验性目标，他的层次有认同、体会、内化三个层次。

从课程目标的三个维度的论述中，我们可以得知：教学目标更多的是在“知识与能力”的目标中渗透了“过程与方法”。它们的意义在于：注重学习主体的实践和体验，注重学习者的学习经历和学习经验，引导学生在学习中掌握学习方法，对教学过程有正确引导，改变只重结果不重过程的现象。

根据语文课程目标三个维度的特征，我们可以具体描述语文课堂教学目标的三个维度：

（1）知识与能力：语文学科的基本知识和基本能力。

（2）过程与方法：让学生了解语文知识形成的过程、“亲历”探究知识的过程；学会发现问题、思考问题、解决问题的方法，学会学习，形成创新精神和实践能力等。

（3）情感态度与价值观：让学生形成积极的学习态度、健康向上的人生态度，具有科学精神和正确的世界观、人生观、价值观，成为有社会责任感和使命感的社会公民等。可以说，知识与能力维度的目标立足于让学生学会；过程与方法维度的目标立足于让学生会学；情感态度与价值观维度的目标立足于让学生乐学。因此，任何割裂语文课程三维目标的教学，都不能促进学生的健全发展，不利于学生语文课程核心素养的培养。

因此，语文课堂教学目标是课堂教学的核心和灵魂，是语文课堂教学的出发点和落脚点，是语文教学达到一定水平、具有一定质量和效益的前提和保证，它指导和制约着语文教师和学生在整个语文过程中教、学语文的各种活动，语文教学内容的确定、教学过程的安排、教学方法和学习方式的选用、教学媒体的运用以及教学结果的测量和评价等都要服从和服务于语文教学目标，对保证课堂教学的有效开展至关重要。

三、语文课堂教学目标确立的几种倾向

语文课堂教学目标必须依据语文课程目标来制定，必须从知识和能力、过程和方法、情感态度和价值观三个维度进行设计，并将三个维度恰当融合，形成整体，才能使我们的语文课堂教学有目标，教在得法，教有所获，学生学有所得。但当前的语文课堂教学，在制定教学目标上主要存在以下几种倾向。

其一，教学目标确立草率盲目，对教学内容没有作深入研究，对学生学习缺乏明确的指导。教学目标缺乏准确性、系统性与渐进性，无教学目标三个维度的思考，或将教学目标的三个维度隔离开来。

其二，教学目标笼统模糊，大而泛之，许多教学目标里充满了“学习”“认识”“了解”“体会”“品味”等要求，这些要求到底在多大程度上能够达到或不能达到，其中每一个要求要经过哪几个阶段或层次，都很难操作、观察和测定。导致的结果是：课堂随意、盲目、方向不明，效果不明显；教学评价不可观察，不可测量。

其三，教学目标肤浅认知型，没有将学生情感、态度、价值观的培养放在重要位置。教学目标中大都是一个个知识性问题。问题肤浅、答案明显，没有深度价值，与教育的终极目标大相径庭。

其四，教学目标照抄教师教学用书，按照教学用书一抄了之，教学用书上怎么写，就怎么抄。

其五，教学目标脱离教学内容，仅凭感觉随意而定。为了保证教学设计的完整性，随便写上几句，或是先上课，后补教学目标。或是每节课都还较认真地写，但写是写，教是教，写后不再去看。

例如，统编教材七年级下册《诫子书》的教学目标：1. 知识与能力：积累本课的重点文言词汇，借助书下注释和工具书疏通文意，熟读成诵，培养学生文言文语感。2. 过程与方法：通过自读法、朗诵法、讨论法、练习法相结合的方法，理解课文内容，把握文章思路。3. 情感态度与价值观：体会作者在文中的感情，培养学生正确的人生观。

这里的目标有三个错误：第一，是割裂，知识目标、方法目标、情感目标，是你中有我，我中有你，如何就能分开？第二，不具体，是《诫子书》的目标，也可以看作是《马说》的目标，甚至还可以看作是所有文言文的目标。第三，大而无当，“培养学生正确的人生观”是这一课的目标吗？如果一课能解决这样的情感目标，那倒简单了，通过学习相关的几篇课文，这个“观”、那个“观”都能全部搞定。

好的语文课，总是充满着生成，但无论怎样生成，都要围绕目标来进行，“万变不离其宗”说的就是这个道理。还有“每课一得”一说，也是在说教学目标，应该成为教学设计中目标界定的一种思维方式。因此，教学目标的确立要遵循一定的原则。

四、课堂教学目标确立的原则

1. 确定教学目标，要注重教学内容

教学目标的确立是围绕一篇课文或一节课的文本内容而制定的，因此，确立教学目标一定要深入研读文本，围绕教学内容来确定，注重课堂教学内容。“注重内容”是指注重对课文内容的理解和领悟。一句话，就是读懂课文内容，理解中心。语文阅读教学，其本质就是理解内容，《语文课程标准》指出：“阅读教学应注重培养学生感受、理解、欣赏和评价的能力。”“在理解课文的基础上，提倡多角度、有创意的阅读，利用阅读期待、阅读反思和批判等环节，拓展思维空间，提高阅读质量。但要防止逐字逐句地过深分析和远离文本的过度发挥。”由此，可以看出学生的阅读能力也是以理解为核心的。只有正确理解和领悟了课

文或本课时的教学内容，才能真正提高学生的语文能力。

2. 确定教学目标，要注重教学内容的重点

根据教学文本内容，每篇课文总有两三个训练重点。因此，确立教学目标要充分考虑本篇文本的教学重点，所谓的“注重重点”是指重点之中的重点，即教材的突破口。一篇课文，可教的东西很多，许多教师一味求全，唯恐遗漏了其中之一，好像只有讲全了才放心。所以在确定教学重点时，面面俱全。我认为这大可不必，教学应该以是否正确理解和感悟课文的内容作为取舍教学目标的标准。教师在充分阅读文本的基础上，掌握了本篇课文的教学重点，就能准确确立本篇课文或本课时的教学目标，教学过程中才能做到有的放矢。

3. 确定教学目标，要注重教学内容的难点

一篇课文，总会有学生难以理解的地方，总会有学生学习的困难之处，因此，教师确定教学目标时，要注重教学内容的难点。所谓“难点”，就是指学生难以理解和掌握的知识，也就是通常所说的需要学生“跳一跳才能摘到的果实”。到底哪些才是文本的难点呢？这就要求我们充分细读文本，挖掘文本内容，了解学生的学习现状，掌握学生学习文本的困难之处。我们经常说的备课不仅要备课文，更要备学生，就是这个道理。

五、目标的确立——具体、明确、集中

中华古典诗文是古人智慧的结晶，是先人给我们留下的最好的精神遗产。它历经时间的考验，在承载优秀的传统文化、沟通古今人类共通的情感方面有着独特的魅力与价值。古诗文教学目标的确立要依据《语文课程标准》的有关要求，以及统编初中语文教材中的单元目标及文本自身的特点来确定。教学目标的确定是将抽象的、理论性的目标，转化为一个个具有可操作的目标的过程。

《语文课程标准》对初中古诗文阅读提出了明确的目标和具体要求：“诵读古代诗词，阅读浅易文言文，能借助注释和工具书理解基本内容。注重积累、感悟和运用，提高自己的欣赏品位”“背诵优秀诗文80篇（首）”。在“古诗文阅读的评价”中指出：“评价学生阅读古代诗词和浅易文言文，重点在于考察学生记诵积累的过程，考察他们能凭借注释和工具书理解诗文大意，而不应考察对词法、句法等的掌握程度。”

因此，根据《语文课程标准》对初中古诗文提出的阅读目标和要求，遵循统编教材初中语文古诗文编排特点，结合初中古诗文文本具有的特质，初中古诗文课堂教学目标应具体、明确、集中。

（一）统编初中古诗文课堂教学目标确定的角度

初中古诗文课堂教学目标的确定可以从这几个角度思考：诵读、语言、意象、意境、艺术手法、情感及价值观。

（1）通过朗读指导，培养阅读文言文语感或诵读古诗词的能力；

（2）积累一定数量的文言字词，掌握基本的文言文句式；

（3）能依据古诗文的内容，用自己的语言概括文言文大意或诗歌中描绘的画面；

（4）能说出哪些诗句是写实的，哪些是虚构之笔，提高品析古诗文语言的能力；

（5）能依据诗文的内容及情感，对诗句描绘的画面进行合理的想象和联想，丰富画面；

（6）能简要地指出诗词中意象的含义；

（7）能简单地评析诗词的艺术手法；

（8）能用自己的话转述古诗词中的人生哲理与情感。

（9）根据古诗文文本内容所蕴含的人生观、价值观等，潜移默化地对学生进行思想教育，实现古诗文在落实立德树人根本任务，启智增慧、培根铸魂、以文化人方面的功能。

中华古典诗文具有语言精练、意境深远、内容含蓄、情感丰富的特征。它是作者自我价值的表达、自我精神状态的表述、对自我与世界之间关系的梳理，它基本采取的是“将思想感情与自然景物、人生境遇融合到一起的手法”，“以‘感物’为模式的创作方式”，“以期追求物我合一的精神境界”。中华古典诗文的语言实际上是一种特殊的、神秘的符号系统，富有音乐美，它不但含有一种抽象化、系统化的理性意蕴，更含有情感的美感。中华古典诗文最擅长用最少的语言表现出最丰富的内容和思想，这就是它极精练的特点。根据中华古典诗文在语言、意境、情感等方面特点，从整体上讲，初中统编教材古诗文教学的目标就是实现语言、文学和文化三者的有机统一。

（二）统编教材初中古诗文教学目标确立的三个方面

1. 古诗文的背诵与积累

《语文课程标准》“附录1关于优秀诗文背诵推荐篇目的建议”指出：“要求学生背诵古今优秀诗文，包括中国古代、现当代和外国优秀诗文，具体篇目可由教科书编者和任课教师推荐，这里仅推荐古诗文135篇（段）。其中1—6年级75篇，7—9年级60篇。1—6年级的背诵篇目都是诗歌；7—9年级的篇目，除诗歌外，也选入了一些短篇散文。这些诗文主要供学生读读背背，增加积累，在教科书中可作不同的安排，不必都编成课文。”在“教学建议”部分指出：“语文教学要注重语言的积累、感悟和运用，注重基本技能训练，让学生打好扎实的语文基础。”这不但体现了统编教材初中古诗文教学的特点和传统，也非常符合当前初中语文教学的实际。“背诵一定数量的古代诗文”是《语文课程标准》的基本要求之一。“背诵”是为了“积累”，积累语言，积累思想，积累文化。同时，背诵也是为了运用，为了创造性地运用积累到的中华优秀古诗文。《语文课程标准》“阶段目标”中规定：7—9年级“背诵优秀诗文80篇”。在平时的听课中，我们发现很多教师都能以“熟读成诵”作为教学目标之一，充分说明了老师们能重视学生对古诗文知识的积累。

2. 教学中培养学生理解、运用古代汉语知识的能力

中华古典诗文作为汉语言特有的一种文体，在语言上有其独特的魅力。统编初中语文教材选编的古诗文都是中国古典诗文中的优秀典范，其体裁多样，选文经典，主题多样，文质兼美，对初中生的语言建构与运用、思维品质的发展、审美鉴赏与创造、文化传承与理解都有重要的作用。因此，我们在引导学生学习古诗文时，为了让学生能够真正理解文章的内容，感受文学的意蕴，就必须培养学生理解古代汉语的能力。《语文课程标准》“总目标”中规定，“能借助工具书阅读浅易文言文”；在第四阶段（7—9年级）的“阶段目标”中规定，“阅读浅易文言文，能借助注释和工具书理解基本内容”。在“古诗文阅读的评价”中明确地规定，“评价学生阅读古代诗词和浅易文言文，重点在于考察学生识记积累的过程，考察他们能否凭借注释和工具书理解诗文大意”。这说明，初中古诗文教学必须要求学生学习古代汉语的初步基本知识，能够借助注释和工具书阅读浅易的文言文，能够结合具体的文言语言环境，准

确理解词句的含义，读懂文章的内容。这一点，我们的教师在课堂上不仅能重视指导学生对重点文言词语的积累，而且能很自然地进行知识迁移。比如《记承天寺夜游》一课“盖竹柏影也”，很多老师让学生理解“盖”的意思时，自然而然地引出《核舟记》中“盖大苏泛赤壁云”和《狼》中的“盖以诱敌”；讲到《愚公移山》：“遂率子孙荷担者三夫，叩石垦壤。”自然引出《出师表》中“遂许先帝以驱驰”和《狼》中“意将隧入以攻其后也”等句子。看似简单的文言字词的积累，但这种联系旧知的方法，对学生而言很是管用。这就要求教师在平时的古诗文的教学中，运用归纳整理、联想、思维导图等方法进行总结，在课堂教学中能信手拈来。这也是在培养初中学生养成学习古诗文习惯。

3. 培养学生阅读和鉴赏古代文学作品的能力

统编初中语文教材选编的古诗文并非一般意义上的“文章”，都是流传千古的文学名篇，从语言、内容到文化都突出经典性，从体裁上来看，诗歌类涉及民歌、汉乐府、古体诗、律诗（排律）、绝句、词、曲等；古文涉及先秦历史散文、诸子散文、史传体、论说文、杂记、应用文、神话、寓言、小说、语录，传、序、记、书、赋、说、表、铭等。我们让学生阅读这些古代文学作品的一个重要的目的就是要培养学生的文学鉴赏能力。教师在引导学生学习古诗文中，通过感受、理解、欣赏、评价语言文字、作品内容、作者思想情怀等方面时，就会获得较为丰富的审美经验，具备发现美、表现美、创造美的能力，逐步形成健康的审美意识和审美观念，提高自己的审美情趣与鉴赏品位，从而提升鉴赏古代文学作品的能力，并在审美鉴赏与创造过程中培养审美个性创造力，陶冶学生高尚的人格情操。

六、统编教材初中古诗文课堂教学目标确立的策略

统编初中语文教材在编排上以“双线组元”的方式构建了“三位一体”的阅读教学体系，其目的主要在于培养学生的语文核心素养。选编的古诗文主题多样，文质兼美，注重弘扬中华优秀传统文化。由于选编的古诗文主题多样，造成了初中古诗文课堂教学的广泛性，导致课堂教学的“全面性”，从而冲淡了古诗文课堂教学目标的落实。

初中古诗文语文课堂的“面面俱到”，似乎已经成为语文课堂教学的通病。一篇古诗文，一节讲读课，一节自读古诗文课，或者是课外古诗文诵读课，不可能涵盖全面的文言知识，那么，让我们如何使每一节课都有一个精确的目标，围绕这个精确的目标展开课堂教学，从而达到“有的放矢，聚少成多”，我们要采取恰当的策略来确定教学目标，课堂教学紧紧围绕这个教学目标进行，才能最大限度地减少随意性、盲目性和模糊性，提高教学的方向性、针对性和有效性。

1. 掌握统编教材古诗文编排特点，领会编写意图

统编初中语文教材采用“人文主题”和“语文要素”双线组织单元的结构，求做到二者的协调统一，将语文学科的工具属性与育人价值融为一体。统编初中语文教材是把古诗文分散在各个单元中，细化知识的掌握与能力的训练。古诗文教学目标落实到各个单元，努力做到“一课一得”。同时，强化古诗文学习的综合性和实践性，让学生自主、合作、探究，自主阅读自由表达培养创新精神和实践能力，建构适合中学生的语文核心素养体系。因此，古诗文在统编教材每册书和每个单元中的地位、意义和作用、所要掌握的知识内容和思想意义、阅读的要求及策略都是不同的，这些就是我们确立教学目标的基础。

例如，统编七年级上下册将古诗文与现代文根据文体或主题混合编排。七年级上册第一单元第四课是《古代诗歌四首》，教师用书上在这一课的素养提升中说道：“古代诗歌的教学任务，在初中阶段，应调动各种教学手段，引导学生朗读、背诵作品，理解作品大意，初步赏析艺术手法，激发他们对古代诗歌的热情，浸润于古典作品中，受到潜移默化的熏陶感染。”“在了解作品特点的基础上，加强朗读和背诵。”“在感知诗歌大意的层面上，对诗的思想情感内容有所感悟，对艺术手法有所领悟。”课后“思考探究”习题的编排就能体现这一要求：（1）反复诵读《观沧海》，体会这首四言古诗质朴刚健、音调铿锵的特点，想象诗人登山临海的情景，说说你产生了怎样的感觉。本题的设计意图意在结合四言诗的体裁特点，通过朗读，引导学生体会诗作的景物描写，体认诗人的思想感情。（2）《闻王昌龄左迁龙标遥有此寄》以描写“杨花”“子规”两样景物起笔，从全诗看，有什么用意？本道题设计意图意在抓住诗中的重要之点，进行深入细致的分析，以提高学生鉴赏古代诗歌的能力。（3）朗读《次北固山下》，边读边想象“潮平两岸阔，风正一帆悬”所展现的情景，体会上下句对偶的精妙。本道题设计意图意在让学生揣摩语言，训练语感，提高鉴赏古代诗歌的能力。这道题提示学生发挥想象，具有一定的开放性。学生可以自由发挥，丰富诗中的画面内容，说出自己内心的真实感受。（4）《天净沙·秋思》中，诗人把富有特征的景物直接组合在一起，营造出特别的氛围。假如你身处其中，面对此情此景，会有怎样的感受？本道题设计意图意在激发阅读时的画面感，训练学生初步的文学欣赏能力，鼓励学生有创意地表达。由此可看出，初中统编教材古诗文教学是形象思维和抽象思维兼顾，还添加对古诗文体的认知。

统编教材八、九年级将古诗文作为独立单元“集中编排”。八年级下册第三单元古诗文的主题是养性怡情。本单元所选文章，或描写理想中的美好生活（《桃花源记》），或记述自己徜徉于自然之境时的所见所思所感（《小石潭记》），或赞叹古代艺人的精湛技艺（《核舟记》），或吟咏个人的情感追求（《〈诗经〉二首》）。诵读这些诗文，能让学生感受古人的生活、思想和志趣，陶冶自己的情感和胸怀，增强对中华优秀传统文化的体认以及民族自豪感和自信心。因此，根据教材编写意图，可将本单元的教学目标确立为：（1）阅读古代诗文名篇，了解古人的思想、情趣，感受其智慧，体会其笔下的美好境界；（2）借助注释和工具书读通课文，在此基础上反复诵读，把握诗文的丰富内涵，体味语言之美；（3）随文理解和积累文言常用词语，适当关注一些有规律的语言现象。依据这些目标，本单元在教学过程中，教师应注意以下几点：（1）重视课前预习，让学生能够借助注释和工具书大致读懂课文，了解作品的主要意思。（2）根据文本的特点设计诵读训练。（3）适当结合作者生平或写作背景把握文本内涵。（4）适当关注篇章形式上的特点，重视文体特征。本册书第六单元的主题是情趣与理趣。课文都是我国古代的经典名篇，从内容和主题上说，有的是对理想境界的追求，如《北冥有鱼》《大道之行也》等；有的是对现实生存状态的反思，如《马说》《石壕吏》《茅屋为秋风所破歌》《卖炭翁》等。因引，本单元的教学目标可确立为：（1）反复诵读，培养文言语感。（2）注意积累常用文言词语和句式，欣赏课文中精彩的语句。（3）学习古人论事说理的技巧，体会他们的人生感悟，从中得到思想启迪和情感陶冶。教学本单元，要注意：（1）继续重视学生自主学习文言文的能力培养。（2）继续重视诵读训练。（3）对语法知识要灵活处理。（4）采取多种方式引发学生的兴趣。（5）适当引导学生进行课外阅读。在课内内容熟练掌握的前提下，适当的课外阅读有助于强化学生的文言语感，同时也能进一步锻炼和提升自主阅读能力。

统编教材九年级上册第三单元古诗文的主题是游目骋怀。本单元所选古代诗文，皆为传统的名家名篇。散文都是名胜记游之作，如：范仲淹的《岳阳楼记》、欧阳修的《醉翁亭记》、张岱的《湖心亭看雪》。诗词则偏于抒发个人的情志、怀抱，如李白的《行路难》（其一），刘禹锡的《酬乐天扬州初逢席上见赠》，苏轼的《水调歌头》（明月几时有）。本单元的教学目标可确立为：（1）了解古代写景记游散文的文体特点，体会作者在景物描写中寄寓的政治理想和思想情感。（2）反复诵读课文，体会古代诗文语言简洁、音韵和谐、意境深远的特点，在理解内容的基础上，熟读成诵。（3）把握课文的主旨，研讨重点难点问题。提倡以教师为主导、学生为主体的教学模式，鼓励开放而有活力的教学方式。（4）积累文言常用实词，注意其古今意义的不同；积累常见文言虚词，注意其在表达语气、关联文意方面的作用；积累古代诗文中的名言警句。因此，学习本单元，从语文能力培养的角度来说，首先，要结合创作背景，把握文体、诗体特点，体会古代诗文不同的体式和风格。其次，要引导学生注意体会古代诗文的语言美、并结合修辞分析，加以归纳整理。最后，要引导学生感知古代诗文的意蕴，感受作者的情怀，体会古人的情感世界，从而得到思想的启迪和美感的陶冶。

从以上统编教材七年级至九年级几个单元古诗文编排分析上可看出，七年级上下册将古诗文“混合编元”，即将古诗文篇目按文体或主题的方式跟现代文编在一起，在起始年级先培养学生学习古诗文的兴趣，掌握一定的学习方法。八年级至九年级将古诗文与现代文分开，集中在一个单元中编排，这样教师可根据单元主题、课文内容来确立单元教学目标和课时目标，有利于教师能根据学生的认知规律和课文内容来采取恰当的教学策略。同时，统编教材每册又单独安排两个课外古诗词诵读，有利于学生根据课文内容向课外的延伸，充分体现统编语文教材“三位一体”编排理念。因此，教师在确定教学目标时，要掌握统编教材古诗文的编排特点，领会编排意图。只有这样，才能使统编古诗文的教学目标具体、明确、集中。

2. 以教学内容的依据，深入研读教材

教学目标兼顾知识、能力、情感态度价值观，做到目标有可测性，教师在检测时善于操作和把握。

古诗文总是言有尽而意无穷的，有很多东西隐藏在文字表面的背后，如同“羚羊挂角，无迹可循”，教师在确立教学目标时，需要体会的东西还很多，只要沉入文本，认真阅读，积极思考，那么对古人的文字的理解和感悟也能水到渠成了，教学目标也就做到具体、明确。

3. 以学生的认知为出发点，确立教学目标

教学过程是教师和学生的双边活动，教学的目的最终是让学生获得知识、方法和能力。教师在确立教学目标时要深刻地了解学生的已知和未知，让他们经过努力达到目的，教学目标要充分考虑学生对古诗文的认知程度，不同层次的学生目标可以不同，要让每一个学生都能“跳一跳，够得着”。这样可以不让每一个学生掉队。

有了课堂教学目标，教学设计中的主次、详略安排等就会水到渠成，教学也就可以围绕着教学目标展开了。教学目标可以对应着教学过程中的某一个教学环节，即一对一的关系。教学目标也可以对应着教学过程的某几个教学环节，即一对多的关系。当教学过程中的各个环节，分别完成所有的教学目标时，这节课的教学任务也就结束了。

七、教学目标确立的案例

《白雪歌送武判官归京》教学目标

《白雪歌送武判官归京》是统编语文教材九年级下册第六单元的一篇古诗。本单元的阅读策略是：熟读成诵，并将精彩的句段摘抄下来。同时，注意回顾学过的文言文，积累常见的文言词语，理解词语古今意义的差异，提高阅读文言文的能力。

本首诗是唐代边塞诗人岑参的作品。天宝十三年（754）岑参第二次出塞，充任安西北庭节度使封常清的判官（节度使的僚属），而武判官即其前任，诗人在轮台送他归京（唐代都城长安）而写下了此诗。岑参在这首诗中，以诗人的敏锐观察力和浪漫奔放的笔调，描绘了祖国西北边塞的壮丽景色，以及边塞军营送别归京使臣的热烈场面，表现了诗人和边防将士的爱国热情，以及他们对战友的真挚感情。因此，教师在确立本首诗的教学目标时，可以从以下几个方面来考虑：

1. 正确、流利、有感情地朗读诗歌，并理解诗歌内容；在朗读中体会诗歌的情感美、音韵美等特点。

2. 通过品读和想象，去感悟诗歌独特的语言美、意境美。同时通过抓取奇特的景物描写及丰富的想象进入诗歌的意境，体会诗情。

3. 通过对诗句的品读，体会诗人英雄气概的豪迈之情和对友人的依依惜别之意。领悟作者的思想感情，了解作者的性格特点及创作风格。

《答谢中书书》教学目标

《答谢中书书》是统编语文教材八年级上册第三单元的文言文。本单元的阅读策略是：借助注释和工具书，整体感知内容大意。反复诵读，借助联想和想象，进入诗文的意境，感受山川风物之灵秀，体会作者寄寓其中的情怀。注意积累常见的文言实词、虚词。

这篇文言文是南朝文学家陶弘景写给朋友谢中书的一封书信，是陶弘景俊赏山林、心灵净化之后所作。全文结构巧妙，语言精奇。短短六十八字，即已集江南之美于一身，切切实实地道出了山川之自然反映了作者娱情山水的思想。根据文本内容，本篇文言文的教学目标可以从以下几点确立：

1. 反复诵读，在诵读中体味文章的意境，掌握常用文言词语，理解文意。

2. 品味、积累写景的优美语言。了解以声衬静、动静结合、借景抒情的写作方法。

3. 理解作品意境，体会文中蕴含的热爱自然的思想感情。

第三节　古诗文诵读，解决教学的难题

《语文课程标准》要求7—9年级的学生应背诵古今优秀诗文80篇（段），并推荐部分篇目，明确提出“诵读古代诗词，有意识地在积累、感悟和运用中，提高自己的欣赏品味和审美情趣”的教学目标。关于阅读的评价，《语文课程标准》指出：“诵读的评价，重在提高学生的诵读兴趣，增加积累，发展语感，加深体验和领悟。在不同学段，可在诵读材料的内容、范围、数量、篇幅、类型等方面逐渐增加难度。”教学评价充分说明“诵读”在古诗文教学中具有很重要的地位。教育家叶圣陶曾说过：“诵读得法，不但了解作者说些什么，而且与作者心灵通了，无论兴味方面，或受用方面都有莫大的收获。”

诵读，意思是指诵读诗文时读出声音来。《说文解字》：“诵，讽也。从言、甬声。”抑扬高下其声（而后可以得其人之性情与其贞淫、邪正、忧乐之不同）是诵之范式。其本义是用有高低抑扬的腔调念。如：诵读、背诵、诵诗。衍义：引申指“称述、述说”。如：“王之为都者，臣知五人焉，知其罪者，惟孔距心，为王诵之。”《说文》：“读，诵书也。”古代有多位名家提出古诗文要进行诵读。《三国志·吴志·阚泽传》：“〔泽〕常为人佣书，以供纸笔，所写既毕，诵读亦遍。”唐代韦应物《学仙》诗之二：“仙人变化为白鹿，二弟玩之兄诵读。”清代孙枝蔚《无酒》诗之一：“稚儿勤诵读，音节更琅琅。”清代唐孙华《偕同年吴元朗游西泾次友人韵》：“延客开松扉，书堂散诵读。”夏丏尊、叶圣陶《文心》十四：“他们朝夕诵读，读到后来，文字也自然通顺了，文义也自然了解了。”

谈到古诗文诵读，南宋朱熹的看法是，“要读得字响亮，不可误一字，不可少一字，不可多一字，不可倒一字，不可牵强暗记，只要多诵数遍，自然上口，久远不忘”。清代古文家曾国藩谈到自己的诵读体会时说：“非高声朗读则不能展其雄伟之概，非密咏恬吟则不能探其深远之韵。”由此可见，古诗文教学中对

学生进行诵读指导的必要性。诵读就是用清晰、响亮的声音，结合各种语言手段来完善地表达作品思想感情的一种语言艺术，是口语交际的一种重要形式。

教师首先要通过诵读让学生感受古诗文的语言美、韵律美和情感魅力，激发学生阅读古诗词的兴趣。但在当前的古诗文教学中，大部分教师忽视诵读在古诗文教学中的作用，只是通过简单的个人朗读、集体诵读等，从读准字音、节奏等方面对学生进行朗读指导。有的教师利用现代教育技术让学生听一遍示范朗读，感知一下诗词语言就可以了。有的教师由于自身朗读能力的欠缺，还忽略对古诗文的朗读指导，只通过填鸭式讲解词义、诗意，分析作者思想感情，然后让学生背诵，有意无意地忽略诵读的形式。

在古诗文教学中，要想使学生有效地感知文本就必须诵读。汉语作为一种语言符号，不仅表达着字面意思，体现作者的情感，而且还传达着独特的民族文化传统以及耐人寻味的内在意蕴；而诵读则要求诵读者调动心、耳、口、眼、脑等感官，揣摩词语的内蕴，体会文本的情味，将文字背后的各种意义传达出来。古人对此有不少精辟的论述。北宋教育家张载提出“书须成诵”，南宋朱熹称：“大凡读书，须是熟读，熟读了自然精读，精读后理自见得”，唐代白居易说“感人心者，莫先乎情，莫始乎言，莫切乎声，莫深乎义”等等，均说明诵读在把无声的文字变成有声的语言，从而实现“以声传情、因声会意”方面的重要作用。

古诗文诵读教学，以其声情兼备的独特方式，创造性地再现作品，还原生活，拉近与古人的距离，与之气息相通，与之心灵相融，实现学习者对作品的感知、理解和体验，从而为课堂教学注入更为强烈的古为今用意识、更为浓烈的人文色彩，进而在开发学生心智、陶冶学生情操、健全学生人格方面发挥出无可替代的特殊作用。

“熟读唐诗三百首，不会吟诗也会吟。”在读、写、听、说四项语文实践活动中，“读”是基础，学生在“读”的过程中才能更好地积累语料，形成语感，悟得语言规律，发展语言能力，同时，又能接受文本语言所蕴含的思想、情感和价值观的熏陶感染。教师用“以读促教、以读促悟”来解决古诗文教学的难题，可有效地进行古诗文诵读教学。

一、了解诗歌背景和内容，奠定诵读感情基调

教师在诵读古诗文时，首先要引导学生了解文本的写作时代背景，作者为什么要写这首诗，了解了背景和目的后，会更加深刻理解作品内容，诵读时有利于唤起自己的激情，从而很好地表达诗人的意志和胸怀。可以说，准确地把握古诗文内容，透彻地理解其内在含义，是诵读好的重要前提和基础。诵读中有些教师借助现代教育手段来提高诵读的效果，各种艺术手段和多种媒介的运用虽然十分重要，但是，如果离开了准确透彻地把握古诗文内容这个前提，那么，艺术技巧也就成了无源之水、无本之木，成了一种纯粹的形式主义，也就无法做到传情，无法让听众动情了。

1. 了解作者创作背景，准确理解作品内容

诵读时要想把作品的思想感情准确地表现出来，首先教师要让学生了解作者的人生经历和创作背景。尤其是创作本首作品时的作者的生存状态，让学生初步感知作者在作品中寄寓的情感，教师可以作必要的补充，给学生加以引导和提示。同时，教师要引导学生清除作品中的字词障碍，搞清楚文中生字、生词、成语典故、语句等的含义，需要透过字里行间，理解作品的内在含义，不要囫囵吞枣，望文生义。其次，要准确理解作品的主题和情感的基调，这样才能准确地理解作品，才不会把作品念得支离破碎，甚至歪曲原作的思想内容。

例如：统编初中语文九年级下册课外古诗词诵读欣赏。

月夜忆舍弟

（唐）杜甫

戍鼓断人行，边秋一雁声。
露从今夜白，月是故乡明。
有弟皆分散，无家问死生。
寄书长不达，况乃未休兵。

这是唐代大诗人杜甫创作的一首五言律诗。这首诗是唐肃宗乾元二年（759）秋杜甫在秦州所作。唐玄宗天宝十四年（755），安史之乱爆发，乾元二年九月，叛军安禄山、史思明从范阳引兵南下，攻陷汴州，西进洛阳，山

东、河南都处于战乱之中。当时，杜甫的几个弟弟正分散在这一带，由于战事阻隔，音信不通，引起他强烈的忧虑和思念。这首诗就是他当时思想感情的真实记录。了解了这首诗的创作背景，学生根据已经掌握的有关杜甫生平，就能初步感知诵读这首诗的感情基调即强烈的忧虑和思念。

了解作品的背景之后，再来看这首诗的内容。此诗首联和颔联写景，烘托出战争的氛围。颈联和尾联在此基础上写兄弟因战乱而离散，居无定处，杳无音讯，于是思念之情油然而生，特别是在入秋以后的白露时节，在戍楼上的鼓声和失群孤雁的哀鸣声的映衬之下，这种思念之情越发显得深沉和浓烈。全诗托物咏怀，层次井然，首尾照应，承转圆熟，结构严谨，语言精工，格调沉郁哀伤，真挚感人。通过对背景和内容的把握，教师和学生在诵读时，可以准确把握整首诗的感情基调：低缓、沉重、愁苦、悲痛，这样在诵读时就可以更准确地进行表达。

2. 抓意象特点，诵情感之美

明朝胡应麟说“作诗不过情、景二端”（《诗薮》），清代王国维又说“一切景语皆情语也”（《人间词话》），可见中国古典诗歌的创作是以凝练之语、形象之物、含蓄之情为基本特征的。所谓意象，即表意之象，表情之象，它是融合形象与情感意蕴的“合金”。意象能烘托作者所要抒发的情感；能使作者所抒发的情感显得委婉含蓄；能突出强调作者所要抒发的情感。所以感悟形象（意象）是激发内在感受，抒发作者情感的有效途径。

对中国古代文人来说，意象是其艺术的灵魂。对于诵读者来说，意象是其感受的渊源。古人在送别之时，往往折柳相送，以表达依依惜别的深情；芭蕉常常与孤独忧愁特别是离情别绪相联系；杨花有飘零之意；梅花，凌霜傲雪，迎风独立，不迎世俗，坚强高洁。只要看到这些形象，自然会产生相关联的内在感受，可以说，这些意象已经融入中国人共同的情感记忆中。读马致远《天净沙·秋思》“枯藤老树昏鸦，小桥流水人家，古道西风瘦马。夕阳西下，断肠人在天涯”。“枯”“老”“昏”“瘦”等字眼使浓郁的秋色之中蕴含着无限凄凉悲苦的情调。而最后一句“断肠人在天涯”作为曲眼，更具有画龙点睛之妙，使前四句所描之景成为人活动的环境，作为天涯断肠人内心悲凉情感的触发物。曲上的景物既是马致远旅途中之所见，乃眼中物。但同时又是其情感载体，乃心中物。全曲景中有情，情中有景，情景妙合，构成了一种动人的艺术境界。读之则必然音调缓慢低沉，具有凄凉悲苦之感。读王维《使至塞上》中的“大漠孤烟直，长河落日圆”。从大漠、孤烟、长河、落日中感受边陲大漠中壮阔雄奇的景象，境界阔大，气象雄浑。诵读时从所见的塞外风光，表达了诗人由于被排挤而孤独、寂寞，悲伤、飘零的孤寂心情以及在大漠雄浑的景色中，情感得到熏陶、净化、升华后产生的慷慨悲壮之情，显露出一种豁达情怀。读李煜《相见欢·无言独上西楼》“无言独上西楼，月如钩。寂寞梧桐深院锁清秋。剪不断，理还乱，是离愁。别是一般滋味在心头”。缺月、梧桐、深院、清秋，这几个意象无不渲染出一种凄凉的境界，反映出词人内心的孤寂之情，同时也为下片的抒情做好铺垫。作为一个亡国之君，一个苟延残喘的囚徒，他在下片中用极其婉转而又无奈的笔调，表达了心中复杂而又不可言喻的愁苦与悲伤。整首词中诗人眼望残月如钩、梧桐清秋，将心头的哀愁、悲伤、痛苦、悔恨强压在心底。读这首词，让人感受到词人那种无言的哀伤更胜过痛哭流涕之悲。读王维《山居秋暝》“明月松间照，清泉石上流”，诗中松间明月、石上清泉等意象自然给人以清新自然之感，读之则节奏明朗，轻快自如。

把握住古诗词的意象特点，必然能够激发起朗读者的内在情感，我们在诵读以及教学中应该反复地揣摩品味，通过语速的快慢和声音的高低变化，从而形成节奏上的和谐变化，在唇齿间自然能够流露古诗词的意蕴之美。

二、充分利用“互联网+教育”资源的优势

借助现代教育技术手段，营造特定古诗文意境，以艺术效果促古诗文内容的理解。

为了更好地表现作品，再现作者心灵，要充分利用“互联网+教育”资源的优势，借助各种辅助手段，为学生提供助读的音频、视频等资源，使作品的感染力更具震撼性、更具冲击力，从而更深地打动人心，让人难以忘怀。像《归去来兮辞》《琵琶行》《游褒禅山记》等古诗文教学，都用相应的音乐配音，而且又以多媒体画面配合，再配以现场诵读，教师读、学生读，这音乐、画面、人声的组合具有更为强烈的表达效果。借助现代教育技术，诵读古诗文音乐美。节奏是语言的音乐性，其交替出现的有规律的语音强弱、长短的

现象，节奏的轻重缓急是随着人的情绪起伏和环境的变迁而变化的，诗歌的节奏尤为明显。同时可借助“互联网+”的优势，营造古诗文特定意境，运用于教学，让学生直达作品的核心，对学生理解诗歌内容、准确把握诗歌情感有较好的效果。如《归去来兮辞》意境营造法，先奏出伴着鸟声水声、弥漫着田园气息的音乐作为背景，接着以“鸟鸣声婉转悦耳，音乐声悠扬动人。这来自天籁般的声响，仿佛让人置身于美妙得让人忘掉一切的大自然的怀抱中……”导入以自然美抒情言志的话题，然后朗读回顾借自然美景来抒发心志的朱自清的《荷塘月色》中描写月光荷叶的段落，再串起同样有月光荷叶意象的王维的《山居秋暝》，接着以《山居秋暝》是一个世外桃源所在的问答引出陶渊明，由此走进陶渊明。接下来教学《归去来兮辞》中对自然美的诵读鉴赏，对所抒感情领悟变得更为顺理成章就得力于这意境的营造。而且这种特定氛围的营造，要注意把单篇诗文放入同样写此景此情的大背景中，可使学生更全面更深刻地进行理解，感悟也就更深刻。

三、以多种诵读方式相结合，提高学生古诗文的理解力

古诗文教学中，各种不同的诵读方式，在古诗文教学中有着不同的作用——能有效促进学生对古诗文内容的理解和情感的把握。

1. 教师示范诵读

叶圣陶提出：古诗文最好用美读，美读是一种侧重于审美欣赏的阅读。而要学生进行古诗词美读前，教师需进行诵读示范。教师或学生在教学起始时的诵读，它起抛砖引玉的作用，能架起作品与读者的心灵交流的桥梁。

教师的示范诵读可以融情于声，“设身处地，激昂处还它个激昂，委婉处还它个委婉”。在古诗文教学中，教师声情并茂地诵读，可以使学生直接观察教师的表情，揣摩并模仿教师的语气、语调，进而理解课文内容，体悟感情基调。

刘国正先生在回忆他的语文老师时说：“先生很少讲，但喜欢吟咏，吟到得意处，音节铿锵，声震瓦屋。我也跟着吟咏，跟着铿锵，许多诗篇的妙，是跟着吟咏体会的。”可以说，范读是教师朗读技巧和美感体验的完美结合，不仅给学生在朗读上（诸如停顿、重音、语音、语速、语调等方面）示范指导，

同时也对学生感受诗歌的内在美以潜移默化的感染和熏陶。“课程标准”明确提出的朗读评价标准是：“能用普通话正确、流利、有感情地朗读课文，是朗读的总要求。根据阶段目标，各学段可以有所侧重。评价学生的朗读，可从语音、语调和感情等方面进行综合考察，还应注意考察对内容的理解和文体的把握。”例如：李清照的《武陵春》，示范朗诵到“只恐双溪舴艋舟，载不动许多愁”时，把“许多愁”再重读，拖长用“许——多——愁”表现出来，通过绵延的声音，让学生感受李清照思念丈夫，有家难回的惆怅，自然而然体会到李清照痛苦之大，哀愁之深，又岂是泛舟一游所能消释的情感；深情朗读李清照的《声声慢》中“寻寻觅觅，冷冷清清，凄凄惨惨戚戚”，学生在叠词重复的节奏中感受到愁惨而凄厉的氛围，徘徊低迷，婉转凄楚，极富音乐美。好的泛读能在学生耳边绕梁三日，并作为自己朗读水平提高的目标，受益一生。

2. 品读法

品读的过程，其实就是通过轻吟细品，对古诗词所表现的情景、情感、意蕴等进行解读和鉴赏的过程。这时学生可充分发挥联想和想象，发掘自己的内心视像，再现逼真的情境，体验诗人的喜怒哀乐，达到情感的交融、心灵的净化。如马致远的《天净沙·秋思》：“枯藤老树昏鸦，小桥流水人家，古道西风瘦马，夕阳西下，断肠人在天涯。”此曲用九个常见的意象构成一幅秋天的傍晚萧瑟苍凉的图画，表现出天涯游子彷徨苦闷的心境。又如辛弃疾的《破阵子》（醉里挑灯看剑）一词描绘了一幅幅扣人心弦的战斗画面，表现出诗人杀敌立功的壮志豪情和报国无门的悲愤之情。

品读时，要做到心中有画，有立体的图景，这样，才能读出画意；反复品读，不断咀嚼赏鉴，这样才能受到诗人激情的感染，才能感情共鸣。

教师在运用品读法教学时应注意加强对学生的指导，拓展学生的联想和想象，将诗词中所描述的景物转换成一幅幅立体的图景，引导其步入诗境，感受古诗词所描述的那个看得见、摸得着，能闻其味、听其音、辨其色的活生生的具体形象的世界，使他们如见其景，如见其物，如见其人，如闻其声，达到心灵的沟通，情感的交融。

3. 演读和唱读法

初中生模仿能力强、想象力丰富，古诗文诵读教学可以充分利用学生的这些特点，让他们读读、背背、说说、唱唱、演演，通过变换各种不同的教学手段，增添他们对古诗词的学习兴趣，帮助他们进入角色，身历其境，与诗中物、诗中人、诗中景、诗中情沟通，增强其对古诗词语言特点、情感表达和意境意象的领悟。演读法指将诗歌改编成小话剧来进行表演，是诗歌教学的一种新尝试，适用于故事情节较强的古诗文。如杜甫的《石壕吏》，就曾尝试将其扩展为一幕古装剧，由几名同学分别饰演诗人（叙述者）、小吏、老妇、老翁等，他们的表演绘声绘色，其他同学也兴趣盎然。通过表演，学生对古诗的理解会进一步深化，情感得以升华；唱读法指用歌曲一般的旋律来吟诵诗词，以此感受诗词的思想内容和内在韵味。诗词本身就是流动的音乐，以其特有的押韵、停顿和重音等，尽显它们别具一格的音韵美。如今，已有许多经典诗词被改编为歌曲，如苏轼的《水调歌头》（明月几时有）、李商隐的《无题》（相见时难别亦难）等，可以拿来直接学唱。通过唱读活动，可以轻松地陶冶性情，涵养心灵，感受形象，品味语言。

四、掌握古诗文诵读技巧，提高学生诵读能力

中国古代诗歌从产生之日起，就是音乐文学形式。比如，《诗经》是民歌的总汇，每篇都能演奏演唱。汉乐府是一种标题音乐，词和曲先有曲和曲谱，才有字句的。所以，中国古代诗歌又叫声诗。“声诗”就是指具有音乐美的诗歌。诗歌的音乐美，除了表现在诗的旋律美、乐感美之外，更多的还表现在语言的节奏、音调和声情上。因此，在初中古诗文诵读教学中，重视学生诵读诗歌停顿、节奏、韵律等技巧的指导，通过反复诵读，可以欣赏其优美的意境，领会作者深邃的思想，感受其丰富多彩的感情世界，接受其艺术魅力的墨染。

古诗文诵读中常用的技巧有：停顿、重音、语调、语气等。

1. 停顿

停顿指语句或词语之间声音上的间歇。

停顿一方面是由于朗诵者在朗诵时生理上的需要；另一方面是句子结构上的需要；再一方面是为了充分表达思想感情的需要。同时，也可给听者一个领略和思考、理解和接受的余地，帮助听者理解文章含义，加深印象。也就是说，停顿可以根据标点符号来确定句与句之间停顿的长短，语调的抑扬，还可

以根据词或词组为单位，根据句子成分之间的内在关系来划分语气停顿。

（1）生理停顿即朗诵者根据气息需要，在不影响语义完整的地方作一个短暂的停歇。要注意，生理停顿，不要妨碍语意表达，不割裂语法结构。

（2）语法停顿是反映一句话里面的语法关系的，在书面语言里就反映为标点。一般来说，语法停顿时间的长短同标点大致相关。例如句号、问号、叹号后的停顿比分号、冒号长；分号、冒号后的停顿比逗号长；逗号后的停顿比顿号长；段落之间的停顿则长于句子停顿的时间。

（3）强调停顿为了强调某一事物，突出某个语意或某种感情，而在书面上没有标点、在生理上也可不作停顿的地方作了停顿，或者在书面上有标点的地方作了较大的停顿，这样的停顿我们称为强调停顿。强调停顿主要是靠仔细揣摩作品，深刻体会其内在含义来安排的。

因此，初中诵读古诗文，停顿正确与否、绝不是可有可无的小事。诵读是感知、理解古诗文必须过好的一个关口，它对激发学生学习古诗文的兴趣有着举足轻重的作用。学生掌握了在古诗文诵读中恰当停顿的方法，能有效培养学生古诗文语感和准确理解古诗文内容，所以，老师在古诗文诵读实践中要有意识地进行停顿锻炼。

停顿，最起码的要求是不读破句。不读破句，并合理地停顿，这是准确理解古诗文内容的前提。如蒲松龄《狼三则》（其二）“其一犬坐于前”的停顿，如果是这样的停顿“其一犬/坐/于前”，句子翻译为：其中的一只狗蹲坐在前面。而这句正确的意思是：其中的一只狼像狗一样蹲坐在前面。所以本句停顿应该是“其一/犬坐/于前”。再如《邹忌讽齐王纳谏》“今齐地方千里”的停顿，如果将“地方”混同现代汉语的一个词，两字之间不作停顿，那与原句意则大相径庭。这句在“方”的后面停顿，句子是“今齐地方/千里”，翻译就成了“现在齐国的地方是千里”。而在本文中“方”的意思是“方圆”，这句正解的理解是：齐国土地方圆千里之内，所以这句的正解停顿应是“今齐地/方千里”。

古诗词诵读时，在关键语句处能准确停顿，可以准确把握诗词作者所要表达的思想感情。如：陈子昂《登幽州台歌》“独/怆然/而/涕下！”，通过这样的停顿，可以将诗人孤独寂寞苦闷的情绪完美地表达出来，这样读来酣畅淋漓又余音缭绕。在古诗词诵读时如果停顿不当，对诗词的意境、感情的把握往往会适得其反。如柳永《雨霖铃》“念/去去/千里/烟波，暮霭/沉沉/楚天/阔”一句，如果把句子读成“念去去/千里/烟波”的话，由于一个“念”字的停顿不当，以致自然景色的暗淡，离愁别绪的无边无际的意境便大打折扣了。因此，诵读古诗文，必须掌握停顿的基本常识，在句子中正确停顿，并在实践中有意识地进行锻炼。

2. 重音

重音是指朗诵、说话时句子里某些词语念得比较重的现象。一般用增加声音的强度来体现。重音有语法重音和强调重音两种。语法重音在不表示什么特殊的思想和感情的情况下，根据语法结构的特点，而把句子的某些部分重读。强调重音指的是为了表示某种特殊的感情和强调某种特殊意义而故意说得重一些的音，目的在引起听者注意自己所要强调的某个部分。

古诗文诵读重音处理得好，才能准确地表情达意。高音显得响亮，表示兴奋、喜悦的感情；低音显得幽沉，表示肃穆、悲哀的感情。如读《酬乐天扬州初逢席上见赠》“沉舟侧畔千帆过，病树前头万木春”，重音落在“千帆过”“万木春”上，为什么？因为这六字形象地展现出未来的美好，表现一种激昂、乐观的生活态度。再如：读孟浩然《望洞庭湖赠张丞相》“气蒸云梦泽，波撼岳阳城”，将“蒸”“撼”两字重读，其中“蒸”字给人以云蒸霞蔚、龙腾虎跃、万马奔驰之势；“撼”字，笔力千钧，读者仿佛看到巨澜飞动，“惊涛拍岸，卷起千堆雪”的场景。本首诗“蒸”“撼”两个字重读，就将洞庭湖烟波浩渺、水天合一的宏伟气象，以及汹涌澎湃的磅礴气势体现了出来，能使学生充分理解本首诗的意境美。

3. 语调

语调指由于思想感情、语言环境的不同，或为某种表达效果，在声音上表现出来的升降、高低的变化。诵读时，根据内容处理好语调的平缓、上升，就能更好地把握作者的感情。如读杜牧的《泊秦淮》中“商女不知亡国恨”，“商女”读得平缓，“不知”开始上升，“亡国恨”达到顶点，“恨”读得更重。通过模仿，读出正确的语调，激起心中的忧愤，领会作者对国家命运的关切和忧虑的情感。如读《过零丁洋》“人生自古谁无死，留取丹心照汗青”，将“留取丹心照汗青”这激情慷慨的结尾句用表示坚决的语调去读，这样就将诗人的情绪由悲愤转为激昂，由压抑转为高亢，表明了诗人舍生取义的决心，充分体现了他的民族气节。在古诗文诵读中，采用恰当的语调，就能对古诗文的情感有所把握，把握到诗情的跌宕起伏，诵读的古诗文就有了一些味道，就能充分地表现出作者的感情，学生也就读懂了诗歌的感情。

4. 节奏

节奏是朗读者思想感情的起伏在朗读过程中所显现出来的抑扬顿挫、轻重缓急等种种回环交替的声音形式。停连、重音是最基本的技巧，停连、重音和语气的综合运用，形成了作品不同的朗读节奏。

掌握准确地诵读古诗文节奏的方法，古诗文就会变得好读好记好理解了。诵读中的节奏须着眼于全篇。感情欢快的，可用快节奏；感情忧郁的，可用慢节奏。读出韵味，还有一个重要的方面，是了解虚词所表达的感慨、哀叹、疑惑等语气。在诵读训练时，可要求学生揣摩虚词的用法，注意模仿语气、语调，从而领会作者的立场、观点和思想。如古诗诵读节奏划分可采用以下方式：五言诗句一般按“212”或“221”的音节划分。如：“故人/具/鸡黍，邀我/至/田家。”“绿树/村边/合，青山/郭外/斜。”七言诗句一般按“2、2、2、1”或“2、2、1、2”的音节划分。如：“沉舟/侧畔/千帆/过，病树/前头/万木/春。”“春蚕/到死/丝/方尽，蜡炬/成灰/泪/始干。”

文言文字少意深，音单义广，难以补足；它一词多义，句法简奥，难以准确；它时过境迁，语焉不详，难以晓畅；它词异声同，一字多音，难以显露；它快读失字，慢读失章，难以把握；它文无定势，稍纵即逝，难以体味。有些文言文，用优美、精湛的文笔表达出某种高尚的思想情操，如果用恰当的方法诵读，语言仍有强烈的感染力，仍有极为精妙的音韵美。因此，诵读文言文时，从整体看，感情态度、语气节奏等要有延伸。怎样进行语气延伸呢？要把握以下三点：一要看语法关系、词性、句式；二要看思想感情的延续、转换过程的需要；三要看易懂、难懂的情况。语气延伸语词不是一个一个读出字音，而是在语流中，把语言链条拉长，有些环节拉长，有些音节拉长。

例如，《三峡》诵读中的语气延伸：“自——三峡——七百里中，两岸——连山，略无——阙处；重岩——叠嶂，隐天——蔽日；自非——亭午——夜分，不见——曦月。”

例如，《岳阳楼记》诵读中的语气延伸：“庆历——四年春，滕子京——谪守——巴陵郡。越——明年，政通——人和，百废——俱兴。乃——重修——岳阳楼，增其——旧制，刻——唐贤今人诗赋——于其上。属予作文——以记之。”

用横线标明延伸的位置，并不十分准确，没有横线处也有一些语气延伸的音节，一般不太明显；有横线处也不一定就同样延伸，有的短些，有的长些。如果以为按这横线标示朗读就万无一失，当然会失望的，不过，文言文朗读中词语语气延伸大体上就是这个情况。由此可见，词语语气延伸的位置一般是在二、三、四个音节之间，显然比白话文的朗读顿挫要多。我们可以看到，没有词语语气延伸，朗读时词语紧凑，是很不利于表达思想感情，很不利于突出文言文特色的。

总之，古诗文诵读教学是一门艺术。对于曾经哺育出了既具有丰富的文化修养，又具有传统美德的一代又一代中华儿女的古诗文，如何通过古诗文诵读教学，让这棵滋养我们先人的大树开出新的奇葩，在继承中发展，在传统中融入现代意识，更好地在培养人、教育人、陶冶人、美化人方面做出贡献，还须不断实践与探索。

教育家叶圣陶曾说过：“诵读得法，不但了解作者说些什么，而且与作者心灵通了，无论兴味方面，或受用方面都有莫大的收获。”缺少了诵读，古诗文教学就没有了生机活力。教师在强调古诗文诵读的同时，还要合理设计古诗词朗诵环节，使课堂的朗诵声变得有节奏，读出古诗词的意境，让古诗词朗诵映辉语文课堂。

五、诵读教学案例

《蒹葭》诵读教学指导

《语文课程标准》要求初中生“诵读古代诗词，有意识地在积累、感悟和运用中提高自己的欣赏品味和审美情趣”。因此，教师通过示范诵读等形式，引导学生准确、流利、富有感情地朗诵本首诗，体会诗歌重章叠句的章法特点，在熟读成诵的基础上，品味赏析诗歌美的语言、美的意境，培养学生的形象思维能力和品质，提高学生诗歌鉴赏能力。

教师充分利用“互联网+教育”和数字教材诵读资源，通过观看视频听名家诵读，营造特定的氛围，感知诗歌意境，奠定本首诗感情的基调——舒缓悠长，情感戚戚切切。然后通过学生自读，小组合作朗读，要求学生初读时要读准字音、读出节奏、读出韵律。在多种形式朗读的基础上，指导学生进行诵读，通过富有感情的诵读来体会课文的意境，培养学生感受美、创造美的情趣。教师通过给学生营造音乐的氛围，激发诵读和学习诗歌的兴趣，尽可能地为学生提供朗读的机会。在提高诵读水平的基础上，有层次地进一步提出较高层次的诵读要求：读准字音、节奏、重音、音调。读出感情，读懂意思。在诵读中生疑，读中释疑，读中释义，读中品味，从而得到一种能力，得到一种欣赏古诗文的方法。其中伴随着教师的启发、引导、提问、解说等活动一起进行，以诵读带动讲解，讲解促进诵读，以诵读带到诗歌内容的感悟，从而体会本首诗歌的语言美、意境美、情感美，激发学生学习古典诗歌的兴趣。

白居易《琵琶行》诵读教学

整堂课以诵读为中心展开。先以已经学过的同样写秋景的一组古诗文如苏轼《赤壁赋》等的诵读开始，营造出“状秋天之胜景，抒秋日之情怀”的特定氛围。然后在悠扬的琵琶古乐的背景音乐中，教师饱含激情地诵读来演绎被贬后的白居易在秋风萧瑟、秋月朗照、枫叶荻花颤动的浔阳江边所抒写的千古绝唱《琵琶行》。学生被倾情的诵读深深触动，进而感动、沉醉，深入作者内心，悲诗人离别之愁，悲音乐所抒情感之苦，悲弹奏音乐的琵琶女身世之惨，悲自己遭遇坎坷之不幸，直悲得泪流满面“江州司马青衫湿”。学生寂然无声，进而一阵掌声，为作品的感人力量，为诵读呈现出的独特魅力而感染。

接着进入诵读后的鉴赏评析。由于有了感知与体会，学生思维活跃，他们找出自己感动的以及自己认为精彩的句子，有声有色地朗读，并进行质疑交流。最后集中到课文的音乐描写的诵读与讨论，音乐描写又带动琵琶女形象的诵读讨论，进而带出诗人形象的分析诵读，从而引出了对“同是天涯沦落人，相逢何必曾相识”的作品主题的吟咏。这个过程，争论热烈，诵读有激情，学生的智慧得到展示，创造性得到发挥，诵读的力量得到体现。诵读使学生尝到了创造的愉悦，得到了美的享受与情感的满足。

最后把以声喻乐的本篇，与同样描写音乐的以形喻乐的韩愈的《听颖师弹琴》与以典喻乐的李贺的《李凭箜篌引》进行比较，在写法上进行拓展，再把状秋日之情的现当代作品如毛泽东的《沁园春·长沙》、郁达夫的《故都的秋》等进行情感上的迁移。在声声诵读中达到视野的开阔、理解的深入透彻。

《登幽州台歌》语气节奏停顿示例

1. 读音分段

前/不见/古人，

后/不见/来者。

念/天地/之悠悠，

独/怆然/而涕下！

2. 语气停顿

前——不见——古人，

后——不见——来者。

念——天地——之——悠悠，

独——怆然——而——涕下！

前两句音节比较急促，传达了诗人生不逢时、抑郁不平之气；后两句各增加了一个虚字（“之”和“而”），多了一个停顿，音节就比较舒缓流畅，表现了他无可奈何、慢声长叹的情景。全篇前后句法长短不齐，音节抑扬变化，互相配合，增强了艺术感染力。

《三峡》诵读教学感悟

“书读百遍，其义自见。”《三国志》作者陈寿的这句话，在中国的语文教育界颇为流传。《语文课程标准》明确指出：“要正确、流利、有感情地朗读课文。”还语文课堂一片琅琅的读书声，是“课程标准”的要求，是由语文学科的特点决定的。名师于永正说过：“学生把课文读得正确、流利、有感情就证明课文的内容理解了、文章的思想感情体会出来了。”由此可见，以读促

教的语文课堂，一定是鲜活、生动、充满语文味的课堂

鲁迅先生对自己的启蒙老师寿镜吾先生的读书情景的描写，每每读来，都让人热血偾张：

我们的声音便低下去，静下去了，只有他还大声朗读着：——

“铁如意，指挥倜傥，一做皆惊呢……；金叵罗，颠倒淋漓，千杯未醉嗬……”我疑心这是极好的文章，因为读到这里，他总是微笑起来，而且将头仰起，摇着，向后面拗过去，拗过去。先生读书入神的时候，与我们是很相宜的。

寿老先生读书的神态、动作，牢牢地定格在记忆的深处：慈祥的脸上洋溢着幸福的笑意，连苍老而黝黑的面庞也泛起了红润，高大的身躯向高靠背的朱漆太师椅上蜷缩，花白的头颅随着身体后仰一晃一晃地抖动，苍劲而响亮的声音划破三味书屋的上空，在深黛色的暮霭中传响。

因此，古诗文中有层次地诵读指导能使学生循序渐进地走进文本，教师在课堂上应设计出有梯度的朗读教学环节，力求使学生能够由浅入深地理解课文内容，感受古诗文特有的语言魅力，体会作品的意境和情感。下面是《三峡》诵读教学指导。

一、熟读

熟读文本是理解的基础。所以在讲课之前，教师就给学生布置了一个预习任务，把课文读熟。所谓把课文读熟，是指把课文读正确、读流利。著名教师钱梦龙认为，把课文读正确需要“不漏读，不增读，不倒读，不错读”。这就要求每个学生在朗读时，必须对照注释、工具书，正音正字、疏通文意，并勾画出疑难词句，把课文读正确、读流利，扫清了障碍。为了确保每个学生都把课文读流利，教师还让学生注意读出文章的节奏来。教师要适时指导学生划分本文的语气节奏：“虽／乘奔御风”“春冬之时，则/素湍/绿潭，回清/倒影。绝巘/多生怪柏，悬泉/瀑布，飞漱/其间。清/荣/峻/茂，良多趣味。”……这些语句，每句的开头都要读出短暂的拖音，教师为同学们指点着朗读的方法，指导学生朗读时准确把握本文朗读节奏、语速、重音等，教师也可作示范诵读。学生通过朗读初步感知文本内容。

二、品读

读懂文意是教学的重点。教师采用多种方法指导学生再朗读，让学生真正读懂《三峡》。教师先引导学生明确课文描写的三峡的景物及这些景物各自的特征入手。指导学生从语言上品析三峡山、水、树等景物的美，让学生找出重点语句和词语，然后要求学生自由朗读课文，在读中品味美，提高学生诗歌语言鉴赏能力。学生通过朗读思考，大都能说出三峡的山美、水美、瀑布美、民谣美、怪柏美等明确了课文所写的景物，也都说出了这些景物的特征，如山的连绵、高峻，水的湍急、清澈，柏树的奇形怪状，猿鸣的凄凉婉转。在这一层次的朗读中学生的心灵与文本不断接近。学生心中有了文本，文本给予了学生全新的体验。

三、美读

读出意境是朗读的最高境，也就是诵读。所谓意境，即课文通过形象描写所表现出来的境界和情调。读出了意境，会使听者如临其境如见其景，如闻其声。在诵读时，让学生根据景物特点和文本描绘的画面，想象作者描写三峡景色的意境。通过内容的理解，让学生抓住各段景物的特征来确定诵读的语气、语速等，然后再运用学生自主读、小组读、男女分组读等形式，来提高诵读效果。如通过分组读先想象文章四段所写景物的画面感受景物的特征然后确定朗读的语气。第一段写山的连绵、高峻应该用平缓的语气读；第二段写夏水的湍急应该用急促的语气读；第三段写春冬之时水的清——应该用沉静的语气读；第四段写秋天的凄婉，应该用沉重的语气、缓慢的语气读。基于这样的理解，第一、二段雄壮、奔放，适合男生读，第三、四段清幽、凄婉，适合女生读。此时教师带领他们进一步体会文章的意境。

这样，通过富有层次性的多种形式的朗读，学生不但体会到了文言文的语言美，形成了整体意识，而且提高了自己的朗读水平，形成语文阅读素养。同时，也能够提高学生的语言理解能力和应用能力，有助于丰富学生的思想情感，有助于学生语文核心素养培养。

第四节　巧抓“诗眼”，让古诗词教学更高效

“诗眼”一词，最早见于北宋。苏轼诗云：“天工忽向背，诗眼巧增损。”其在《次韵吴传正〈枯木歌〉》中云：“君虽不作丹青手，诗眼亦自工识拔。”范成大也在诗中写到过“诗眼”：“道眼已空诗眼在，梅花欲动雪花稀。”范温的诗话更以“诗眼”为名，题为《潜溪诗眼》。金·元好问《继愚轩和党承旨雪诗》之四：“愚轩具诗眼，论文贵天然。”明·袁宏道《与伯修书》：“近来诗学大进，诗集大饶，诗肠大宽，诗眼大阔。”吴大受《诗筏》云：“诗有眼，犹弈有眼也。”“炼字如壁龙点睛，鳞甲飞动，一字之警，能使全句皆奇。”

唐宋《诗本事》云：“唐人五言诗，工在一字，谓之诗眼。”清末诗人，湖州六才子之一的施补华《岘佣说诗》云：“五律须讲炼字法，荆公所谓诗眼也。”“泉声咽危石，日色冷青松。”“远水兼天净，孤城隐雾深。”此炼实字。“古墙犹竹色，虚阁自松声。”“蚁浮仍腊味，鸥泛已春声。”“江山有巴蜀，栋宇自齐梁。”“入天犹石色，穿水忽云根。”此炼虚字。炼实字有力易，炼虚字有力难。

元人杨载《诗法家数》曰：“诗要炼字，字者，眼也。如老杜诗：‘飞星过水白，落月动檐虚。’炼中间一字。‘地坼江帆隐，天清木叶闻。’炼末后一字。‘红入桃花嫩，青归柳叶新。’炼第二字。”刘铁冷在《作诗百法》中曰：“作诗点眼，犹之画龙点睛。诗无眼则佳处不见，龙无睛则神采皆失。故学诗者既知炼字造句矣，又不可不知点睛之法。眼要挺要响，用实字则挺，用动字则响。全在下笔之时，细细揣摩。”他举例说：

五言点实字眼　山店云迎客/江村犬吠船

五言点动字眼　日气含残雨/云阴送晚雷

七言点实字眼　杨柳风多潮未落/蒹葭霜冷雁初飞

七言点动字眼　莺传旧语娇春日/花整晨妆对晓风

“词眼”一词，现存文献资料见于元代陆友仁的《词旨》。《词旨》八部分中有六专论“词眼”。况周颐《蕙风词话》卷二：“黄东甫《柳梢青》又云：‘花惊寒食，柳认清明。’‘惊’字、‘认’字，属对绝工。昔人用字不苟如是，所谓词眼也。”

诗有“诗眼”，词有“词眼”，二两者合二为一。我们可知：“诗眼”一词有两个含义：一是指诗人的赏鉴能力、观察能力；二是指诗词句中最精练传神的某个字，以一字为工，全篇中最精彩和关键性的诗词句子。而我们所说的“诗眼”，是诗歌中最能开拓意旨和表现力最强的关键词句。我认为，所谓“诗眼”“词眼”，只是个比喻而已。就好比人的眼睛是心灵的窗户，诗的眼睛是诗词中那个最准确、最灵动、最光鲜、最有味、最动情、最有魅力的字。一首诗词里，有时候会有一句非常关键的字、词或话。由于有了这个字、词或句子，而使诗歌中的形象鲜活，神情飞动，意味深长，引人深思，富于艺术魅力，它对理解全篇的结构脉络或者是作品的主旨，起着非常重要的昭示的作用，这就是“诗眼”。抓住“诗眼”，就能捕捉诗歌的最佳信息，深入挖掘诗词意蕴。

诗歌语言的特点是高度简洁凝练，因而它的语言更是高度个性化，经常通过比喻、通感、双关等表达语意，从而使人感到含蓄、朦胧、多义。在诗词的语言品味中，要善于寻找最明亮的那颗珍珠，即警句，这是不可忽视的。“立片言以居要，乃一篇之警策”，警策之言俗称“诗眼”，它是诗中最凝练、最精神、最准确地传达主旨的字句，最理清诗词脉络的盘节，是掌握诗歌各部分相互联系的关键。

一、“诗眼”大致分为两类

一是诗词中最精练最传神的词语，或增强诗歌的形象性，使诗歌充满情趣，给人以丰富的想象；或使诗意更精确，或使诗句翻出新意。

例如，唐代诗人孟浩然的《望洞庭湖赠张丞相》。此诗是一首投赠之作，写得很委婉。在唐代，门阀制度是很森严的，一般的知识分子很难得有机会登上政治舞台。要想在政治上寻找出路，知识分子须向有权有势的达官贵人求助，写些诗文呈送上去，希望得到赏识，引荐提拔。公元733年，孟浩然西游长安，时值张九龄出任朝廷丞相，便写了这首诗赠给张九龄，希望他给予帮助。但由于诗人顾虑多、爱面子，想做官又不肯直说，所以只好委婉地表达自己的愿望。诗人通过面临烟波浩渺的洞庭欲渡无舟的感叹，以及临渊而羡鱼的情怀，曲折地表达了诗人希望张九龄予以援引之意。

其中“气蒸云梦泽，波撼岳阳城”的“蒸”“撼”是本首诗的诗眼。《唐诗归折衷》中唐云：气势在“蒸”“撼”二字。《王孟诗评》中刘云：托兴可伤。又云：起得浑浑，称题。“蒸”“撼”偶然，不是下字，而气概横绝，朴不可易。“气蒸”写出洞庭湖丰厚的蓄积，仿佛广大的沼泽地带，都受到湖的滋养哺育，才显得那样草木繁茂，郁郁苍苍。而“波撼”两字放在“岳阳城”上，衬托湖的澎湃动荡，也极为有力。两句写湖面的广阔，但目光又由远而近，从湖面写到湖中倒映的景物：笼罩在湖上的水气蒸腾，吞没了云、梦二泽。“撼”，摇动（动词，生动形象）。西南风起时，波涛奔腾，涌向东北岸，好像要摇动岳阳城似的。两句诗写出了：在这浩瀚的湖面和云梦泽上，水气蒸腾，涛声轰鸣，使坐落在湖滨的岳阳城都受到了震撼。这样把洞庭湖的景致写得有声有色，生气勃勃。这样写景，衬托出诗人积极进取的精神状态，暗喻诗人正当年富力强，愿为国家效力，做一番事业。这是写景的妙用。读到这里很自然地会联想起王维的诗句：“郡邑浮前浦，波澜动远空。”整个城市都飘浮在水面上，微风吹起层层波澜，遥远的天空都在水中晃动。它们真有异曲同工之妙。

再如，元代著名散曲家张养浩《山坡羊·潼关怀古》。张养浩为官清廉，爱民如子。天历二年（1329），因关中旱灾，被任命为陕西行台中丞以赈灾民。他命驾西秦过程中，亲睹人民的深重灾难，感慨叹喟、愤愤不平，遂散尽家财，尽心尽力去救灾，终因过分操劳而殉职。张养浩在“关中大旱”之际写下了这首著名的《山坡羊》，这也是元散曲中思想性、艺术性完美结合的名作，其韵味最为沉郁，色彩最为浓重。“峰峦如聚，波涛如怒，山河表里潼关路”一句写出了潼关雄伟险要的形势。“聚”“怒”是本首曲的“诗眼”。张养浩途经潼关，看到的是“峰峦如聚，波涛如怒”的景象，描写出了潼关的雄壮之景，生动形象。第一句写重重叠叠的峰峦，潼关在重重山峦包围之中，一“聚”字让读者眼前呈现出华山飞奔而来之势、群山攒立之状；因地势险要，为古来兵家必争之地。山本是静止的，“如聚”化静为动，一个“聚”字表现了峰峦的众多和动感。第二句写怒涛汹涌的黄河，潼关外黄河之水奔腾澎湃，一个“怒”字让读者耳边回响千古不绝的滔滔水声。黄河水是无生命的，而“如怒”则赋予河水以人的情感和意志，一个“怒”字，写出了波涛的汹涌澎湃。“怒”字还把河水人格化，“怒”字注入了诗人吊古伤今而产生的满腔悲愤之情。为此景所动。第三句写潼关位于群山重重包围、黄河寒流其间那险隘之处。“山河表里潼关路”之感便油然而生，至此潼关之气势雄伟窥见一斑，如此险要之地，暗示潼关的险峻，乃为历代兵家必争之地，也由此引发了下文的感慨。

二是表现为一首诗词思想的凝聚点，揭示诗词的主旨，这是全诗的“诗眼”，你发现了它就等于抓住了诗的中心，抓住了体现这首诗词思想感情的“诗眼”，就能准确把握这首诗词作者所要表达的思想感情。

例如，唐代诗人陈子昂《登幽州台歌》，这首诗写于武则天万岁通天元年（696）。陈子昂是一个具有政治见识和政治才能的文人。诗人接连受到挫折，眼看报国宏愿成为泡影，因此登上蓟北楼，慷慨悲吟，写下了《登幽州台歌》。“前不见古人，后不见来者。念天地之悠悠，独怆然而涕下！”中“独”字是这首诗的“诗眼”。“独”字写出了诗人孤独、寂寞、苦闷的情绪，诗人在本首诗中所表达的生不逢时的感伤、怀才不遇的惆怅、仕途失意的郁闷、才略难施的悲愤、知音不遇的孤独寂寥之情，通过“独”字表现得淋漓尽致。

再如，白居易《钱塘湖春行》，教师引导学生以“春”这个“诗眼”入手，抓住钱塘湖春天特有的景物：“水平”“云低”“早莺”“新燕”“暖树”“春泥”巧妙布景，并以景物的特点进行设色，通过“初平”“几处”“谁家”“渐欲”“才能”这些词语的运用，在全诗写景的句中贯串成一条线索，把早春的西湖点染成半面轻匀的钱唐苏小小。眼前就出现了一幅杭州西湖的早春图：瞭望西湖湖面，春水新涨，几与岸平，向远处望去，似与云相连；树上的早莺都争着朝阳的树枝，空中飞舞的燕子正忙着衔筑巢用的泥土；湖边五颜六色的野花让人眼花缭乱，路上新生的嫩草刚刚盖过马蹄……使学生不仅学到诗人处处紧扣环境和季节特征的写景方法，而且从中感受到了早春的西湖一片生机盎然的景象，还使学生与诗人的情感产生了共鸣，一种喜爱之情油然而生。

能抓住“诗眼”或是文章的关键字句，就可以带动全篇，完成对诗歌作品的欣赏，而“诗眼”存在于中心句或出现在标题上，常表现为动词、形容词或副词等形式。那么，如何发现和把握诗眼呢?

（1）从古诗词的题目上把握“诗眼”。有些古诗词，题目中就含有“诗眼”，也叫“题眼”。教学中把握住了“题眼”，就能找准诗词的切入点，明确诗词教学的重点，从而收到事半功倍的效果。

例如，曹操《观沧海》题目中的“观”为全诗的诗眼，“观”字统领全篇，先写实景，再写虚景，借景抒情，表现了诗人开阔的胸襟，统一中国的抱负。《观沧海》是后人加的，选自《乐府诗集》，这是乐府诗《步出夏行》中的第一章。全诗以一个“观”字，引领全文，体现了这首诗意境开阔，气势雄浑的特点。以“观”字为线索来突破全诗，可以理解为“观”到的景、情、志。景是：宽阔浩荡的海水，海边高高地挺立的山岛，繁茂丛生的树木和百草，秋风吹动的树木，海中涌着巨大的海浪。由此想到了太阳和月亮的运行，好像是从这浩瀚的海洋中发出的，银河星光灿烂，好像是从这浩瀚的海洋中产生出来的。“观”到波涛汹涌、吞吐日月的大海这样的景，不由得让读者仿佛“观”到了诗人在本首诗中抒发的“情”和“志”，即奋发进取，立志统一国家的伟大抱负和壮阔胸襟，触摸到了作为一个诗人、政治家、军事家的曹操。再如教学白居易的《观刈麦》时，教师引导学生抓住“观”这一题眼，设鉴赏题：诗人观到小麦怎么样？观到“妇姑”“童稚”在做什么？观到“丁壮”劳动时怎样的场景与心理？还“观”到“贫妇人”让后产生了怎样的令人心酸的情景？观后诗人又联想到什么？从而使学生深刻地认识到中唐时期沉重的赋税给人民带来深重灾难的历史。

（2）从诗句的结构位置上寻找“诗眼”。中国古典诗词从字数来说有四言诗、五言诗、六言诗、七言诗。四言诗和六言诗很少见。自唐代以后，主要有五言诗和七言诗。五言诗通常以第三字为诗眼，七言诗通常以第五字为诗眼。如：王勃《送杜少府之任蜀州》“城阙辅三秦，风烟望五津”。王湾《次北固山下》“海日生残夜，江春入旧年”。白居易《钱塘湖春行》“乱花渐欲迷人眼，浅草才能没马蹄”。刘禹锡《酬乐天扬州初逢席上见赠》“今日听君歌一曲，暂凭杯酒长精神”。

我们知道，在古典诗歌中，动词是叙事、写景、状物、抒情的“关键字”，因而锤炼诗眼要在五言诗的第三字、七言诗的第五字上下功夫。但这只是就一般情况而言，由于近体诗的语法结构多种多样，因而“诗眼”也并不局限于第三字或第五字上。如：杜甫《春望》“感时花溅泪，恨别鸟惊心”。其“诗眼”就不在第三字和第五字，而分别在第四字（溅）和第四字（惊）上。崔颢《黄鹤楼》“日暮乡关何处是？烟波江上使人愁”。其“诗眼”在第七字（愁）上。所以，锤炼诗眼也要因诗而异，灵活掌握。

最后需要强调说明的是，诗有“诗眼”，词有“词眼”，“诗眼”并非千般一律。并非固定位置，并非都是一个字或一个词，有的是一句话，还有的是一段话。但是，把全篇都看作“诗眼”的观点，是不能接受的。

读诗，需要不断提高阅读能力，才能抓住“诗眼”，从而领悟全诗，为自己写诗“画龙点睛”创造坚实基础。

二、巧抓“诗眼”教学案例

春望

（唐）杜甫

国破山河在，城春草木深。感时花溅泪，恨别鸟惊心。

烽火连三月，家书抵万金。白头搔更短，浑欲不胜簪。

教师在教学杜甫《春望》时，先通过多媒体让学生了解了作者和写作背景，然后指导学生诵读，设计了一个问题：题目是《春望》，诗人在春天望到了什么？学生在了解诗歌大意的基础上，就会很快掌握诗歌题目所包含的主要内容。

“国破山河在，城春草木深。”诗篇一开头便描写了春望所见：山河依旧，可是国都已经沦陷，城池也在战火中残破不堪了，乱草丛生，林木荒芜。诗人记忆中昔日长安的春天是何等的繁华，鸟语花香，飞絮弥漫，烟柳明媚，游人迤逦，可是那种景象今日已经荡然无存了。也就是说，这历史情景都统在该诗题目的“望”字里。

教师紧抓这一“诗眼”，引发学生深入讨论：

题目是“春望”，按常理，春天，人们应该望的是什么景象？诗中望的是什么景象？

……学生抓住“望”这一题眼，纷纷发言：“望”见国家破烂不堪，杂草丛生，满目荒凉；“望”到人们对着花草鸟儿触目惊心、痛心流泪；“望”见家破人亡、妻离子散的人民，见到一封家书觉得比一万两黄金还珍贵；“望”见镜中的头发白了，簪子别不住了……

教师通过本首诗题目中“望”字入手，引导学生准确抓住本首诗作者所要描绘的景物及特点，诗人通过本首诗，反映了唐朝安史之乱给国家带来的残破景象和人民流离失所的痛苦。一个“望”字，使人“望”到了杜甫的一生，一个饱经风霜的杜甫，一个忧国忧民的杜甫，一个有心杀敌无力回天的杜甫，一个温柔慈爱的杜甫。他们还望到了历史的烟云，战争的残酷，望到了人生的无常，望到了世世代代人们对战争的诅咒。

登岳阳楼

（唐）杜甫

昔闻洞庭水，今上岳阳楼。吴楚东南坼，乾坤日夜浮。
亲朋无一字，老病有孤舟。戎马关山北，凭轩涕泗流。

教师在教学过程中，抓住颈联“亲朋无一字，老病有孤舟”中“孤舟”作为本首诗的诗眼，同时体现一个“情眼”“悲”字。“孤舟”是指诗人全家挤在一条小船上漂泊度日，消息断绝，年老多病，孤舟漂泊，其精神上、生活上的惨苦可以想见。如果将洞庭湖水比作整个国家，那么那一点孤舟就是诗人杜甫自己。这里是象征，这鲜明对照的谐调之中，既包含着诗人对自己终身遭遇的痛心和不平，也体现了诗人将自己的命运、国家的命运紧紧地联系在一起。诗人站在岳阳楼上，望望湖水，看看孤舟，想到国家，想到自己，万种感慨，萦绕心头。

诗歌创作十分讲究含蓄、委婉，诗人的抒情往往不是情感的直接流露。这首诗诗人寄情于景，教师在教学中，在抓“诗眼”的基础上，应设计两个问题。问题一：“悲”体现在哪？即分析景中之情，通过引导学生领悟诗歌的意象，去把握诗歌的思想内容。问题二：为何而悲？即探讨情感根源，追问诗人内心，结合背景，把人物放到特定的时代去考察。

如梦令

（宋）李清照

昨夜雨疏风骤，浓睡不消残酒。

试问卷帘人，却道海棠依旧。

知否？知否？应是绿肥红瘦。

这首词借宿酒醒后询问花事的描写，委婉地表达了作者怜花惜花的心情，充分体现出作者对大自然、对春天的热爱，也通过描写晚春时节海棠花的“凋谢”，抒发了词人的感伤情绪。最后一句“应是绿肥红瘦”是这首词的词眼。

开头两句描绘了一个抑郁的情境。起首两句“昨夜雨疏风骤，浓睡不消残酒”写出了夜来风雨骤起，烦闷愁人的情景，于是词人借酒消愁，昏昏睡去，但一觉醒来，酒意并未消尽。这两句交代出了写本首词的时间与环境，勾勒出了昨夜词人不忍看到明早海棠花谢，故把酒以消愁绪，第二天早晨起来酒醉尚未尽消的场景。“雨疏风骤”十分恰当地写出了暮春时节，风萧萧然而雨却是疏落，以此景渲染了词人花下醉酒的怅然之感。三四两句“试问卷帘人，却道海棠依旧”写在酒意朦胧中，记起了昨夜的风雨，它是否摧折了园中的海棠呢？于是深情地问正在卷帘的侍女，回答却是漫不经心的，居然说海棠依旧。词人深知海棠不堪一夜骤风疏雨的揉损，窗外定是残花满地，却又不忍亲见。一个“试”字，将词人不忍亲见落花，却又想一探究竟的矛盾的心理刻画得贴切入微，而又真实可感。孰料“却道海棠依旧”，侍女的回答让词人喜出望外却又无奈黯然。一个“却”字，既表明侍女对女主人委屈的心事毫无觉察，对窗外发生的变化无动于衷，也表明词人听到答话后的疑惑不解。她想：“雨疏风骤”之后，“海棠”怎会“依旧”呢？这时，女主人不无嗔怪地连声反问：

“知否？知否？”紧接着道出那最精彩的一句：“应是绿肥红瘦。”这既是对侍女的反话，也像是自言自语：这个粗心的丫头，你知道不知道，园中的海棠应该是绿叶繁茂、红花稀少才是。这句对白写出了诗画所不能道，写出了伤春易春的闺中人复杂的神情口吻，可谓“传神之笔”。“应是”，表明词人对窗外景象的推测与判断，口吻极当。同时，这一词语中也暗含着“必然是”和“不得不是”之意。海棠虽好，风雨无情，它是不可能长开不谢的。一语之中，含有不尽的无可奈何的惜花情在，可谓语浅意深。

本首词最后这几个寻常字眼，经词人这样的组合，其色泽和韵味便油然而生。这只是就风雨后的海棠树的描绘而言，在描绘中还有更深一层的情意在。这就是随着对海棠花谢的深入描绘，词人的惜春怜花的情绪也达到了高潮，在这种对春光的留恋与惜别中，委婉地寄寓着对自己青春将逝的烦闷与苦恼。可见，这一句是含义丰富的情景交融的精彩一笔，是这首词的点睛之笔，也就成了本词的“词眼”。由于词眼精彩绝伦，使之从而成为历代人们传诵的佳句。

“词眼”的获得，需要提炼字句，务必要使提炼的字词和词句，最能表现特定的生活情景，能最充分、最真切地表达词人对这些事物的思想和情感。而且这样的词句，要在诗词的关键部位，具有统摄全篇的作用。所以，诗眼的锤炼，要立足于全篇，不可孤立地在字句上下功夫。

第五节　捕捉“文眼”，构建高效文言文课堂

何谓“文眼”？通俗地讲，“文眼”，是文章的眼睛，是文章心灵的窗户。文章中最能显示作者写作意图的词语或句子叫“文眼”。“文眼”，是我国传统的、独有的关于文章写作的术语。它是作者精心构思，总起全文，用以提纲挈领的关键句子或者关键词语，是作者构思文章，组织材料的最基本的着眼点。清人刘熙载的“眼乃神光所聚”就形象地表明了“文眼”的地位，全文精神核心、行文线索均是围绕“文眼”展开。

阿基米德说过："给我一个支点，我可以撬动整个地球。"这句话给人类的生活带来了很大的启示，对文言文教学也同样适用。给文言文阅读教学找一个支点，便能撬起整个课堂，而这个支点就是课文的文眼。泉眼找准了，凿下去便会有清泉喷涌；文眼抓准了，掘下去自然也会有激情勃发。因此，所谓文言文的"文眼"，就是这篇文言文中最能激发学生情感的词句，是文章艺术构思的凝聚点，文眼或是课题或是文中反复出现的某个词或是文中的一句话，能牵一发而动全文，有制约全文的作用。抓住了这样的词句，通过教师的启发、引导，学生的感悟、想象，才能使学生的情感和语言文字的内在情感水乳交融。因此，在阅读教学中引导学生研读课文时抓住文眼，就等于抓住了理解全文的支点。

《语文课程标准》指出："诵读古代诗词，阅读浅易文言文，能借助注释和工具书理解基本内容。注重积累、感悟和运用，提高自己的欣赏品位。""第四学段侧重考察理清思路、概括要点、探究内容等方面的情况，以及读懂不同文体文章的能力。"因此，文言文教学中，要充分落实课标的要求，达到文言文阅读教学的目标，我认为要从捕捉"文眼"着手，善用"文眼"，准确寻找出文言文的"文眼"，教学中突出重点，采取恰当的教学方法突破难点，会收到事半功倍的效果。以此整合教学，从而构建高效的阅读教学课堂。

例如，统编语文教材七年级下册刘禹锡《陋室铭》，这篇文言文聚描写、抒情、议论于一体。通过具体描写"陋室"恬静、雅致的环境和主人高雅的风度来表述自己两袖清风的情怀。文章运用了对比、白描、隐喻、用典等手法，而且押韵，韵律感极强，读来金石掷地又自然流畅，一曲既终，犹余音绕梁，让人回味无穷。文章表现了作者不与世俗同流合污，洁身自好、不慕名利的生活态度。表达了作者高洁傲岸的情操，流露出作者安贫乐道的隐逸情趣。开篇以山、水作比起兴，引出文眼"德馨"。这"德馨"与"仙"使"山""名"，"龙"使"水""灵"一样，这是"陋室"不陋的重要条件、决定因素。而在紧扣"文眼"对陋室进行具体描绘之后，引用孔子的"何陋之有？"自然作结。

再如，统编语文教材九年级下册《出师表》的文眼："亲贤臣，远小人；报先帝而忠陛下。"文章最主要有两个内容：一是出师后的人事安排；二是出师的决心。“广开言路”“赏罚严明”“亲贤臣，远小人”，三条建议也是以第三条为中心的。“广开言路”，自然是面对忠贞之士而说的。对小人奸臣的言论应该躲之不及，堵塞为妙。“赏罚严明”中，“赏”的是贤臣，是有功之臣；“罚”的是小人，是作奸犯科之徒。而且怎么执行操作，也必须有贤臣坐镇。“亲”的本质是“用”，文章中提到的向宠等人，安排在军事政治等职位就是“亲”的具体表现。作者回忆自己的生平，重点回顾刘备的三顾之恩，解释“报先帝”的原因：鞠躬尽瘁，誓死北伐，是用行动践行“报先帝而忠陛下”的志愿。其他官员的分工明确，是希望他们履行职责，也是“忠陛下”的一部分。

因此“文眼”，顾名思义就是指“文章的眼睛”。是文章中那些最富有表现力、最能帮助读者理解整个作品的主题或脉络层次的关键词句。它往往是作者着力刻画和描摹的中心点、结构的衔接点、主题的凝聚点、情感的升华点。它像一个人心灵的窗户，透过它可窥视文章全部的内在气韵的律动，映照出整个作品的精神风貌。教师在文言文教学中，如果能紧扣“文眼”突破开去，便能“牵一发而动全身”，启迪学生感悟知识的灵性，收到片言居要、举一反三、石破天惊的效果，达到“删繁就简三秋树，领异标新二月花”的境界。

寻找“文眼”，是统编初中语文教材文言文阅读教学中的一种最基本的阅读方法。教师在课内文言文教学和指导学生阅读课外文言文中，如果能指导学生准确找出“文眼”，围绕“文眼”理解文章，进行阅读分析，便如同掌握了阅读文言文的金钥匙，犹如在浩渺的大海上航行拥有了指路灯。文言文的主要内容学生便能了然于胸，种种问题便能迎刃而解。在阅读短文言文中，要通过反复阅读全文，了解文章基本内容的情况下，首先找到“文眼”。“文眼”，常常以各种各样的方式出现。它可以是文章的题目，它可以出现在文章的开头部分，有可能出现在结尾部分，也有可能是文章的线索，还可能是表现文章的写作目的，表现出文章的中心。

“文眼”是文言文阅读的关键，寻找“文眼”的技巧，通常在阅读全文后，在了解文章基本内容情况下，对文章整体感知后进行。在文言文阅读中，首要的任务就是要寻找“文眼”。寻找“文眼”是一件困难的事情，但也不是空中楼阁，而是有一定的途径，有一定技巧的。

寻找“文眼”，就是探寻作者思路，潜心读文，深入文本的过程。在反反复复的阅读文本中，对作者通过一词、一句、一字甚至一个标点来表达其深邃思想的所谓“工眼”，就能够抓准用活“文眼”，从而更好地整合教学。

那么，怎样寻找文言文的“文眼”呢?

一、从文章的题目中寻找文眼

许多文章的题目本身就是文章的文眼。它或者概括出文章的基本内容，或体现文章的中心思想。尤其是在议论文中，许多题目就是作者观点的表明，是作者所要阐明的根本问题，是文章的中心论点。其实在现代汉语中，题目中的“题”是“文题”的意思，“目”是五官之目，是“眼睛”的意思，故而题目实质就是“文眼”。例如：统编初中语文教材中孟子的《富贵不能淫》《得道多助，失道寡助》《生于忧患，死于安乐》，在题目中就旗帜鲜明地摆出了作者的主要观点，是全文的中心论点。阅读这类短文时，只要我们抓住了题目，就掌握了文眼，阅读理解也就不会背离作者的写作意图。

二、在文章精彩的开头部分中寻找文眼

一般“文眼”容易出现在文章的开头部分，起总领全文的作用，或是文章中心句贯穿通篇，或文尾卒章显志，或就文首文尾前后呼应，起强调突出中心的句子。它可以是标题句子的重复，可以是题目中关键性词语的一句话，可以是有关键性的语句，也可以是总括性的语句。它起着总领课文、总起文章的作用。这对我们理解文言文内容，理解文章结构，都具有较大的帮助。如：统编语文教材八年级上册第三单元《答谢中书书》的开头就是这样。文章起首之句“山川之美，古来共谈”就是概括全文的总括句，也就是全文的文眼。全文以“山川之美，古来共谈”总领，按照“总—分—总”的结构来布局。全文结构巧妙，语言精奇。这篇文章短短六十八字，即已集江南之美于一身，切切实实地道出了山川之自然美。全文以“共谈”概说人人皆爱，以“美”点明全文中心。当中部分则具体叙写山川之美：“高峰入云，清流见底”至“夕日欲颓，沉鳞竞跃”，不足五十个字，却涉及了山川草木，飞禽走兽。静物和动物，各自跃然在目，不绝于耳；形态各异，却浑然一体，鲜活如生。文中的写景部

分，先仰视“高峰入云”，再俯瞰“清流见底”，复平看“两岸石壁”“青林翠竹”，最后又分“晓”与“夕”两层来写，一句一景，一景一意，次序井然。最后以“实是欲界之仙都，自康乐以来，未复有能与其奇者”，先以感叹总括前文，复以名人证实此说。这样，首尾呼应，议叙结合，使文章主体部分更为鲜明突出。

三、从文章的线索中把握“文眼”

“文眼”是全文线索与中心所在，同理当然可以对全文每一部分进行归纳，因此，一篇文言文“文眼”的位置要基于内容的主旨定位，将其整合为全文中心，这便是“文眼”所在。在古典散文中，往往有一条贯穿全文的线索，把文章的材料有机地连接起来。在阅读中，我们要注意这里的线索就是我们要找的文眼。它有助于从复杂材料中，理清文章的主要内容，掌握文章的结构层次。如：统编语文教材九年级上册《醉翁亭记》，这是北宋大文学家欧阳修被贬为滁州太守后写的一篇脍炙人口的千古散文。作者以“记”为名，借景抒情，寄情山水，表达了与民同乐的高尚情怀。这篇散文内容充实，文字精练，字字玑珠，可谓文约义丰。文章在结构上布局精巧，金线串珠，形散神聚，以一个“乐”字作为全文的思想意脉，“醉”中之乐，像一根彩线联缀各幅画面。全文前呼后应，浑然一体，读来耐人寻味。文章山色露布卷面，水流泻进画幅，人声喧于纸上，用“乐”作为主线贯穿全篇，集中抒发作者被贬之后恬然自乐的旷达情怀。全文每段都寓一“乐”字。第一段写醉翁亭命名的缘由，解释“醉翁”的含义，主要是要点出醉翁得之心而寓之酒的“山水之乐”。第二段写山间朝暮与四季美景，以示其“乐亦无穷”。第三段写游人不绝于路途，是表现“人情之乐”；写酿泉为酒，野肴铺席，觥筹交错，是表达“宴酣之乐”；其中也暗寓了太守的“与民同乐”。第四段写鸣声宛转，飞荡林间，是显示“禽鸟之乐”，正面点出太守乐在其中，是乐万物之所乐，更是为表现太守自我陶醉地“游而乐”。欢于万物，乐在其中，全文因景生乐，因乐而抒情，这样，行文走笔，一路写出，围绕个“乐”而展开，就不是断片的杂碎，而是统一的整体，犹如穿千颗珠玉缀在金线之中，收万道阳光凝于聚光镜上。这样就把一个政治家在挫折面前的旷达和大度充分地表现了出来。纵观全篇结构，文章的起、承、转、合，无不统摄于作者的主观感受和体验的波澜起伏。本文只要教师巧抓文眼“乐”字，就能使学生理清本文的作者写作思路是：描写了山林之乐（朝晚之乐、四时之乐、禽鸟之乐）、游人之乐（滁人之乐、太守宴乐、众宾欢乐）和太守之乐（太守醉乐、太守醒乐、乐人之乐），三乐归一，都是与民同乐，这样本篇文章的思路和主旨更显而易见了。因此，文言文教学准确抓住文言文叙事、写景或抒情的线索，也就抓住了这篇文章的文眼，有利于学生理清文章的内容、结构层次以及作者所要表达的感情。

四、从文章的结尾部分归纳“文眼”

文言文的结尾部分往往有一些关键的句子或段落，常常可能是议论或抒情句。这些句子将作者的情感态度明确化，常有表达作者写作此文目的的作用，这也是我们所要寻找的“文眼”，所以“文眼”出现在这些句式中，尤其是古典散文中，最为突出。如统编语文教材九年级上册范仲淹的《岳阳楼记》。文章略述了滕子京重修岳阳楼一事，借描写岳阳楼周围景物，通过对“迁客骚人”览物之情的分析评论，深刻地表达了作者“不以物喜，不以己悲”的旷达胸襟和“先天下之忧而忧，后天下之乐而乐”的远大政治抱负，也流露出对友人劝勉、对自己警策之意。全文的“文眼”就是结尾表达作者政治抱负的语句“先天下之忧而忧，后天下之乐而乐。”这篇文章开篇先记述作者撰写此文的缘由，在叙述重修岳阳楼、描景岳阳楼雄伟壮丽的基础上，分析了两种不同人的登楼情感后，进行议论归纳。“予尝求古仁人之心，或异二者之为，何哉？不以物喜，不以己悲，居庙堂之高则忧其民，处江湖之远则忧其君。”最后得出“先天下之忧而忧，后天下之乐而乐”的感叹，成为流传千古的名句。教学中引导学生准确把握了这一“文眼”后，再体会作者言其以“古仁人”为楷模，忧国忧民人生志向和政治抱负，表露其“不以物喜，不以己悲”“先天下之忧而忧，后天下之乐而乐”的博大襟怀和坚强意志的思想感情就很容易了。通过抓住“文眼”，不仅可以帮助学生梳理文章的内容，更能让学生通过自主的读文探究，从字里行间中领悟到文章的主旨，从而不断提高学生的阅读能力。

因此说，“文眼”可以帮助我们统领全文教学，让我们的教学达到了整合，从而达到优化、高效。而在借助“文眼”体会文章的主旨、升华文章中心的同时，更是增加了对“文眼”理解的丰富性，让这些承载着“文眼”作用的词语或句子立体化地呈现在学生的面前。

初中文言文教学选择“文眼”教学需注意：其一，“文眼”要小巧，视野要宏大，于细微之处见精神。往往“文眼”越小，越能体现作者别具机杼的匠心，越能激发学生研讨交流的兴趣，越便于在阅读教学中集中有限的时间突破重点难点。其二，要透辟深刻，切点中肯。所选择的“文眼”应是师生研读全文的一个突破口，这个“文眼”必须有较强的辐射性，有一定的深度。否则就不能牵一发动全身，甚至事倍功半，把学生引入思维的歧路，弄巧成拙。

总之，“文眼”能统摄整篇作品内容，揭示全文的主旨，是能帮助读者快速、准确地把握文章主旨或脉络层次的关键性词句。它是文章的精要所在，是全文的画龙点睛之笔，也是文言文阅读教学之眼。抓住“文眼”来进行文言文阅读教学，是构建高效的文言文阅读课堂的有效方法，是引导学生学习课文以简驭繁的有效方法，也是引导学生总览全文、从大处着眼，从细处入手，准确领会文章主旨的一条捷径。抓住了文眼，即给初中文言文阅读教学训练找到了一个支点，便能撬起整个语文课堂。

五、巧抓“文眼”教学案例

《湖心亭看雪》的教学案例

张岱《湖心亭看雪》是文言文散文中的佳作。作者通过追忆在西湖乘舟看雪的一次经历，写出了雪后西湖之景清新雅致的特点，表现了深挚的隐逸之思，寄寓了幽深的眷恋和感伤的情怀。本文最大的特点是文笔简练，全文不足二百字，却融叙事、写景、抒情于一体，尤其令人惊叹的是作者对数量词的锤炼功夫，“一痕”“一点”“一芥”“两三粒”一组合，竟将天地永远的阔大境界，甚至万籁无声的寂静气氛，全都传达出来，令人拍案叫绝。本文中的“痴”字（以渔者的身份）表达出作者不随流俗，遗世孤立的闲情雅致，也表现出作者对生活的热爱和美好的情趣。更重要的是形神兼备地写出了赏雪人的情态，将赏雪人融入在这迷人雪景之中的痴迷之状描绘得生动逼真。

这篇文章意境美、语言美，但作为叙事性散文，其思想情感与作者情操并没有直接流露，故而学生在认知上有一定阻碍。教师在教学本篇文章时，只有在理解了“文眼”意蕴所在的基础上，这一难点就迎刃而解了。文末最后一句“莫道相公痴，更有痴似相公者”中的一个“痴”字就是全文文眼所在。就叙事而言，张岱在三天大雪之后的清晨，去西湖湖心亭看雪，与不期而遇的另一位湖中人开怀对饮。人迹几绝之时于寒冷的时间去看雪，不为看人、无意见人，其行为不就是舟子的一个“痴”字的体现吗？就表情而言，他做出这些痴行的背后就是他心中的痴意，作为遗民，在故国破亡后，他绝仕途而流连山水，看似是对山水的痴迷，其实是心中“人世易变，江山不改”的故国之思。同样，他在文首就交代“独往湖心亭看雪”，后面又说“舟中人两三粒”，看似前后矛盾，其实是在表达自己内心孤独、无人理解的情感，进而才有了与偶遇之人开怀畅饮的“痴”行，这就是他的“孤高”之痴。

教师在抓住文尾的文眼“痴”字，巧妙设计了如下几个教学板块：

1. 找出能概括张岱形象的“痴”字；

2. 引导学生品味痴人之“痴行”；

3. 引导学生品味痴人之“痴景”；

4. 引导学生触摸痴人之“痴心”；

5. 读《红楼梦》诗“都言作者痴，谁解其中味”，巧设情景，引导学生再品张岱之“痴”。

这节课的设计，从一个提挈文章的“痴”字入手，紧扣文本，然后由浅入深，由文内到文外，按“痴行—痴景—痴心”的脉络，高效地实施了一次阅读教学。也就是说，从一词入手，形同剥笋，逐层揭示文章的主旨，引领学生渐入佳境，逐步走进人物形象，领略到古代文人洒脱不羁的风采。

相对于深层次的情感归纳，“文眼”是可以在文本的内容梳理这一浅层教学过程中整理出来的，但联结起了深层的情感归纳，先理清文章内容，再以文章内容归纳“文眼”，进而通过对“文眼”的剖析反推作者的思想感情，在教学过程中逐渐深入，可使学生在归纳感情时有中心可循、有抓手可用。

《与朱元思书》教学案例

《与朱元思书》是作者吴均写给他的朋友朱元思的一封书信中的一个片

段。本文叙述作者乘船自富阳至桐庐途中所见，从行船游江的实感出发，描绘了这一段的山光水色，它创造了一种清新自然的意境，使人读后悠然神往，仿佛也亲自领略了其间的山水之美，同时也表现出他沉湎于山水的生活情趣。文中表现了作者喜爱自然，对社会的不满情绪，抒发了作者对政治失意厌倦和企图寄情山水的思想感情，是一篇有名的山水游记，千百年来广为人赞。

教学中，教师在引导学生诵读、翻译文本、理解文章内容的基础上，指导学生抓住作者在首段总写全景，写出富春江山水之美，以“奇山异水，天下独绝”作为自己对富春江风光的高度概括和由衷的赞叹，并作“文眼”统领全篇，引出下文分别就“奇山异水”的具体描绘。开头第1段从结构上看，是总写，为下文内容的进一步展开埋下了伏笔。接着引领学生分析文章结构：第 2 段承上写“异水”。只用了三句二十四字，或是正面描绘，或侧面烘托，或设喻作譬，就把富春江水变幻多姿的景象展现出来。第 3 段进而写山之景。作者用概括而形象的语言写出那江流险峻的山势和山中种种奇异的景物，视野从低到高，从点到面。

通过抓住本文“文眼”：“奇山异水，天下独绝”，就可以清楚地理清作者的行文结构：作者在本文中先总写景物的特征，然后抓住此山此水特征，把动与静、声与色、光与影巧妙结合，为读者描绘出一幅充满生命力的山水图，让读者充分享受到了富春江两岸的“山川之美”。学生就能很好地理解文本内容，同时可以根据本文的行文结构，促进学生的背诵。

第六节　“主问题”设计，迸发学生思维火花

教学是由问题开始的，教学问题预设得精当与否直接关系到课堂教学的效果。因此，一个经过精心设计、恰当而富有吸引力的问题往往能迸发学生思维的火花，激起学生探索的欲望。因此，提问的研究，几乎关系到中学语文课堂教学研究的半壁江山。无数个教学的日子，无数个教学中的课堂，没有不用提

问的方式进行教学的。然而，现阶段的初中语文古诗文课堂教学，却依然存在着碎问碎答、无效提问、提问不考虑学生的认知、无梯度的问题等不良现象。这些不良现象影响着初中古诗文阅读教学效果的提升。因而，在古诗文阅读教学中，如何针对实际情况设计出精当、高效的课堂“主问题”以改变古诗文课堂教学的现状，这仍是我们初中语文教师所关注的焦点问题。

一、什么是教学的“主问题”

为提高教学效率，特级教师余映潮提出了实行课堂“主问题”教学的理念。所谓“主问题”，是指能够对教学内容“牵一发而动全身”的“提问”“问题”或“话题”。也就是说，“主问题”是指阅读教学中能从课文整体的角度或学生的整体参与性上引发思考、讨论、理解、品味、探究、创编、欣赏的重要提问或问题。

余映潮老师曾说过：“主问题能够对教学内容起到牵一发而动全身的作用，或者说‘主问题’是引导学生对课文进行深入研读的重要问题、中心问题或关键问题。”由此可见“主问题”对于学生们参与到课堂教学中来有重要的作用，它可以引发学生的思考、讨论、理解、研究。语文教材中的每篇文章，都有很多值得我们探究的问题，教师应该学会抓住关键，设置一些富有启发性的、能够承上启下的“主问题”，帮助学生把握整篇文章脉络，实现教师与学生的理想互动。“主问题”可以吸引学生进入到有一定思维深度的课文研习的过程之中。同时这个问题可以将学生的注意力迅速集中到整节课的学习中，让学生对整节课有所了解，进而激发学生的学习动机。

二、初中语文古诗文阅读教学的现状

1. 提问的繁杂细碎，是课堂教学效率不高的重要原因之一

当前语文老师课堂上大量提问，什么都问，就是“碎问碎答”。“碎问碎答”对语文阅读教学的危害年深日久，大量的阅读课堂教学充满“问答”，有些优秀的教学设计和教学实录也显得提问过多，内容过浅。

例如：教师在教学统编七年级上册《卖油翁》时，在作者介绍、朗读指导结束后，要求学生“初读课文，思考一列问题，试着用原文中的语句回答”。

紧接着教师出示了四个问题：1. 卖油翁看到陈尧咨射箭是怎么反应的？2. 卖油翁看到陈尧咨的本领是如何评价的？3. 卖油翁凭什么这样评价他的射箭本领？4. 陈尧咨对卖油翁的态度有着怎样的变化？老师没有引导学生对文本的理解，就提出了四个问题，问题过于繁杂细碎，学生没有思考的次序。再如：《记承天寺夜游》教学中老师提出了：作者是如何描绘景色的？运用了什么修辞方法？有什么作用？从中可以看出这幅月夜图有什么特点？这些问题设计单调，缺少教学方法变化的教学流程，长期下去，学生对这样的课堂失去了学习的兴趣。

2. 设计问题过于肤浅、没有层次性、无指向性

教师在教学过程中，教师设计的问题质量不高，过于肤浅，无问而问。尤其是“对不对”“好不好”等问题还充满着语文阅读教学，教师提出的问题没有给学生充分阅读文本和思考的时间。问与答没有技术含量和激发力，反而成为禁锢学生创造性思维的网。同时，教师设计的问题没有从学生的认知出发，无逻辑顺序，无梯度。有时问题大而泛之，无学生思考的指向性，使学生无从回答。

例如，教师教学统编语文教材八年级上册《富贵不能淫》时，先设计的教学环节是：学生齐读课文→指名学生朗读→学生点评→提升读（去掉标点符号）→教师点评。然后设计了两个问题：1. 你读到了什么内容？2. 为什么不能以“景春语”为题目？老师提出要求让学生讨论交流完成。结果课堂上的学生无所适从，气氛沉闷，这是因为教师设计问题太宽泛，指向性不明确。

三、初中古诗文课堂教学中设置“主问题”的必要性

语文教师在实际课堂教学中能够合理、有效地运用“主问题”教学法是突破传统古诗文教学模式、提高古诗文课堂教学效率的关键。

在统编教材初中古诗文教学施行“主问题”教学有利于学生整体把握古诗文内容，避免肢解古诗文；有利于突出古诗文诵读、语言品析、意境、情感等；有利于在古诗文的学习中感悟中华优秀传统文化的魅力；有利于培养学生深入思考探究的能力和习惯，改进学习方式；有利于凸显教学重点，戒除蜻蜓点水；有利于处理好教师主导和学生主体的关系，消除满堂谈、满堂灌、满堂

问、满堂练。

因而，初中古诗文语文课堂教学中合理设计“主问题”，让一个个提问牵引着学生靠向教师设计的“板书”和教案，成为帮助教师完成教学任务的桥梁，这能够对初中语文教师教学能力的提升有所帮助，从而不断提高其古诗文阅读课堂教学的有效性。

1.《语文课程标准》的要求

《语文课程标准》指出：“阅读是搜集处理信息，认识世界，发展思维，获得审美体验的重要途径。”“应让学生在主动积极的思维和情感活动中，加深理解和体验，有所感悟和思考，受到情感熏陶，获得思想启迪，享受审美乐趣。”“语文教学应为学生创设良好的自主学习情境，帮助他们树立主体意识。”“语文教学应激发学生的学习兴趣，培养学生自主学习的意识和习惯，引导学生掌握语文学习的方法，积极倡导自主、合作、探究学习方式。”而倡导自主、合作、探究的学习方式，“问题”自然成了这种学习方式的核心要素。这就要求教师能在课堂上引导出可供学生深入研读探究的一两个能够穿透全文而又富有挑战性的问题情境，即“主问题”，它必须是经过教师反复研读教材、挖掘文本、思考概括提炼、有创新性的问题，能优化课堂教学，对课文内容和教学过程都有着内在的牵引力，有助于调节课堂气氛，激发学生的学习兴趣，拓展提高学生的思维能力，从而提高学生自主学习的能力。随之，教师的“提问”发挥的作用也越来越明显和重要，它是激发学生思维的驱动力，是最近发展区的桥梁。因此，教师应充分发挥主观能动性，使语文课堂提问既有形式，又有实效，进一步激发学生的学习兴趣，拓展学生的思维方式，提高学生自主学习的能力。

要让学生实现这个目标，就必须引导学生深入文本语言的内部，汲取文本语言的养分。如此，方能改变目前对文本语言浅尝辄止、浮光掠影式的阅读弊端。教师对每一篇课文或每一节课做一个精当的“主问题”设计，可以起到以一取十、提挈全篇的作用。

2. 统编教材初中古诗文课堂教学合理、科学的要求

统编教材初中古诗文在教学内容和过程中设置合理、科学有效的“主问题”，对古诗文教学起着重要作用。它既简化了教学流程，又能引领学生展开与文本的深层次的对话，帮助学生感受古诗文文本中意蕴深厚的语言、优美的意境和丰富的情感，从而深度理解古诗文文本主旨，同时又能够充分发挥学生学习古诗文的积极性和主动性，从而激发学生学习古诗文的兴趣，更有利于学生自主合作探究能力的培养，进而在统编初中古诗文学习中发展学生的语文课程核心素养。

四、初中古诗文教学“主问题”设计的原则

“主问题”就是指教师根据文本内容和教学实施的需要，结合文本主旨与学生实际需要概括锤炼的一种围绕某个主题且具有整体性和连贯性能够贯穿教学始终的一个问题或一组问题。因此，“主问题”的设计就要求教师要能根据教学设计需要，在多角度地研读学生和教材的基础之上，提炼出能牵一发而动全篇的主问题，课堂上把讨论解决“主问题”作为教学的主要目标，贯穿教学始终的手段，并在围绕这个“主问题”的研究讨论和解决中，让学生的思维深入到文本的每一个角落，让学生真正成为学习的主体。因此，教师在设计教学“主问题”时，要遵循以下原则：

1.“主问题”设计，必须遵循学生的认知规律

一般由低级到高级，由现象到本质，由局部到整体。

教学“主问题”的设计要突出教学内容、教学环节的层级，要从本篇文章或本节课学生学习的内容、能力认知等方面来设计，让学生在一步一步、逐层递进的探讨中，不断地开启思路、突破难点，并在更高层次继续思考，这样有利于学生由表及里、由浅入深地思考问题。教师设计的“主问题”要层层递进，让学生在不知不觉中完成任务。学生乐于参与，课堂教学目标实现度就会很高。同时，教师“主问题”的设计要与文本中作者的内在情感以及文本的深刻主旨有机结合。“主问题”是引领学生深度理解作者内在隐性情感和作品深刻内涵的法宝。

例如，教师在教学《岳阳楼记》时，围绕通读全文，疏通文意、了解课文内容、文体特点，体会其语言美，进而研讨本文的览物情、悲喜观、忧乐观这些教学内容，在深入研究文本的基础上，根据以上内容设计了四个“主问题”来完成本篇文言文的教学：①有感情地朗读课文，体会其中的语言美，并在熟

读的基础上背诵。其意图是让学生体会本文的风格，注意排比、对偶等修辞手法的运用，体会本文的辞采、韵律和诗意，在此基础上熟读成诵。②朗读课文第3、4段，结合具体语句谈一谈它们各自描写了什么样的景色，其中蕴含着作者怎样的心境。其设计意图是指导学生朗读文中精彩语段，比较其中景物描写的特点，感悟作者的情怀。③这篇课文中的写景、抒情和议论之间是怎样的关系？结合具体语段，加以分析。这个问题的设计意图是提示本文写景、抒情和议论交融而又层次分明的特点，并作具体赏析，这也是本文的重点和难点问题。④“古仁人”与“迁客骚人”有什么不同？“先天下之忧而忧，后天下之乐而乐”体现了作者怎样的政治情怀？这个问题的设计意图是引导学生对文中的重点难点问题比较分析，进而把握文章的主旨。

教师这样的“主问题”设计突出了初中古诗文教学的“诵读—理解—研读—品析—感悟”层级环节和重点，也就是“主问题”从提出和解决重点，主要在课堂教学四环节“诵读理解—交流感知—研读共品—拓展延伸—总结提升”中的“研读共品”环节进行。这样的“主问题”设计，既符合文本的教学要求，又遵循了学生对文言文的认知规律，利于学生古诗文素养的养成和提升。

2.“主问题”的设计应激发学生的学习兴趣

学习兴趣是学习中非常重要的非智力因素。学生学习古诗文有畏难心理，教师在设计“主问题”时，要注意从激发学生的兴趣入手，这样的问题对学生来说有一定的触动，引起他们的兴趣，他们就可能因这一点而自主求知、主动探究。学生是课堂的主人，在整个课堂上，不是老师要学生学，而是学生自己要学，这才真正体现了新课改的要求。

例如，教师在教学《陋室铭》时，通过老师对文本知识、作者简介、诵读指导教学环节后，教师设计安排了这样一个“主问题”：你认为刘禹锡的陋室简陋吗？从文中的语句说说你的理解。这个问题及要求提出后，打破了平时文言文教学中那种让学生“读—译—讲—析—品”的习惯性的讲读思路。学生立即被这个问题吸引，彻底地激发了他们的求知欲，从而主动进入文本，进入专心致志、全神贯注的阅读，开始对课文进行整体性感知阅读，阅读效率和效果明显优化。在教师指导下，学生通过翻译、理解，在与学生讨论交流的过程中，可以感知如下内容：陋室本身的环境很简陋，但在作者心里觉得一点也不“陋”。

3. “主问题”设计应紧扣教学的重点，突破教学难点

一节好的古诗文课堂教学，单从“问题预设”的角度来看，最重要的有这样三件事：一是确立教材（文本）的重点并能将其“问题”化（“主问题”）；二是将“问题”转化为具体的学生活动；三是重视在知识的建构中完成思维品质的提升和情感的熏陶与唤醒。因此，教师在确定每一篇课文及每一节课的教学目标时，就要明确其中的教学重点，要把解决教学重点作为教学的主体任务。通过“主问题”的设计，教师引导学生结合具体文本重点解析，采取恰当的方式突破难点来解决教学的重点。“主问题”设计在“简化头绪、突出重点”方面具有独特的优越性。因为用少而精的关键问题组织教学，能使教学目标更明确、教学内容更精练、教学环节更简洁，从而有效地保证教学重点。

例如，在教学《醉翁亭记》时，老师为突出本文的教学重点，突破教学难点，设计了“主问题”：本文多处提到“乐”，主要表现了哪几种“乐”？“醉能同其乐，醒能述以文者”，表达了作者怎样的志趣？这样的“主问题”设计突出了本文教学的重点，教师在引导学生注意本文扣着“乐”字叙事、议论的特点，进而体会作者“与民同乐”及援笔为文的丰富感情。同时，为了突破“如何理解本文‘叙议’结合的叙事手法”这一教学难点，老师根据“主问题”，引导学生找出本文中共出现的10个“乐”字，然后归结这些“乐”有：①山水之乐；②宴饮之乐；③禽鸟之乐；④滁人之乐；⑤太守之乐。最后学生自然理解了“醉能同其乐，醒能述以文者”，表达了作者“与民同乐”、以文记乐的情趣，同时也流露出作者为政一方、造福一方的自信、得意，以及捉笔成文的自负。

4. 要依据学生的学情设计“主问题”

学生的学情永远是教师设计教学和进行课堂教学的原始出发点，教师设计的课堂活动具有让师生共同参与、广泛交流的凝聚力。教学活动是教师与学生的双边活动，教师引导学生学习文本，实际上是教师、学生、文本、作者四者之间的对话。教师的教学准备是“学生”——以学生的眼光审视文本；教学的序幕是“学生”——着眼于调动学生的情感；教学的起点是“学生”——从学生的心头扬帆起航；教学的过程是“学生”——教师要贴着学生教；教学的归宿是“学生”——让学生激动一阵子，更要管用一辈子。也就是说，教学问题的设计时时处处为学生着想，把自己的阅读思路转化为学生的阅读过程，把自己的阅读感悟转化为学生的内化体会。因此教师必须将阅读策略转化为阅读教学策略，让学生“虚心涵泳，切己体察”（朱熹语），感受言语生命的活力，全面提高语文素养。因此，“主问题”设计的切入点、难易度要紧扣住学生的认知点、兴趣点、情感点，教学才可能是高效的。

初中古诗文教学中的“主问题”设计，体现了语文教师的基本素养，体现了教师研读文本、驾驭课堂的能力，教师根据学生学习古诗文的兴趣、文本重难点和学情来恰当地设计“主问题”，能引领学生栖息于古典诗文的海洋中，吟咏古风雅韵，品悟古人情怀；在中华古典诗文的殿堂里徜徉精神，涵养性情；在古典诗文的土壤上放飞心灵，抒写自我。

五、初中古诗文“主问题”设计的策略

中华古典诗文博大精深、意存高远，是中华民族文化的精髓。中国古典诗歌是诗人自我价值的表达、自我精神状态的表述、对自我与世界之间关系的梳理。古诗词中经典作品不但是汉语言文字的典范和精华，而且蕴含着中华民族的精神和品格。它是中华民族精神得以生发的深厚土壤，对民族精神的培育和形成起着巨大的、不可缺少的作用。初中古诗文的教学对初中生语言的建构、思维品质形成、人生观和价值观的培养具有奠基作用。因此，“主问题”的设计要求教师提升自身专业素养，认真钻研教材，研读文本，切实转变教学观念和教学方式，用精、少、深、活的问题妙设引玉之砖，巧投激浪之石，让学生在不断的尝试、思考、体验中掌握语文学习的能力，享受语文学习的喜悦，真正成为课堂的主人。

1. 从古诗文题目切入，设计“主问题”

古诗文的题目往往是文本主要内容的体现，尤其是题眼，可以通过它“窥一斑而见全豹”。从这个角度设计出来的主问题，能使学生准确地把握诗歌的内容和脉络。

例如，曹操《观沧海》，围绕诗歌的诗眼“望”设计出“诗人望到了什

么？怎么写的？为什么这么写？从中你感受到了作者的什么情怀？”这样从诗的题目入手设计问题，就将本文的主要内容和教学的重点全部体现了出来。教学陶渊明《归园田居》时，围绕诗歌的题眼“归”，设计出“诗人从何而归？为何而归？归向何处？归去如何？”的问题，诗人的情感主线就很容易把握了。《生于忧患，死于安乐》围绕课题“生于忧患，死于安乐”，老师设计了这样几个问题：“作者从哪几个方面进行论证的？运用了什么方法，怎样进行认证的？”这样的问题设计，就将议论文的论点、论证方法、论证结构层次全部完成了，突出了本课的教学目标和重点。如《爱莲说》《马说》的体裁均是“说”，“说”这种文体，既可以说明议论，也可以记叙事物，但都是用来阐述作者对各种问题的见解，其本质是托物寓意。教师在教学中可以紧扣这一点，带领学生分析物的特点，体味作者寄托的寓意。《答谢中书书》《与朱元思书》同为书信体，都是写给朋友的山水骈文，均是写美景抒志趣，但两篇文章又同中有异，教师在教学中完全可以放手让学生比较异同，从而理解“书”的特点。而对于游记散文《桃花源记》《小石潭记》，教师完全可以根据“记”的特点进行教学设计。所以，顺应古诗文各自的特质，古诗文的题目入手，巧设“主问题”，会达到提纲挈领，牵一发而动全身的功效。

2. 从古诗文内容切入，设计“主问题”

古诗文的文本内容理解是初中古诗文教学的重点，学生只有通过古诗文内容的学习，才能领悟古典诗文中蕴含的优美意境和作者的深厚情感。教学统编材语文教材《三峡》时，设计“吟咏文韵，置身三峡优美画境，你体悟到哪些三峡之美”的问题，使学生在诵读本篇文章时，关注“三峡之美”，从三峡的山、水，三峡的四季这一主问题，使学生对本文内容有了整体性把握。

3. 从品味语言的角度，设计“主问题”

中国古典诗文的语言是中国人在历史的长河中表述自我精神价值、意义，抒发情感，表达对世界认识的最典范的语言作品。古诗文的语言可以说凝结了中国几千年来传统文化的智慧，它集优美、隽永、简练等多种优点于一身，因而品味古诗文的语言就是一种艺术的享受，积累古诗文的词汇，语汇就是丰富我们语言宝库的最好的方法。我国现代著名美学家朱光潜说：“在文字上推敲，骨子里实在是在思想感情上的推敲。”上海市著名特级教师陈钟梁老师说："语文课是美的，这种美潜伏在语言的深处。语文课首先要上出语文味儿，要上得朴素自然，要向学生传递语言深处的美。"重庆市青年名师王君说："教师要以语言解篇章，以语言绘形象，以语言激情感，以语言开智慧。"著名语文教育专家于漪说："千万别脱离了文本，千万别冷落了语言。"统编初中语文教材中就有许多古诗文是语言的学习典范，教师对一篇文质兼美的古诗文进行教学"主问题"设计的时候，首先想到的应当是对语言的品味，这是古诗文教学的根本所在。

例如，统编语文教材九年级下册《出师表》一文，陆游就曾由衷地评价它"出师一表真名世，千载谁堪伯仲间"。此篇表文语言情真理足，辞婉心切，析形势，教措施，对先帝满怀思念之情，对后主满腔热爱忠贞，谆谆叮咛，言辞恳恳，语重心长，忠义之理，恳切之情处处洋溢，感人至深，催人泪下，让人读来心潮起伏，引导学生对本表语言加以品味，不但能促进学生对全篇表文的理解，更可以体会文章语言以情动人，以理服人的妙处。另外，像《关雎》《蒹葭》等诗篇都可以从语言入手进行教学。任何一篇古诗文能经历岁月的淘洗流传下来，可以说每篇都有它光辉的所在，如果在学习古诗文的过程中，能切实关注到古诗文语言的学习，从语言的角度设计"主问题"，那么我们的学生也一定会口吐珠玑的。

4. 从古诗文的情感切入，设计"主问题"

古诗文教学的一个重点内容是把握诗文中蕴含的作者情感、体会意境。所谓"境由心生""一切景语皆情语"，需要我们把握诗人的情感主调，以此景悟情，从而水到渠成。如《声声慢》中抓住诗人的"愁"情，设计"析愁景悟愁情探愁因"的问题，学生将意象、意境、词人身世等因素融入词作赏析中，形成课堂阅读教学的主活动。

统编教材初中古诗文教学中，教师在备课时，要在精细阅读文本、思考教学、了解学情的前提下，找准切入点，设计古诗文课堂教学中不同阶段的"主问题"，就可以促进古诗文阅读教学的有效性；在课堂教学的初读阶段，以"主问题"牵动对全篇课文的深刻理解，提高学生品读课文的质量；在教学的进行阶段，以"主问题"激发思考，引发讨论，形成生动活泼的师生互动局面；在教学的深化阶段，以"主问题"拓展视角，迁移能力，深化理解，酿造课堂教学的高潮。“主问题”就是一条教学线索，牵动着学生阅读和思考。从教学过程看，学生首先带着明确的问题，怀着探求的兴趣进入文本，圈点勾画，品评咀嚼，思考表达，接着带着学习的兴趣和表达的欲望，参加讨论，听取点拨，深化认识。课文教学在这一环节可以说是读、写、听、说、思融为一堂，启发、互动、合作、探究共冶一炉。此时的教学是真正把学生放在学习的首位，真正通过老师、学生、文本的多重对话形成认识。

5. 从文章写作背景入手，设计“主问题”

每篇（首）古诗文在不同的历史背景下产生，必定会有不同的解读方法，尤其是一些身世坎坷、命运多舛的作家在当时社会的磨砺下，会有更多的撼人心魄的心灵火花迸发出来，因而结合文章的写作背景设计主问题，也可以起到事半功倍的学习效果。

例如，在学习《小石潭记》时，其中“凄神寒骨，悄怆幽邃”八个字既画龙点睛地点明了小石潭上的氛围凄清，又暗示了作者悲凉的心境，这悲凉的心境就是与柳宗元当时被贬有关，抓住这八个字设疑，既可以把握全篇内容中作者写小石潭的特色，又可以透析作者写作这篇文章的背景情况，这样就可以加深对这篇文章的理解。《与朱元思书》中“鸢飞戾天者，望峰息心；经纶世务者，窥谷忘反”两句也具备上文中八个字的功能，透过这句话也可以看出作者当时写作的背景，通过对这一背景的深入挖掘，就可以很容易地理解作者吴均的这篇作品了。在统编初中语文教材中，这类作品还很多，如《记承天寺夜游》中“但少闲人如吾两人耳”；《答谢中书书》中“自康乐以来，未复有能与其奇者”等等，都可以从写作背景入手设计“主问题”，从而把握全篇，增强对文章的深入理解。

6. 从知人论世的角度，因人制宜设计“主问题”

王国维说：“是故由其世以知其人，由其人以逆其志，则古人之诗，虽有不能解者，寡矣。”因此，知人论世不失为古诗文教学设计的又一个重要抓手。因为只有熟悉作者的创作个性，走进作者的内心世界，才有可能在学习其作品时与作者产生情感上的共鸣，从而达到对其作品的深入理解。

例如，统编语文教材七年级上册刘禹锡的《秋词》是文人伤春悲秋中为数不多的意境豪迈的一首诗。这首诗是刘禹锡被贬朗州时写的，从诗句中可以看到，刘禹锡虽然被贬，但并没有悲观失望，而是一反常态，赞美秋天，给人一种昂扬向上的信心。这与他敢于抗争、永不服输的性格是一致的。白居易曾赞他："彭城刘梦得，诗豪者也，其锋森然，少敢当者。""诗豪"由此得名。

因此，教学这首《秋词》时，笔者从知人论世入手，抓住诗人雅号"诗豪"进行"主问题"的教学设计。首先引导学生对"豪"字进行理解，让学生明白"豪"有"豪气、豪爽、豪杰、豪情、豪放、豪迈"等意；接着，让学生自由朗读《秋词》，试着读出作者的各种豪情；然后，抓住"自古""我言"，引导学生品出诗人的豪迈气势，同时，补充"鹤"这一豪放意象，咂摸"排"这一豪放动作，让学生真正领悟到刘禹锡与众不同、独树一帜的英豪之气。诗人性情豪，则诗句处处豪，以"豪"为线索设计贯穿课堂的主问题，结构紧凑，学生兴趣盎然，收到了意想不到的效果。

总之，古诗文教学"主问题"设计还可以从古诗文人物性格特征入手；从诗文描写意境入手；从诗文特定体裁入手等等，"教学有法，教无定法"，古诗文教学因为"主问题"的出现和运用而使课堂变得更朴素、更实惠。教师在设计"主问题"的过程中促进了教学思想的转变和教学能力的长进，真正把文本读"厚"，把教材读"薄"，并能够培养学生的思维能力、探究能力和品析能力，使学生充分体会到语文学习中的求索感、创造感与成就感，实现教学双赢，使学生阅读能力得到提升，学生的语文核心素养得到全面发展。

六、"主问题"设计教学案例

《邹忌讽齐王纳谏》"主问题"引领教学

统编语文教材九年级下册文言文《邹忌讽齐王纳谏》用三个"主问题"来领起全文的教学。

1. 请同学们根据课文内容的理解，口头创编"门庭若市"的成语故事。

2. 请自选内容，用"思维导图"的方法，编写课文"词义辨析"卡片。

3. 这篇课文中，有哪几个关键字词既推动着故事情节的发展，又表现了人物的特点？

这三个问题是课堂中三次深入的研读活动，三次课中交流。以简驭繁，以易克难，层次明晰，覆盖全面，能力训练充分，学生活动充分。特别是第三个问题，学生需要对课文内容进行从头到尾的品析，然后表述自己的见解。在师生的对话之中，几乎将本课中有着重要表达作用的字词都进行了品读欣赏。

从上面的案例中，我们可以明显地感觉到，“主问题”是立意高远而又切实的课堂教学问题，在教学中具有“一问能抵许多问”的艺术效果。

《白雪歌送武判官归京》“主问题”的设计

统编语文教材九年级下册岑参《白雪歌送武判官归京》在“赏景悟情”的教学环节，教师用三个“主问题”来突出本首诗歌教学的重难点。1.在整体把握诗歌内容的基础上，找出描写雪景的诗句，说说诗人描写了哪几幅雪景图?然后教师引导学生描绘画面，走进诗境。（四幅雪景图：八月野外飞雪图、临别之时奇寒图、临别时期雪景图、送别之后雪景图）2.学生自由赏析描写雪景的句子，然后在全班交流。这两个问题的设计突出了本首诗歌内容的重点：写雪景由面到点再到面，引导学生欣赏诗人笔下雪景，从而进入诗中意境，感受诗中壮美的边塞风光，为下一环节悟情，做好准备。教师此时引导学生归纳、品析本首诗歌写景的顺序和写景的角度：本首诗从飞雪骤至，雪景奇美，到雪中奇寒，前线艰苦，再到雪中远景，置酒话别，最后写雪中送别，空余蹄痕。角度有近观，有远眺；既写自然景物，也写其中人的活动。然后自然地提出第三个问题：这是一首送别诗。作者是如何抒发送别之情的呢？这样教师在教学中由赏景过渡以析送别，引导学生进一步体悟诗人的内心情感。

这样通过三个“主问题”的设计就能充分落实古典诗歌教学由语言品析、意境勾勒到情感的体悟的教学要求，使学生掌握学习古典诗歌的方法，学生对古诗文美感体验能力得到了提高，更好地让学生由课内向课外延伸，阅读更多的古诗文，全面发展了学生的语文核心素养。

第七节　思维能力，发展核心素养的要求

语文是语言和思维相结合的一门基础性学科，中学生正处于思维发展的关键阶段，在中学语文教学中，培养和训练学生的思维，是新时代基础教育教学改革的重要内容，是《语文课程标准》提出的要求，也是以培养“全面发展的人”为核心的中国学生发展核心素养的要求。它对于提高初中学生的语文能力具有极其重要的意义。

一、《语文课程标准》的要求

《语文课程标准》指出：“语文课程应激发和培育学生热爱祖国语文的思想感情，引导学生丰富语言积累，培养语感，发展思维，初步掌握学习语文的基本方法，养成良好的学习习惯，具有适应实际生活需要的识字写字能力、阅读能力、写作能力、口语交际能力，正确运用祖国语言文字。”“语文课程应特别关注汉语言文字的特点对学生识字写字、阅读、写作、口语交际和思维发展等方面的影响，在教学中尤其要重视培养良好的语感和整体把握的能力。”“在发展语言能力的同时，发展思维能力，学习科学的思想方法，逐步养成实事求是、崇尚真知的科学态度。”同时在“教学建议”部分提出“语文教学要注重语言的积累、感悟和运用，注重基本技能训练，让学生打好扎实的语文基础。尤其要注重激发学生的好奇心、求知欲，发展学生的思维，培养想象力，开发创造潜能，提高学生发现、分析和解决问题的能力，提高语文综合应用能力”。

二、发展学生语文学科核心素养的要求

《语文课程标准》在“学科核心素养”中指出：“学科核心素养是学科育人价值的集中体现，是学生通过学科学习而逐步形成的正确价值观、必备品格和关键能力。语文学科核心素养是学生在积极的语言实践活动中积累与构建起

来，并在真实的语言运用情境中表现出来的语言能力及其品质；是学生在语文学习中获得的语言知识与语言能力，思维方法与思维品质，情感、态度与价值观的综合体现。”由此，可以看出，语文学科核心素养主要包括“文化自信”“语言运用”“思维能力”“审美创造”四个方面。其中又指出：“语言建构与运用：语言建构与运用是指学生在丰富的语言实践中，通过主动的积累、梳理和整合，逐步掌握祖国语言文字特点及其运用规律，形成个体言语经验，发展在具体语言情境中正确有效地运用祖国语言文字进行交流沟通的能力。思维发展与提升：思维发展与提升是指学生在语文学习过程中，通过语言运用，获得直觉思维、形象思维、逻辑思维、辩证思维和创造思维的发展，促进深刻性、敏捷性、灵活性、批判性和独创性等思维品质的提升。”

《语文课程标准》在提出“语文核心素养”四要素之后，又指出这四个方面是一个整体，彼此融合，不能分开。还特别说到语言是“交际工具”“思维工具”，又是“文化的重要组成部分”，这就决定了在语文课程中，学生的文化自信、思维能力、审美创造，都是以语言的建构与运用为基础，并在学生个体言语经验发展过程中得以实现的。这里强调的语言的发展，是与思维的发展、审美与文化的学习相互依存，相辅相成的。

因此，在中学语文教学中，发展学生语文核心素养的过程中要着力发展运用语言文字的能力，在语言的运用中对学生进行思维训练，进而提升学生的思维品质。

叶圣陶先生认为，思维和语言不可分。他在《关于怎样使用语言》和《谈文章修改》中不止一次地讲过：“我们想问题时，必须依傍语言材料才能想，所以思维活动的过程就是语言形成的过程。”“思想、语言、文字三样其实是一样。”“思想不能空无依傍，思想依傍语言。”所以，他倡导语言与思维紧密结合的训练途径，在《关于怎样使用语言》一书中指出：“思维活动的过程同时就是语言形成的过程。”当代著名语文教育家朱绍禹认为：语文课的实质是语言学和思维课。教育专家许汉先生曾经说过：教学思想的提高，教学方法的改变，教学质量的评价，都必须抓住思维能力这个核心。这些思想都与《语文课程标准》对锻炼学生思维的强调相吻合，因此，培养学生语文核心素养，思维是关键。

三、初中语文古诗文语言品析中培养学生思维能力的必要性

中国古典诗歌是一种高度概括的言语形式，是中国人在历史的长河中表述自我精神价值、意义，抒发情感，表达对世界认识的最典范的语言作品。它的语言凝练、含蓄，形象性和表现力十分突出。统编初中语文教材选编的古诗文文质兼美，具有中国古典诗歌广泛的代表性。

统编初中教材古诗文是初中语文教学的重要内容，古诗文阅读教学中，既可进行语言训练，又可进行思维训练。语言是“交际工具”“思维工具”“思维的载体”，语言的发展过程也是思维的发展过程。由此可见，思维和语言是相互依存、相互促进的。语言是现实的思维，是思维的物质外壳。因此，教师在古诗文教学时，应让学生在学习中梳理、积累、形成并巩固自己的语言知识体系，引导学生分析丰富的语言内涵，揣摩优美的言语形式。通过学习语言运用，获得包括直觉思维、形象思维、逻辑思维、辩证思维和创造思维的能力发展，提升思维的灵活性、敏捷性，发展思维的深刻性、批判性和独创性，最终得到思维品质的提升。

四、统编初中语文古诗文语言品析中提高学生思维能力的策略

阅读是思维的过程，阅读教学就是训练、发展思维的过程。著名教育改革家魏书生认为：“一节课的好坏的主要标准，只能看学生是否在进行积极思维，教师的讲解与学生思维之间是否有一根看不见的线紧紧维系着。”

因此，教师在统编初中古诗文教学中，要通过对古诗文语言的积累、品析、运用来培养学生语言素养，提升语言能力。具体可以通过丰富的联想、想象，充分挖掘文本语言内涵，有效的提问等方式，激发学生思考，锻炼学生的思维。教师要以问题为导向，将“要学生学”转变为“学生要学”，发挥学生的主动性和参与性。尤其通过语言上的提问训练学生的思维品质，促进学生思维的发展，全面发展学生的语文核心素养。

1. 咬文嚼字，品咂语言，提升学生的语文思维

中华古诗文是高度概括的语言形式，它的语言凝练、含蓄。初中学生是语言能力和思维发展的关键阶段。语文教师要根据学生的身心特征以及思维发展

的特点来改进古诗文教学方法，抓住初中阶段是从初级思维向抽象逻辑思维过渡的关键时期，进行有效的教学，提升学生的思维品质。

王尚文先生指出：语文阅读教学旨在培养学生的阅读理解力，阅读理解的深入伴随思维的发展，咬文嚼字，品咂语言，可以快速提升学生的语文思维。他还强调，语文思维首先是指理解文本如何运用语言。就文言文教学而言，理解文本就应该正音义、明关系、作比较。这一过程，就是学生语文思维发展的过程。

例如，统编语文教材八年级上册《与朱元思书》的教学：①教师先进行诵读指导：引导学生进行了诵读，对“缥碧”“窥”等学生诵读中有误的字进行正音，强化字词的朗读与识记。②文言字词的掌握：教师先引导学生对照课下注释让学生自主理解，后又强调重点字词“风烟”“任意”等，强化学生对关键字词的理解。③对文章描写富春江景色总分结构的介绍，然后是对“水深”“水清”“水急”的对比，静态描写和动态描写对比的指导。这时，教师抓文本中内涵丰富、语意深刻的字词、句子，引导学生进行品咂，以对比、拓展等方式带着学生边读边译边理解，让文学语言的韵味徜徉于学生的口中和心间，学生的思维通过自主理解，自主梳理，自主领悟，自主总结等方式不断向更上一级跨越，最终以有感情的背诵来达到顶峰，此时学生的思维被彻底打开，对文学美感的感知力应运而生。

初中古代诗词教学中的“炼字”赏析，就是一种咬文嚼字，品咂语言的形式，它对提升学生思维品质的提升具有非常大的作用。

例如，统编语文教材七年级下册杜甫《望岳》“造化钟神秀，阴阳割昏晓”中“钟”“割”两字的赏析。这两句写近望中所见泰山的神奇秀丽和巍峨高大的形象：泰山秀美无比，仿佛大自然将一切神奇秀丽都聚集在这里了，泰山的高耸挺拔，高得把山南山北分成光明与昏暗的两个天地。一个“钟”字生动有力，将大自然写得有情。“钟”字山前向日的一面为“阳”，山后背日的一面为“阴”，由于山高，天色的一昏一晓判割于山的阴、阳两面，所以说“割昏晓”。“割”本是个普通字，但用在这里，确是“奇险”，表现出泰山像一把硕大无比的刀切断了阳光，使泰山明暗对比强烈，突出了泰山遮天蔽日的形象，形象贴切地给参天耸立的泰山姿态赋予了生命力。从这两个字的赏析中，提高了学生的语言积累、品析、运用能力，也可以对学生的思维进行训练，从而提高他们的思维能力。同时从本句诗的语言赏析，也使学生体会到诗人杜甫那种“语不惊人死不休”的创作风格。

2. 运用丰富的想象和联想，激活、拓展学生思维

中华古典诗文具有语言含蓄的特点，诗人往往在字数有限的诗句中容纳丰富的内容，对感情的表达常借助于想象的形式，耐人寻味，发人深省。想象，也是一种彩象化的富于创造性的思维活动，它是思维的一种特殊形式。中学阶段正是培养学生想象力、开展创新性学习的最佳时机。想象是拓宽学生思维空间的途径，爱因斯坦曾说：“想象力比知识更重要，因为是知识进化的源泉。”“想象力是发明创造等一切创造活动的源泉。”（亚里士多德语）没有想象，就没有创造，善于创造就必须善于想象。想象力的培养途径是多种多样的，在教学过程中，教师可以针对不同的教学内容，使用不同的教学方法，营造出不同的想象空间，才能更好地达到教学目的，使学生的想象力得到全面的发展。

在古诗文教学中，教师应鼓励学生张开想象、联想的翅膀，激活、拓展学生的思维，发挥创新的潜能。教师首先要在品析语言的基础上，透过作品语言的表面含义，充分调动学生的想象和联想能力，去领会作品的深层意味和审美情趣。古诗文课堂教学想象和联想是最活跃的因素，它让学生在读懂作品的前提下，运用已积累的语言知识、经验和艺术感悟力，填补由于古典诗文作品的跳跃性而留下的空白，深入古诗文语言所构筑的美的境界，甚至对作品进行能动的发挥，去创造新的意境。所以教师在课堂上要有意识地培养学生的想象和联想的能力，给学生想象和联想的空间，必要时给予方法上的指导，经过一段时间的练习，让学生在语言的品析中，形成想象和联想的惯性，激活、拓展学生的思维广度和深度，以便于更好地理解古诗文。

例如，统编语文教材七年级上册《天净沙·秋思》，这是初中阶段第一篇以诗歌为主题的篇目。本单元的阅读策略是：重视朗读，想象文中描绘的情景，领略景物之美。教师在学生反复吟咏的基础上，指导学生将诗中的“枯藤”“老树”“昏鸦”“小桥”“流水”“人家”等一系列典型的意象、自然景物，运用想象、联想的手法，幻化成学生脑海中一幅幅栩栩如生的活动画面。然后进行艺术勾勒，进行思维的再创造，让学生跟游子一起融入那苍凉、萧瑟的画面中去看、去听、去想。再请学生运用自己的语言描述诗中那描写的画面，通过一番描述，学生深深体会到游子悲秋思乡之情，结句“断肠人在天涯”的言外之意也就不言而喻了。这样，学生通过语言的积累、运用和想象、联想手法进行诗歌意境的再创造，既提高了学生语言实践的表达能力，又进行了学生思维的训练，提高了诗歌鉴赏能力，可以说一举两得。

中国古诗文的美好之一就在于它的诗中有画，在于诗中包含着的许多美丽的意象。欣赏古诗文作品时，通过语言的积累、运用、创造，引导学生进行形象思维训练，探寻诗人形象化的思维活动过程，对诗歌作品的审美和体会作者的情感有重要的作用，这也是初中语文教师在统编语文教材古诗文教学中必备的和特别需要研究的课题。

五、古诗文训练学生思维的教学案例

诗歌语言具有概括性、形象性、抒情性等特征，教学中借助语言练习，运用想象和联想的手法描绘诗词意境，可以较好地训练学生的想象能力和口头表达能力，提高学生的思维能力。

《茅屋为秋风所破歌》思维训练指导

统编语文教材八年级下册《茅屋为秋风所破歌》，这是唐代伟大诗人杜甫旅居四川成都草堂期间创作的一首七言古诗。这首诗叙述作者的茅屋被秋风所破以致全家遭雨淋的痛苦经历，抒发了自己内心的感慨，体现了诗人忧国忧民的崇高思想境界，是杜诗中的典范之作。

教学时，教师先安排学生对这首诗第一、二两节作描绘意境练习。“八月秋高风怒号，卷我屋上三重茅。茅飞渡江洒江郊，高者挂罥长林梢，下者飘转沉塘坳。南村群童欺我老无力，忍能对面为盗贼，公然抱茅入竹去。唇焦口燥呼不得，归来倚杖自叹息。”教师先要求学生找出这两节中描写的一些意象特点：“号”“茅”“郊”“梢”“坳”五个开口呼的平声韵脚传来阵阵风声。“卷”“飞”“渡”“洒”“挂罥”“飘转”，一个接一个的动态不仅组成一幅幅鲜明的图画，而且紧紧地牵动诗人的视线，拨动诗人的心弦。然后让学生结合杜甫的生平遭遇和思想性格作出较为合理的想象描绘。有个学生是这样描绘的：

“八月秋深，狂风怒号，风卷走了我屋顶上好几层茅草。茅草乱飞，渡过浣花溪，散落在对岸江边。飞得高的茅草缠绕在高高的树梢上，飞得低的飘飘洒洒沉落到低洼的水塘里。在秋风呼啸中，一个衣衫单薄破旧、头发花白、身体干瘦的老人拄着拐杖，站在屋外，眼巴巴地望着怒吼的秋风把屋上的茅草一层又一层地卷起来，吹过江去，洒在江边野外。老人四处奔跑着，想捡回些茅草，待风定后再修盖。可突然从路边冲来一群顽皮的孩子，他们看着眼前的外乡老头，像是有意要欺负他，一齐拥来，抱着茅草就往竹林中跑去，消失得无影无踪。老人焦急地呼喊着，唇焦口燥也没有用，四肢无力，他慢慢地走回家门口，看着被狂风吹得破落不堪的屋顶，倚着拐杖感叹自己的不幸和世态悲凉。”

通过这样的意境描绘，让人分明看见一个衣衫单薄、破旧的干瘦老人拄着拐杖，立在屋外，眼巴巴地望着怒吼的秋风把他屋上的茅草一层又一层地卷了起来，吹过江去，稀里哗啦地洒在江郊的各处；而他对大风破屋的焦灼和怨愤之情，也不能不激起读者心灵上的共鸣。

因此，在统编初中语文古诗文教学中，通过对古诗文中字词的斟酌、品味，有利于学生丰富语言知识，并在合适的情境中加以运用，并进行思维广度和深度的训练。在此过程中，学生提高了语言能力、培养了语感、促进了古诗文感知力的提高，使学生语言的运用能力和思维能力得到了提高。

第八节　自主、合作、探究，提升教学效果

中华古典诗文中的经典作品不但是汉语言文字的典范和精华，而且蕴含着中华民族的精神和品格。《语文课程标准》指出：“语文课程对继承和弘扬中华民族优秀文化传统和革命传统，增强民族文化认同感，增强民族凝聚力和

创造力，具有不可替代的优势。”其在“课程理念”部分指出：“学生是学习的主体。语文课程必须根据学生身心发展和语文学习的特点，爱护学生的好奇心、求知欲，鼓励自主阅读、自由表达，充分激发他们的问题意识和进取精神，关注个体差异和不同的学习需求，积极倡导自主、合作、探究的学习方式。教学内容的确定，教学方法的选择，评价方式的设计，都应有助于这种学习方式的形成。”初中文言文学习的阶段目标是：“诵读古诗词，阅读浅易文言文，能借助注释和工具书理解基本内容；注重积累、感悟和运用，提高自己的欣赏品味。”

由此可见，初中古诗文教学不仅能传承民族优秀文化，对学生进行思想道德教育，更能帮助学生博古通今，更好地掌握古代汉语。然而，初中古诗文课堂教学效率不高，效果不明显，大多数学生都惧怕学习古诗文，厌倦学习古诗文。这在很大程度上是由于教师在教学统编初中教材古诗文时，对教材挖掘不够，不能深入研读文本，不能为学生创设自主、合作、探究的学习氛围，尤其是课前准备、课上培养、课后延伸不足，教学策略不当所造成的。如何才能让学生“爱”上古诗文，提高学习效果呢？教师可在教学实践中秉持“少教多学”的理念，积极倡导自主、合作、探究的学习方式，提升古诗文的教学效果。

一、“少教多学”概念的内涵

《学记》中提出，“君子之教喻也；道而弗牵，强而弗抑，开而弗达。道而弗牵则和，强而弗抑则易，开而弗达则思。和、易、以思，可谓善喻矣”。这句话表明教师在教学中要善于启发学生，打开他们的思路，而不告诉他们现成的答案，以便给学生留下思考的余地，从而使学生养成独立思考的习惯，使智慧和思维能得到真正的发展。孔子曾说，“不愤不启、不悱不发。举一隅不以三隅反，则不复也。”捷克教育家夸美纽斯在谈到自己的教学理想时说：“要找出一种教育方法，使教师因此可以少教，但是学生多学；使学校因此可以少些喧嚣、厌恶和无益的劳苦，独具闲暇、快乐及坚实的进步。”我国教育家叶圣陶先生提出：“教是为了达到不需要教”，“教师当然须教，而尤宜致力于‘导’”“导者，多方设法，使学生能逐渐自求得之，卒底于不待教师教授之谓也”。以上诸多论述都在强调“少教多学”的教学思想。由此可见，少教多学作为一种教学思想或教学理想，它的提出并不是偶然，是教育研究者对教学关系进行深入思考得出的教学命题，成为教学改革者坚持不懈的追求。

“少教”即启发性地教、针对性地教、创造性地教和发展性地教；“多学”指学生在教师的引导下走向深度学习、积极学习、独立学习。教师在教学实践中秉持“少教多学”的理念，激发学生学习兴趣，培养学生的独立学习能力，这能从根本上减轻教学负担，提高教学效益。“少教多学”正是适应当前“双减”背景下教师应采取的一种教学策略。通过“少教多学”，把初中语文古诗文授课课堂变成以学生为主体的课堂，充分发挥学生的学习能动性，从而激发学生兴趣，培养多种能力，提高教学效果。

“少教多学”这种教学理念实施对教师也提出了更高要求，在古诗文教学过程中，“少教”并不是让学生放任自由并任其发展，而是对教师提出了更高要求，要求教师加强教学效率，提高教学质量，让学生在有限时间内更快更好地提升古诗文学习能力与素养。另一层面又通过“少教”来促进学生发展，并以此促进学生“多学”，这就要求教育工作者品质为“专家型教师”，就是说教师不仅要拥有专业知识与高效率工作，而且还需要有创造性洞察力，并且要能通过反省式思维判断自己的行为正确与否，并进一步完善。因此，“少教多学”教学理念核心就是提质增效，换言之就是教学相长。通过“少教多学”此种教学理念在教学过程中贯彻，让学生与老师都获得一个较好提升，课堂成为师生共学、共成长的一个平台，教学相长也是我们教学的一种思想境界。

二、“少教多学”在统编初中古诗文教学中应采取的策略

《语文课程标准》指出：“学生是语文学习的主体，教师是学习活动的组织者和引导者。语文教学应在师生平等对话的过程中进行。”“语文教学应激发学生的学习兴趣，培养学生自主学习的意识和习惯，引导学生掌握语文学习的方法，为学生创设有利于自主、合作、探究学习的环境。应尊重学生的个体差异，鼓励学生选择适合自己的学习方式。”

因此，教师的首要任务应该是调动学生学习的积极性和主动性。古诗文学习是初中语文教学的重要组成部分，对提升学生的语文素养、陶冶学生情操具

有重要意义。将“少教多学”的教学模式应用到统编初中古诗文教学中，对发展学生思维和提高古诗文教学的有效性十分必要。

1.“少教多学”教师要深入研读教材

“少教多学”即“老师少教，学生多学”。“老师少教”就是学生自己能体会到的不教，老师只把握重点和难点，在这种较为开放的课堂对老师的要求就更高，备教材、备学生就要更为充分。“学生多学”，那么学生“学什么”“怎么学”，教师在深入研读教材后做到“心中有丘壑”，课堂上才能引领学生采取恰当的方法学习，学生才能学有所得。

例如，统编版语文教材七年级上册第二单元《〈世说新语〉二则》中的第一则。这一单元以家庭、亲情为主题，从不同角度抒写了亲人之间真挚动人的感情，《咏雪》是一篇文言文，但语言文字理解起来并不难，还带有一定的故事性，学生理解起来应该说相对容易一些，但是，对文中语言的辨析和欣赏在教学中存在一定的难度。

（1）根据《语文课程标准》对文言文的要求：阅读浅易文言文，能借助注释和工具书理解基本内容。为此设计的教学目标是：反复诵读，培养文言语感，初步感知古今汉语的差别，学习借助注释疏通文言文文意的方法。对于“言”的理解和掌握，要让学生借助注释疏通大意，努力自主阅读理解，并通过朗读培养文言语感。让学生在反复诵读中自然疏通，让学生在诵读中直观感知文言特点，逐渐强化文言语感。

（2）根据《语文课程标准》对写作的要求：善于捕捉事物的特征，力求表达对自然的独特感受和真切体验。设计的教学目标是：赏析比较《咏雪》的两个比喻句，学习摹景状物的写法。

（3）根据《语文课程标准》对阅读的要求：培养学生具有感受、理解、欣赏的能力，使学生受到情感的熏陶，思想的启迪，享受审美的乐趣。设计的目标是：

品味语言，感受古代儿童的聪慧以及和谐的家庭氛围。语文的学习重在读，读中知其意，读中会其理，读中可以品评到“只可意会，不可言传”的味儿来。本着这样的目标，教学中主要引导学生通过各种形式的朗读、有层次有目标的朗读，层层深入地达到由初步感知到深入理解的学习目标。让学生在反复诵读中自然疏通文意，同时在朗读中直观感知文言特点，逐渐强化文言语感，激发学生的学习兴趣。

2. 要引领学生提前预习，做到课前学

“少教”，并不是少教学，或者不教学，完全依靠学生的自主学习，而是通过教师有针对性的引导，激发学生学习的热情，提升其自主学习能力。古诗文大多理解起来晦涩难懂，一堂语文课要想达到事半功倍的效果，学生的预习必不可少。教师要给学生布置预习任务，让学生有目的地进行自主预习。

例如，统编语文教材九年级上册第六单元的文言文《陈涉世家》。相对于学生以前学过的文言文来说，这篇课文较长，生僻字较多，学生读起来都困难，更何况让其理解文章内容了。本身学生对文言文的学习就有一种畏惧心理，这样的一篇文言文又何从入手呢？于是，先安排学生提前预习，布置预习任务，让学生查找陈胜、吴文起义的历史故事，通过课前讲历史故事的形式，了解课文内容。然后让学生先给文章中的生字词注音，然后读顺课文，接下来在整体感知的时候，学生多多少少能谈出点自己的理解，这为进一步学习奠定了初步基础。在这个过程中结合学生体验，很多学生都急于更深地了解与文章所述事件的有关历史，引起了学生浓厚的学习兴趣，起到了“少教多学”的效果。

3. 采取小组合作的形式，进行“少教多学”

《语文课程标准》指出：“语文教学应激发学生的学习兴趣，培养学生自主学习的意识和习惯，引导学生掌握语文学习的方法，为学生创设有利于自主、合作、探究学习的环境。应尊重学生的个体差异，鼓励学生选择适合自己的学习方式。”“教师应加强对学生阅读的指导、引领和点拨，但不应以教师的分析来代替学生的阅读实践，不应以模式化的解读来代替学生的体验和思考；要善于通过合作学习解决阅读中的问题，但也要防止用集体讨论来代替个人阅读。”因此，教师要鼓励学生小组合作，自主互动，将自己的疑惑、感悟、想法、体验都表达出来。小组合作讨论学习是“少教多学”教学模式中非常重要的环节，教师选择古诗文文本中的关键话题，让学生去自由讨论。教师给定合理的话题之后要对学生进行分组讨论。

例如，统编语文教材七年级下册《爱莲说》，教师在“词句品析”环节中，采取在教师示范的前提下，学生或独立地或合作地对课文中的词句进行评点，进行赏析。教师设计了以下几项问题，分组合作、交流，展开讨论。如对《爱莲说》名句的欣赏："予独爱莲之出淤泥而不染，濯清涟而不妖，中通外直，不蔓不枝，香远益清，亭亭净植，可远观而不可亵玩焉。"全句表现出文学的美，形象的美，品格的美，手法的美，抒情的美，请你们从这几个方面进行合作完成。学生通过小组合作，交流、讨论得出：作者写物喻人，托物寄意，表现了自己心中君子的理想人格。"出淤泥而不染"指君子洁身自爱，"濯清涟而不妖"指不媚世随俗，"中通外直"指内心通达、行为正直，"不蔓不枝"指不攀附他人，"香远益清，亭亭净植"写美德远播，卓然傲世，"可远观而不可亵玩焉"指君子高洁的人格令人景仰，不容亵渎。

学生分组交流讨论时，教师要认真地观察学生在小组探究中的表现，尤其是学生不能解决的问题，要给予归纳总结，和学生一起讨论。在小组讨论过程中不管是正确的还是错误的想法，教师都要给予学生发言的机会，这样他们才能够积极地参与到"少教多学"中去。古诗文原本就有很大的理解难度，学生会产生困惑，教师要鼓励学生坚持学习，不怕出错。在小组成员汇报时，教师可以让学生自由选择汇报人员，还可以进行提问，这样可以保证每个学生在公平的环境中更好地学习古诗文知识。

下 篇

实践成果

第三章
教学境界浅析

基于“互联网”背景下的初中古诗词思想感情教学的策略

在互联网飞速发展的背景下，“互联网+教育”应运而生。利用互联网的资源，教师可在教学中最大限度地发挥网络资源的潜能，探索出全新的课堂教学模式，也可培养学生自我获取知识和自主学习的能力，达到全面育人的目的。古诗词内容和时代背景离现在较远，其文化内涵、所蕴含的哲理及作者的思想感情比较深厚，让学生学习起来有些困难，互联网资源就为解决这些难点提供了有力的支撑。因此初中语文教师在古诗词教学中要在课标的引领下，恰当运用互联网资源，帮助学生了解古诗词的文化内涵、所蕴含的哲理及作者的思想感情，以此来提高学生对古诗词的积累、情感的感悟，提高学生的欣赏品味能力。

古诗词是我国古代文化璀璨的瑰宝，是古人智慧的结晶。古诗词中经典作品不但是汉语言文字的典范和精华，而且蕴含着中华民族的精神和品格。《语文课程标准》指出：“诵读古诗词，阅读浅易文言文，能借助注释和工具书理解基本内容。注重积累、感悟情感和运用，提高自己的欣赏品味。”“语文课程对继承和弘扬中华民族优秀文化传统和革命传统，增强民族文化认同感，增强民族凝聚力和创造力，具有不可替代的优势。”所以，继承和弘扬中华民族优秀传统文化，教育工作者责无旁贷。

根据《中共中央　国务院关于深化教育教学改革全面提高义务教育质量的意见》精神，推进“互联网+教育”发展，按照服务教师教学、服务学生学习、服务学校管理的要求，加快数字校园建设，积极探索基于互联网的教学模式。《语文课程标准》中指出“积极开发、合理利用课程资源，灵活运用多种教学策略和现代教育技术，努力探索网络环境下新的教学方式”。这就要求教师在互联网背景下的课堂教学要进行深入的学习研究，探索教学模式、教学方法，形成新的教学理念。初中语文教师对古代优秀传统文化的继承和弘扬要融合运用传统与现代技术手段，合理使用互联网进行教学。尤其在古诗词教学中恰当运用互联网资源，帮助学生了解古诗词的文化内涵、所蕴含的哲理及作者的思想感情，以此来提高学生对古诗词的积累、情感的感悟，提高学生的欣赏品味能力。本人就在“互联网+教学”背景下初中古诗词思想感情教学的策略谈谈自己的认识。

一、备课资源的不同

传统初中古诗词思想感情教学中备课资源与“互联网+教学”背景下初中古诗词思想感情教学中备课资源的不同。

（1）在传统初中古诗词教学中，由于没有互联网，教师在备课时可利用的资源仅仅是《教师教学用书》。要想查找资料，只能到阅览室查找资料或借阅有关初中语文教学刊物、杂志等有限的资料，既花费时间又受时间限制，使用起来很不方便，使教师备课时对知识面的拓展受到了一定的限制。

（2）互联网为教师备课提供了丰富的教学资源，既方便又快捷，还提高了工作效率，教师备课时可充分利用互联网丰富的资源进行。例如在备苏轼的《水调歌头》这首词时，为了使学生能够全面深刻理解这首词和这篇古文的思想感情，达到课标“注重积累、感悟情感和运用，提高自己的欣赏品味”这一教学要求。课前备课时利用互联网资源，查找苏轼写这首词和这篇古文时的时代背景及作者的生平；利用互联网查看关于苏轼的故事；利用互联网听名家对苏轼作品及人物的分析，做到对苏轼及作品有一定的认识和了解。还利用互联网查看其弟苏辙的生平情况及作品等。这样，既利用互联网丰富了自己的知识，也为备课提供了知人论世的储备，做到有的放矢。

（3）引导学生充分利用互联网资源做好课前预习工作，培养学生主动学习和独立学习能力，做好初中古诗文思想感情教学中知人论世的学习指导。在教学刘禹锡的《酬乐天扬州初逢席上见赠》前，可利用互联网提前做好导学案发放到学生手里，让学生进行预习，预习的内容包括：作者刘禹锡简介及写这首诗的时代背景；摘抄关于“闻笛赋”“烂柯人”的典故等。上课让学生展示自己已知的信息外，还做恰当的补充和强调，以加深学生对作者的全面了解，变被动学为主动学。既丰富了他们的知识，也提高了学生的学习兴趣，这对学生理解作者作品中的思想感情做了充分准备。

二、朗读方式的不同

传统初中古诗词思想感情教学朗读方式与“互联网+教学”背景下初中古诗词思想感情教学朗读方式的不同。

（1）传统初中古诗词思想感情教学中朗读方式单一，只有朗读磁带进行播放或教师的课堂范读等。这些朗读方式局限性大，让学生不能多元化地对古诗词思想情感进行很好的感悟，对学生的启发引导效果甚微。

（2）借助互联网资源，查找有关古诗词朗读方面的素材，在诵读中感悟古诗词思想感情。教师充分利用互联网资源，通过名家示范朗读素材，更好地理解诗词的思想情感，也就是重视诵读，以读促学，落实好古诗词“理解诗歌思想感情”的教学目标。教师在教学前要充分利用互联网选用合适的音频、名家朗读、视频、歌曲等朗读素材进行听读，服务于教学，以提高学生初步感知和欣赏能力。例如：教学苏轼的《水调歌头》时，利用互联网配置的画面做背景，选用古典音乐配音的名家音频做朗读素材，画面的呈现既直观形象又启发学生丰富的想象。这样多元化的方式呈现给学生，让学生多角度更深入地理解这首词，更为学生体会词中的情感提供了较好的示范引领和启发作用，也教会了学生怎样把握词中句子的停顿、情感，怎样诵读诗词，为深入理解诗词情感奠定了基础。同时也为学生准确朗读、鉴赏诗词指引了方向，起到了“一箭双雕”的作用。

（3）借助互联网，掌握诵读古诗词的方法，实施“读明意、读出味、读出情”的策略，感悟古诗词的思想感情。教学中，借助互联网根据作品的内容和情感表达，对学生朗读节奏、语气、语调、语速等方面进行有针对性的指导。在教学中，对每次的诵读都给出不同的要求和示范，是读准字音、节奏，还是读出语气、语势；是在读中感知大意，还是在读中体会情感思想、感悟意境，这些要求都给学生以明确导向。在课堂上还可以采取小组合作朗读、同座相互交流朗读等方式进行训练，并对朗读做点评指导，课堂上使朗读落实到实处。这样更好地落实课标要求的“要让学生在朗读中通过品味语言，体会作者及作品中的情感态度，学习用恰当的语气语调朗读，表现自己对作者及其作品情感态度的理解”。同时让学生在朗读的基础上，展开联想、想象，用生动的语言再现诗歌刻画的画面和形象，体会思想感情的表达。

三、教学手段的不同

传统初中古诗词思想感情教学手段，与“互联网+教学”背景下初中古诗词思想感情教学手段的不同。

（1）传统初中古诗词教学方式单一、死板、枯燥。教师全靠“一杆粉笔、一张嘴、一块黑板”，采用“填鸭式”的教学方式进行“满堂灌”。课堂上缺乏关注学生的学习效率、学习方式和学习情感的变化。课下只要求学生死记硬背，却不管学生对古诗词的积累、感悟和运用能力。这样的教学方式导致学生对学习古诗词缺乏兴趣，厌学，甚至放弃古诗词的学习。教师被动地教，学生被动地学，这就违背了我们教学的初衷。

（2）教师利用互联网引导学生突出重点、突破难点，进一步深入“理解诗歌思想感情，感悟抒情方式”。在教学《酬乐天扬州初逢席上见赠》这首诗时，引导学生理解诗歌意境时，教师可借助互联网用画面、讲故事的形式呈现给学生，让学生阅读感悟，并引导他们对两个典故挖掘其内涵，还通过互联网精心设计问题，如：诗歌是从哪些诗句中看出“直抒胸臆、借景抒情、情景交融、用典抒情、议论抒情？”课堂上让学生进行小组合作交流共同探讨完成。古诗中诗人还经常运用比照陪衬（以动衬动，以乐衬悲）、巧用修辞、动静结合、虚实相生等手法增强表达效果，体现思想情感。教师对诗歌的这些艺术表现手法做重点引导讲解，对名句的理解赏析灵活运用做重点诠释，引领学生学会鉴赏品味诗歌精妙传神的语言和抒情方式，达到理解古诗词中思想感情的目的。

总之，古诗词教学是弘扬和继承中华传统优秀文化重要手段之一，远不是通过简单的讨论就可以解决问题，需要广大教师，尤其是一线教师不断地以一腔热爱古诗词的心感召学生，以厚实的功底、活化而有效的教学展现古诗文独有的魅力去吸引学生，熏陶学生，从而提高学生学习古诗词的兴趣和效率。教师要“拓宽语文学习和运用的领域，注重跨学科的学习和现代科技手段的运用，使学生在不同内容和方法的相互交叉、渗透和整合中开阔视野，提高学习效率，初步养成现代社会所需要的语文素养”。（《语文课程标准》）也只有这样，才能使我国丰厚的民族文化得以传承并发扬光大。

参考文献

[1] 中华人民共和国教育部. 义务教育语文课程标准（2011版）[M]. 北京：北京师范大学出版社，2012.

[2] 宁夏教育厅教学研究室. 初中语文义务教育学科教学指导[M]. 银川：宁夏人民教育出版社，2013.

[3] 中共中央 国务院关于深化教育教学改革全面提高义务教育质量的意见[Z]. 2019-6-23.

统编初中语文教材中的古典文学作品阅读传承优秀传统文化

古典文学作品是我国古代文化璀璨的瑰宝，是古人智慧的结晶。在中华民族几千年的发展历程中，缔造了光辉灿烂的中华文明。2019年秋季，全国初中使用统一的统编语文教材，在这套教材中选取了大量的古典文学作品，可见统编教材在经典文化的传承中有着非常重要的地位。文章基于此，分析了初中语文统编教材中经典文学阅读传承优秀传统文化的必要性和可行性，提出了针对性的阅读建议：以教材经典为依托、以教材拓展为重点、以师生交流为关键、以活动渗透为手段、以践行经典为目标。

古典文学作品中的经典作品在培养学生继承民族文化传统、提高人文素养方面有着重要的作用，它是学生品德形成、智力发展、语文素养全面提高的有效载体。《语文课程标准》指出："语文课程对继承和弘扬中华民族优秀文化传统和革命传统，增强民族文化认同感，增强民族凝聚力和创造力，具有不可替代的优势。""语文课程还应通过优秀文化的熏陶感染，促进学生和谐发展，使他们提高思想道德修养和审美情绪，逐步形成良好的个性和健全的人格。"因此，初中语文教师使用统编教材时，在课堂上如何利用好经典文学作品阅读来传承优秀传统文化是课程属性赋予初中语文教师的重要任务。

一、古典文学作品阅读传承优秀传统文化的必要性与可行性

1. 必要性分析

古典文学中的经典作品不但是汉语言文字的典范和精华，而且蕴含着中华民族的精神和品格。经典作品阅读是初中语文阅读教学的重要组成部分，在语文课堂中传承优秀传统文化极为必要。首先，它是发挥好经典作品文化育人功能的客观需要。经典作品中的爱国文化、好学文化、礼仪文化等，都是学生成长中的精神良方，课堂传承经典正是实现其育人价值的需要。其次，它是中华民族实现伟大的中国梦，更好地传承中华优秀传统文化的必然要求。

2. 可行性分析

在基础教育中，语文课程作为经典文化传承的主要阵地，和语文课程的属性以及教育目标有着很大的关联。首先，统编初中语文教材中经典文学以不同形式为载体，从先秦时期的诸子争鸣到唐宋时期的诗词散文都是各个时代最为优秀的经典文学作品，在统编初中语文教材中占据了非常重的比重，这些为语文课程的经典传承提供了条件。其次，经典传承的本质目标是改造人、发展人、提升人的人文修养，同样语文课程也有着相近的目标，二者在目标上的一致性也为语文课堂上利用经典文学作品阅读传承优秀传统文化提供了可行性。

二、利用统编初中语文教材经典文学作品阅读传承经典文化的策略

1. 以教材经典为依托

在学生的语文课程学习中，教材是最为主要的学习资源。统编初中语文教材对古典作品阅读非常重视，经典作品选篇占有很大的比重，且内容多样，从《诗经》到诸子散文，再到唐宋诗词乃至元曲、明清小说应有尽有。因而，在经典作品阅读中，教师需要以教材为依托，发挥好教材在优秀传统文化传承中的基础性作用。

例如：七年级上册《论语》十二章的阅读。《论语》是儒家最为重要的经典，里面不少思想对今人仍然有着深刻的启迪作用，特别是教育思想，如举一反三、学思结合、因材施教等。《论语》十二章有好几章探讨的是学习，如“学而时习之”“温故而知新”等，在学生的学习中有着非常重要的借鉴作用。教师在教学中以教材选取的经典语句为依托，一方面做好内容主旨的讲解，向学生传授正确的学习态度与学习方法，另一方面也要以经典阅读为契机，渗透经典文化，比如传统文化中的教育文化、勤学文化等，提升教材的利用价值。

2. 以教材拓展为重点

《语文课程标准》对基础教育阶段的学生阅读量有明确的要求，经典作品阅读是构成学生阅读的重要组成部分。相比于学生的实际阅读需求以及成长需要而言，教材所选编的经典作品内容其实相对是比较少的。此时，紧扣教材内容，做好相应的教材拓展就显得尤为必要。这样不仅是更好地发挥经典阅读在经典文化传承中巨大作用的客观需要，同样是拓展学生阅读面，培养学生人文素养的有效方法。

例如：七年级下册《孙权劝学》的阅读，这篇文章选自《资治通鉴》，讲述了吕蒙“士别三日，即更刮目相待”的故事。《资治通鉴》作为我国历史记录的集大成者，记录了从先秦到唐代的灿烂历史，历史故事更是数量繁多，教师在教学中可引导学生搜集相应的故事，选择一些具有教育性、趣味性的故事，供学生课后阅读，这样等于为历史经典著作以及经典文化在课堂传播中开

辟了新的道路。类似的课外拓展在《〈庄子〉二则》《〈孟子〉三章》等教学中同样适用。这些经典文学在课文中选取的只是最具代表性的最为经典的篇目，而儒家、道家、法家等各个学派的内容均是博大精深，其中有很多值得初中生好好诵读理解，从中学会学习，学会修身养性，学会做人的道理。

3. 以师生交流为关键

孔子云："学而不思则罔，思而不学则殆"，在学生的经典阅读中最容易出现的问题就是浅层次阅读。学生对经典的认知仅仅停留在知道其讲了什么，没有更加深入地去探寻经典中的内涵与意义。因此，教师在教学中要以各种手段去引导学生思考经典，在思考中传承经典文化，其中最为重要的手段便是师生间的交流。师生间针对经典内容的交流不仅是深化学生阅读效果的手段，也是启发学生思路，拓展经典阅读价值的途径。

如八年级上册中的《愚公移山》，讲述了一个叫作愚公的人为了移走门前的两座大山，而决定世世代代努力的故事。故事以喜剧而结尾，但毕竟是依托于神力而完成，如果愚公没有感动天神，那么也许到今天愚公的子女还在挖山填海，如此做是否值得？教师在教学中与学生展开了讨论，讨论的主题是愚公移山的行为是否可取，我们应该如何看待愚公移山。在教师的启发下，许多学生对愚公移山提出了新的看法，师生对这些看法进行总结，得出愚公精神是我们取得成功的关键。

4. 以活动渗透为手段

经典作品阅读除了依托于既有的课堂阅读教学，不同形式的班级活动、校园活动乃至社会活动同样是阅读经典的重要方式。在这些活动中，学生的参与度更高，从经典中汲取的养分自然也就更加充分，经典传承的效果也就更加明显。例如：经典诵读活动、经典小说专题阅读、经典作品故事会等，目的是激发学生学习经典文学的兴趣。学校和教师都可以尝试多举办一些类似的活动和比赛，都会很好地起到阅读经典、传承经典的效果，实现传承优秀传统文化的目标。

5. 以践行经典为目标

"纸上得来终觉浅，绝知此事要躬行"，经典文化的传承不能仅仅停留在文字层面，更要落实到行动中，以行动践行经典，培养学生良好行为习惯，发展学生健全人格。因此，在利用经典阅读传承经典文化时，教师需要以践行经典为目标。七年级上册教材《陈太丘与友期行》，这个故事主要讲述了“信”字，诚实守信是中华民族的传统美德。在初中生的交往中，经常会有一些初中生对承诺不太重视，经常有失信的行为，对此，教师需要以经典阅读为切入口，让学生从故事中感受诚信的重要性，并以陈元方为案例，引导学生在日后的生活与交往中做到“言必信，行必果”，落实好经典阅读在经典文化中的传承价值。

经典文学作品是中华民族优秀传统文化的重要组成部分，不仅记录了中华文明的精神风貌与发展历程，对当代少年儿童的成长同样有着非常重要的作用。经典文学作品阅读是经典文化传承的重要手段，教师要以统编初中语文教材中的经典作品为依托，拓展教材，加强师生交流，开展各种经典阅读活动，践行经典，使学生继承和弘扬中华民族优秀传统文化。通过优秀文化的熏陶感染，促进学生和谐发展，使他们提高思想道德修养和审美情趣，逐步形成良好的个性和健全的人格。

参考文献

[1] 中华人民共和国教育部. 义务教育语文课程标准（2011版）[M]. 北京：北京师范大学出版社，2012.

[2] 季桂华. 经典诵读在初中语文教学中的运用探析 [J]. 作文成功之路（中旬），2017（8）.

语文课程核心素养视域下的初中古典诗歌教学重构

语文教学要落实立德树人根本任务，促进学生课程核心素养的全面发展，初中古典诗歌教学在这方面有着不可替代的优势。初中语文教师在古典诗歌教学中，要把诗歌的语言建构与运用、学生思维品质的发展、审美鉴赏与创造、文化传承与理解作为重点，使学生热爱祖国通用语言文字，崇尚求真创新，陶冶自己的高尚情操，树立文化自信，重构古典诗歌教学的语言美、意境美、情感美和精神美。

随着教育教学改革的不断深入和《深化新时代教育评价改革总体方案》的贯彻实施，提升学生核心素养成为教育教学的重要内容。《语文课程标准》指出：语文教学要落实立德树人根本任务，促进学生语文课程核心素养全面发展。语文课程核心素养是学生在积极的语文实践活动中积累、建构并在真实的语言运用情境中表现出来的，是语言能力、思维品质、审美品质、审美情趣和文化观念的综合体现。初中阶段是学生语言能力、思维品质发展、审美品质、人生观和价值观等方面形成的重要阶段，而中国古典诗歌在这方面对学生的影响有着不可替代的优势。在初中古典诗歌教学中如何落实语文课程核心素养，在语文课程核心素养视域下如何改变初中古典诗歌的教学越来越受到教师的关注。

一、初中古典诗歌教学的现状

初中阶段正是学生语言建构能力、思维品质发展、健康的审美意识和正确的世界观、人生观、价值观形成的重要阶段，教师通过古典诗歌的教学培养学生语文课程核心素养就显得十分重要。但在当前初中古典诗歌教学中，部分古典诗歌教学效果不够明显，学生学习古典诗歌兴趣不浓，课程核心素养没有得到发展，教师在古典诗歌教学中培养学生语文课程核心素养的方法亟待改变。

一方面教师缺失在古典诗歌教学中提升学生语文课程核心素养的思考。教学目的单一，教学中将诗词逐字逐句地讲解对译，只重视学生对字词的硬性掌握，没有使学生感受到诗歌语言的韵味，没有诗歌语言的理解运用与建构，更没有对学生进行思维品质的训练和提升，学生对古典诗歌的学习索然无味，课堂气氛沉闷；一方面手段单一，教法僵化。教师教学遵循一种固定的模式，介绍了作者、时代背景后，再开始对诗歌逐词逐句地串译，最后做“内容分析”或“中心归纳”，没有学生审美鉴赏能力的培养。另一方面对古典诗歌思想内涵与文化价值挖掘不够，没有认识到古典诗歌对继承和弘扬中华优秀传统文化的巨大作用，没有从拓展学生文化视野，增强文化自觉，提升中国特色社会主义文化自信等方面对学生进行熏陶。从学生方面来看，学生对古代诗歌作者的背景、生活经历等方面与今天的学生距离遥远，鸿沟阔深，学生缺乏学习古典诗歌的动力和兴趣。因此，在语文课程核心素养视域下，教师要改变古典诗歌教学的方式，重构古典诗歌教学。

二、语文课程核心素养视域下初中古典诗歌教学重构的可行性和必要性

中国古典诗歌具有独特的艺术魅力，它不但是汉语言文字的典范和精华，而且蕴含着中华民族的精神和品格，它是中国传统文化传承的重要载体。在初中古典诗歌中，通过欣赏凝练性、含蕴性、抒情性的语言，培养学生语言文字运用能力；通过领略诗歌中优美的意境，发展学生的思维能力和品质；通过理解、鉴赏诗中包含作者积极的价值观和人生观，陶冶学生高尚的情操。古典诗歌里面还包含了许多中国优秀的传统文化，可以丰富学生的文化积累，开阔学生的文化视野，增强中华文化的认同感和自信心。因此，在语文课程核心素养视域下，有必要实行初中古典诗歌教学重构。

三、初中古典诗歌教学重构

（一）在语言建构与运用中热爱国家通用语言文字，重构诗歌教学的语言美

语文课程核心素养是学生在积极的语言实践活动中积累与构建起来的。教师在教学中要引导学生热爱国家通用语言文字，在真实的语言运用情境中，通过积极的语言实践活动，积累语言经验，体会语言文字的特点和运用规律。语言是“交际工具”“思维工具”，语言的发展过程也是思维发展过程。语言文字既是“文化的载体”，又是“文化的重要组成部分”，学习语言文字的过程也是文化积淀与发展的过程。也就是说语文课程核心素养的四个方面都是以语言的建构与运用为基础，并在学生个体言语经验发展过程中得以实现的。正如王宁先生指出：“语言建构有两方面的含义，一方面是指出于表达思想的目的，按照语言内部系统来建构话语——用词汇组构句子，用句子组构段落和篇章。”“另一方面是指在个人言语经验的基础上，逐步建构起自己的言语体系，包括属于个人的言语心理词典、句典和表达风格。”因此，教师要引导学生在语文学习中获得语言知识与语言能力，并在丰富的语言实践中，通过主动的积累、梳理和整合，建构语言运用机制，掌握国家通用语言文字的特点及其运用规律，形成个体语言经验，树立正确、规范运用语言文字的意识，促进自己语言能力的提升，感受语言文字的丰富内涵，在构建与运用语言文字能力的过程中，培育热爱国家通用语言文字的深厚感情。

中国古典诗歌是一种高度概括的言语形式，是中国人在历史的长河中表述自我精神价值、意义，抒发情感，表达对世界认识的最典范的语言作品。它的语言凝练、含蓄，形象性和表现力十分突出。所以，教师在古典诗歌教学时，应让学生在学习中梳理、积累、形成并巩固自己的语言知识体系，引导学生分析丰富的语言内涵，揣摩优美的言语形式。在积累的基础上理解与运用，培养学生简明、连贯、得体、准确、生动、形象地运用语言的能力，重构诗歌教学中的语言美。例如：白居易的《钱塘湖春行》颔联与颈联“几处早莺争暖树，谁家新燕啄春泥”的语言赏析，教师以“几处”与“处处”“谁家”与“家家”的对比赏析；以“早莺”的“早”和“新燕”的“新”意义上的互相生发；以“争”运用的言语形式进行引导分析，让学生用自己的语言将

“早”“新”“争”“啄”表现莺燕新来的动态描绘出来，构成一幅完整的西湖春鸟争春图。这就使学生能用准确生动、优美的语言把诗人边行边赏的早春气象透露出来，给人以清新之感。教师还可以通过诵读、吟诵等语言诵读方式以读促讲，以读促悟，体会诗人以独特的言语形式对自我价值的表达、自我精神状态的表述。在诗歌的诵读、语言的积累、理解与运用中重构诗歌的语言美，正如德国哲学家黑格尔说：“美是理念的感性显现。读诗，就是要体会诗人抒发的情感，感受诗的语言的韵味。”正如郑桂华老师所说：让学生在完成真实的语言实践中激发阅读兴趣，在获得信息的过程中认识信息传达的特点，在阅读喜悦中感受语言风格，建构语言素养。让学生在古典诗歌的诵读和语言品析中，感受中国古典诗歌特殊的言语形式和别具一格的语言魅力，建构学生品析诗歌的言语体系，提高运用祖国通用语言文字的能力。

（二）在思维发展与提升中崇尚求真创新，重构诗歌教学的意境美

语言是现实的思维，是思维的物质外壳。语言的发展和思维的发展是互相依存，相辅相成的。因此，学生在语文学习过程中，通过学习语言运用，获得包括直觉思维、形象思维、逻辑思维、辩证思维和创造思维的能力发展，提升思维的灵活性、敏捷性，发展思维的深刻性、批判性和独创性，最终得到思维品质的提升。初中语文教师要抓住初中阶段是学生从初级思维向抽象逻辑思维过渡的关键时期，在古典诗歌语言建构与运用的基础上，运用联想和想象，激活、拓展学生思维，激发学生强烈的好奇心、求知欲和勇于探索创新的精神，重构诗歌教学的意境美，使学生的思维在发展中得到提升。

古典诗歌教学旨在培养学生阅读诗歌理解力，诗歌理解的深入伴随着思维的发展。诗歌教学中的咬文嚼字、语言品咂与运用、意境的勾勒，可以使学生的直觉思维、形象思维、逻辑思维等得到发展，从而提升学生的语文思维品质。例如：李白的《渡荆门送别》这首诗首尾行结，浑然一体，意境高远，风格雄健。“山随平野尽，江入大荒流”，写得逼真如画，有如一幅长江出峡渡荆门长轴山水图，成为脍炙人口的佳句。“山随平野尽，江入大荒流”这一联，短短十个字，作者描绘了四种景象：起伏的山岭，平坦的原野，奔流的长江，辽远的荒原。从细节看，每一种景象都是那样的阔大，让人穷尽目光，思接千里。从整体上，这两句描写了渡过荆门进入楚地的壮阔景色，用流动的视角写景物的变化，船由蜀地到荆门两岸的地势由山脉过渡到平原，山峦从视线中一点点地消失，江水冲下山峦向着广阔的原野奔腾而去，画出了一幅气势磅礴的万里长江图，写的是远景。教学时，教师可从作者描写的意象“山”“平野”“江”“荒流”入手，抓住意象的特点，通过合理的联想和想象，对学生进行思维训练。同时，引导学生巧抓本首诗歌中的关键字“随”“入”，体会作者用一个“随”字把“山”与“野”联结在一起，用“入”字把“江”与“荒”联结在一起。“随”字描绘出山脉的走向与趋势，富有流动感和空间感，仿佛一幅图画在你面前徐徐展开。随着山脉的走向越来越低，最终没入大地，平原也愈加广阔，诗人的视野也更加开阔，而“尽”字则道出了山脉消失，平原呈现时，诗人眼前豁然开朗的喜悦感觉。“入”字则带着强烈的楔入感，描绘出了长江冲击荒原的力量，也激发着作者的豪情。作者内心的激昂奋进，也随着水流奔向遥远的天际。王维的《次北固山下》中“海日生残夜，江春入旧年”中的“入”字有同样的意蕴。这样诗歌教学中，通过语言的品析和意境的勾勒，既提高了学生诗歌赏析能力，又对学生的思维进行了拓展训练。

在诗歌教学中还可设置开放性、探究性的问题让学生去思考、讨论，调动学生自主查阅资料、分析问题，以培养学生真正的理性思考和思辨能力。例如：学习曹操的《观沧海》，了解了作为诗人曹操的胸怀，可以让学生对比小说《三国演义》中的曹操，进行人物形象探究，以不同作品中的人物形象对比分析、探究，调动学生学习的强烈好奇心、求知欲。学生在自主查阅有关曹操的资料中分析问题、解决问题，培养学生真正的理性思考和思辨能力，发展了学生思维的深刻性和批判性，培养学生崇尚真知的精神。

（三）在审美鉴赏与创造中陶冶高尚情操，重构诗歌教学的情感美

审美就是审“人”，鉴赏就是读人心，品人性，见人伦。语文学习也是培养审美能力和提升审美品位的重要途径。学生在语文学习中，通过感受、理解、欣赏、评价语言文字及作品，获得较为丰富的审美经验，具备发现美、表现美、创造美的能力，逐步形成健康的审美意识和审美观念，提高自己的审美情趣与鉴赏品位。并在此过程中逐步掌握表现美、创造美的方法，让学生体验到文字及作品带给人的愉悦、情趣，唤醒学生对文学的渴望与热爱，启迪心智，温润心灵，在审美鉴赏与创造过程中培养审美个性创造力，陶冶学生高尚的人格情操。

古典诗歌具有独特的艺术魅力，古人说“动天地，感鬼神，莫近于诗”（《毛诗序》）。诗歌教学审美鉴赏是核心所在，鉴赏诗歌的情感美和形式美是重要内容。“古典诗歌中有许多已经固定下来的东西，必须作为要点和重点掌握，例如意象的含义、写作手法、情感态度、思想感情等。”古代诗人笔下不同的意象和独特的言语形式，赋予了作者独特的情感。例如：在古典诗歌意象“松、梅、竹、菊”寄寓着诗人的品行高洁、坚贞不屈的志向和气节；“明月”寄托着诗人对家乡、亲人的思念；“篱笆、鸡啼、犬吠”写出了诗人向往悠闲平静自由的生活，表达了他们恬淡闲适的心情。这些典型的意象是古代文人内在精神的体现。古典诗歌里面也包含了中国古代文人的价值观、人生观和高尚的精神品质。如苏轼《江城子·密州出猎》中对国家前途、民族命运无比的关心；文天祥《过零丁洋》中诗人誓死为国捐躯，不畏强敌，慷慨赴死，表达了他深沉的爱国之心，他们的诗歌中洋溢着强烈的爱国主义情感。忧国忧民的杜甫、乐观豪放的李白、豪放旷达的苏轼等诗人向我们呈现出了高尚的人格、气质、风骨。因此，教师要引领学生同古人进行心灵的沟通和对话，感悟人生真谛与宇宙哲理，在潜移默化中丰富自己的精神世界和人文素养，提高对人生的洞察力与感悟力，使自己人性觉醒，名利心淡泊，灵魂净化，品德高尚。

教师在古典诗歌教学中要有意识地通过意象的鉴赏，诗中独特的语言表现形式的赏析、创造，让学生在诵读中感受诗歌的韵律美，体验诗人丰富的情感和高尚的情操，提高学生的文化品位和审美情趣，形成学生健康的审美意识和观念，从而达到高尚情操和美的熏陶。在培养学生的审美鉴赏与创造能力时，教师也要提高自己的审美鉴赏力。古典诗歌都带有作者的审美情感倾向，体现着作者的审美理想。语文教师首先要挖掘诗歌中的审美情感，使自己在审美鉴赏中享受到作品崇高的精神美、情感美和自身创造的价值美。只有这样，教师才能引领学生在鉴赏中得到美的情感，受到美的熏陶和感染。

（四）在文化传承与理解中建立文化自信，重构诗歌教学的精神美

《语文课程标准》指出：教师应把立德树人作为语文教学的根本任务。引导学生树立正确的世界观、人生观、价值观，引导学生在体认和传承中华优秀传统文化、革命文化、社会主义先进文化的过程中，积淀深厚的文化底蕴，树立文化自信。语文教学是母语教学，汉语中的字词很多都带有传统文化基因，有的明显有象征意义，如“松梅竹菊”“鸿雁”“落花”“柳”这些意象都会自然引发某种联想，都有中国文化的传承与理解。鲁迅先生曾说：“只有民族的，才是世界的。”因此，理解并传承文化，弘扬民族精神，提高思想文化修养，就成了关键的一项核心素养。教师在语文学习中，要引导学生感受中华文化的博大精深和丰富文化积累，继承和弘扬中华优秀传统文化，增强中华文化的认同感和自信心。

古典诗歌的内容包含了内涵丰富的中华优秀传统文化。例如：苏轼“明月几时有，把酒问青天”，王建“今夜月明人尽望，不知秋思在谁家”等诗人在中秋的满月抒发对亲人、朋友思念之情怀；陶渊明“待到重阳日，还来就菊花”将重阳节时恬静秀美的农村风光和淳朴诚挚的情谊融成一片；陆游“箫鼓追随春社近，衣冠简朴古风存”描摹了南宋初年的农村风俗画卷，赞美着这个古老的乡土风俗，显示出诗人对家乡风土人情的热爱，学生通过诵读和理解，不难体味出诗人所要表达的热爱传统文化的深情；朱熹“问渠那得清如许？为有源头活水来”是一首蕴含着读书体会的哲理诗，诗人由“池塘中的活水”联想到了治学之道，必须汲取新鲜知识，这与“流水不腐，户枢不蠹”的古训一致。这些古典诗歌中体现出来的优秀传统文化，对于积累学生文化底蕴、树立文化自信、增强民族自豪感具有巨大的引导作用。

在初中古典诗歌的学习中，教师要充分挖掘诗歌中的优秀传统文化知识，引导学生体会中华优秀传统文化的博大精深、源远流长，使学生切实感受到传统文化的魅力，从而主动学习与传承传统文化，并继承和弘扬中华优秀传统文化，提高思想文化修养，这样使语文教学的工具性与人文性得到统一。

语文课程核心素养视域下的初中古典诗歌教学要充分体现以人为本的理念，全面落实以语言建构与运用为基础的课程核心素养，努力培养一个热爱祖国通用语言文字，一个具有思维活跃、求真创新，一个富有审美气质，高尚情操，一个有着优秀中华传统文化底蕴的人。这样的初中语文课堂才能在新时代里焕发出更加迷人的魅力，实现自身的课程价值与教育期待。

参考文献

[1] 王宁. 谈谈语言建构与运用 [J]. 语文学习，2018（1）.

[2] 郑桂华. 理解并开展积极的语言实践活动 [J]. 语文学习，2018（1）.

[3] 安奇. 古典诗歌教学的重构 [J]. 中国民族教育，2017（4）.

第四章
教学境界现场：呈现与探析

《诗经》可以这样教

《蒹葭》——美的诗歌，美的课堂

【课堂提要】

《蒹葭》是统编语文教材八年级下册古诗文单元的一篇讲读诗歌，其阅读策略是：通过反复诵读，领会诗歌中丰富内涵，品味精美的语言。《蒹葭》是一首怀人古体诗，是《诗经》中最优秀的篇章之一。诗中的“伊人”是诗人爱慕、怀念和追求的对象。本诗中的景物描写十分出色，景中含情，情景浑融一体，有力地烘托出主人公凄婉惆怅的情感，给人一种凄迷朦胧的美。这首诗最有价值意义、最令人共鸣的东西，不是抒情主人公的追求和失落，而是他所创造的“在水一方”可望难即这一具有普遍意义的艺术意境。全诗三章，每章只换几个字，这不仅发挥了重章叠句、反复吟咏、一唱三叹的艺术效果，而且产生了将诗意不断推进的作用。教师教读本首诗歌时，主要通过诵读，让学生感受诗歌的语言美、音乐美、意境美，在美的感悟中体会诗歌的主题美和情感美。

【课堂现场】

《蒹葭》——教得这样“美”

（一）情境导入

（课前播放古曲作为背景音乐，营造一种浓浓的诗意氛围，渲染气氛）

师：欢迎大家走进今天的语文学习时光。首先请欣赏一个视频然后分享你的感受。教师播放视频，然后饱含深情地朗读画面音：深秋的清晨，霜浓雾重，在青苍的天际下，河畔那一大片丛生的苍苍蒹葭，在萧瑟的秋风中起伏摇曳。茫茫秋水之上，晓雾朦胧，烟水迷离，一位若隐若现的伊人袅娜地游历在晓雾之中，一位痴情的追求者焦灼地徘徊在蒹葭之旁，隔河翘首企望伊人。

师：谁来分享你的感受？

生1：这个画面充满了诗情画意、充满了美感。

师：（面露赞许）这诗情画意源自《诗经》里的一首诗歌《蒹葭》，我们先来了解《诗经》。

（二）了解《诗经》

教师打开【数字教材】播放视频关于《诗经》的介绍，学生观看聆听。

师：从这个视频中你们了解到哪些信息？

生：《诗经》是我国最早的一部诗歌总集。收录了从西周初年到春秋中叶约五百年间的诗歌305篇。内容分为“风”“雅”“颂”三部分，大多是古代劳动人民即兴口头创作的。

生：《诗经》以“赋、比、兴”为主要表现手法，形式基本上是四言诗，章法上最具特色的是“重章叠咏”。

生：《诗经》是我国文学的光辉起点，是我国文学发达很早的标志，在我国乃至世界文学史上都占有极高的地位。

师：嗯，大家看得很用心，这是根本的文学常识。了解了《诗经》，今天我们来学习《蒹葭》，揭开这首诗的神秘面纱。（教师板书课题）

（三）读《蒹葭》，感受音韵美

师：诗歌是美的，诗歌的美简称诗美，包括意象美、意境美、语言美、音乐美，等等，请大家根据以前学习诗歌的方法，先来自己读一读，结合书下注释：注意字音、节奏、语速。

学生放声自由朗读，教师巡视朗读情况。

师：看到大家读得兴趣盎然，老师也想读一读，感受诗歌的美。教师播放视频，配乐朗读诗歌，学生欣赏聆听。

师：我们都在用心用情朗读这首诗歌，但是还缺点儿味道，现在一起来聆听【数字教材】的名家朗读，注意字音、节奏、语气、语速，感受诗歌特有的神采和韵味。学生听读。

师：我们请3位同学每人朗读一小节，尤其注意刚才强调的字音，节奏、语气、语速，其他同学请仔细听读并评价。

（3名学生分别朗读第一、二、三小节）

师：谁来点评？

生1：他们字音都读准确了，建议第二位同学语气语速不要太快，稳一点儿。和前后小节保持节奏一致性，这样保持一气呵成的美感。

师：你的见解非常合理，那么我们一起朗读一遍，注意刚才强调的这些方面。

学生齐读诗歌。

（四）品《蒹葭》，感受语言美、意境美

师：诗歌的美主要表现于丰富的想象、炽热的感情，而这些又集中体现于意象和意境之中。让我们继续通过朗读，发挥自己的想象，品味《蒹葭》的美。请大家小组合作学习：借助注释和工具书，读懂大意。圈点批注说说描写了怎样的意象，这些意象具有怎样的艺术特点？（5分钟后请小组代表发言）

师：哪个小组可以分享？

一个小组的5名学生举手，老师默许，其中一名学生代表到屏幕上在【数字教材】上圈点批注，并且讲解：我们读出这首诗歌描写了蒹葭、霜露、伊人、秋水等意象。白露是二十四节气之一，处于深秋时节。蒹葭的特点或者说形容词是“苍苍、萋萋，采采”，在读的时候把声音拖长点，“苍——苍、萋——萋、采——采”声音的延长可以带来情感的绵长。像这样重复的词称之为叠字。

师：能够结合艺术手法来分析意象的特点，一举多得。你能给大家示范一下这几句的朗读吗？学生读每小节的第一句，其他学生们认可地鼓掌。

师：其他小组还有补充吗？

另一个小组同学代表举手发言：我们发现描写意象的语言特点，苍—霜；萋—晞；采—已，是各自押韵的，读起来富有声韵美。全诗共三章，每句四言，句式相同，字数相等，只是在少数地方换用了个别词，这是重章叠句。每小节开头以芦苇、霜露起兴，这是运用“兴”的手法。

师：你们很敏锐地发现《蒹葭》描写的意象以及艺术特色。我们来看一个【微课】讲解，加深理解。（学生观看）

师：《诗经》以“赋、比、兴”为主要表现手法，章法上的特点是“重章叠咏”，形式上是“四言诗”。这不仅使诗歌有一唱三叹回环往复的音韵美，还起到了深化诗歌意境的作用。而且对后世影响深远。曹操、嵇康、陶渊明等人的四言诗创作直接继承《诗经》的四言句式。说、铭、记等骈文体以四六句为基本句式，都可以追溯到《诗经》。诗经的语言魅力堪称典范。（教师板书：语言美）

师：同学生，请男女生交错进行美读诗歌，把自己体会到的音韵美通过自己的诵读展现出来吧。

生：（男女生各朗读一遍诗歌）

师：这样美的语言描写了怎样的意境呢?

（5分钟后我们请小组合作来展示。小组学生举手上台展示）

生：（学生朗读第一小节）

生：第一小节我仿佛看到芦苇青苍，深秋的露水凝结成霜。所爱的人就在对岸河边上。逆流去找她，道路又险阻又长。顺流去找她，她仿佛在河水中央。

生：给人一种如梦如幻美好的感觉。

生：（板书：梦幻）

师：你们小组非常棒，分工明确，井然有序。对意境的捕捉很有感觉。继续！（又一小组学生举手上台）

生：朗读第二小节。

生：第二小节描述的是芦苇茂盛，早晨露水未被蒸发完。所爱的人在河岸边。逆流去找她，道路高而陡。顺流去找她，她仿佛在水中的沙滩。

生：给人一种到处寻觅若隐若现朦胧的感觉。

生：（板书：朦胧）

师：你们的合作也非常有效果，在你们描述的意境中进一步加强了寻的意味。

（第三小组学生举手上讲台展示）

生：第三小节描述的意境是：芦苇茂盛鲜明，早晨露水未被蒸发完。所爱的人在河岸边。逆流去找她，道路向右弯曲又艰险。顺流去找她，她仿佛在水中的沙滩。

生：给人一种可望而不可即惆怅的感觉。

生：（板书：惆怅）

师：我很欣喜你们在读的过程中不断地感受领悟，意味无穷，读出形神情理兼备而统一的境界。这首诗歌主题意象简单却多重叠合，交互融汇，耐人寻味。这首诗朦胧、含蓄，历来被誉为情真景深、风情摇曳的好诗。《中国诗史》是这样评价这首诗的意境，很简单，但给人的美感却非常丰富，丰富到百读不厌。

（上台展示了近半数的学生，学习气氛愈加浓厚，学生们脸上兴致勃勃）

师：那么在这个意境中追寻者具有怎样的精神品质?

生：在这个意境中，伊人给人的感觉美若天仙，可望难即，若隐若现，若有若无，若即若离，影影绰绰，依稀可见。追寻者“溯洄从之，道阻且长。溯游从之，宛在水中央”。“溯洄从之，道阻且跻。溯游从之，宛在水中坻。”“溯洄从之，道阻且右。溯游从之，宛在水中沚。”向往爱情，对于伊人，寻而不得，但是锲而不舍、坚韧的精神。（教师示意学生板书：锲而不舍）

生：我还想补充，也许伊人有沉鱼落雁、闭月羞花、倾国倾城的美貌，也可能有蒙娜丽莎那样的神秘，所以追寻者天未亮就徘徊在秋水河畔。地点的变化，可见时光的流逝和追求者的深情执着。

（教师板书：深情执着）

生：我也想补充，伊人可能如荷花出淤泥而不染的高洁，林黛玉般的多愁善感，犹抱琵琶半遮面的含蓄。所以道路非常崎岖，无数次地追寻，无数次地伫立遥望，等过了生命里无数的斑斓，伊人宛在，却觅之无踪。宁愿为伊消得人憔悴，百折不挠，坚贞不渝。（板书：百折不挠，坚贞不渝）

师：所以《蒹葭》是寻，寻到的是惆怅，一股惆怅氤氲在迷离的蒹葭河畔。追求的结果可能是“执子之手，与子偕老”，也可能是“相忘于江湖”，重要的是追寻的过程以及在这个过程中所表现出来的精神品质，和可望而不可即的人生哲理。它的意境有耐人寻味的经典之美。（教师板书：意境美）

（五）拓展延伸，感受主题美

师：意境是诗的灵魂，诗的生命。“伊人”到底是谁？还能不能有其他的理解？

生：追求者追寻伊人除了是爱情方面，也可能是自己人生目标、理想。比如孔子追求的伊人是仁爱。

生：刘备三顾茅庐追求的伊人是诸葛亮；袁隆平追求的是杂交水稻；陶渊明追求的是世外桃源。

生：我们的追求是考上理想的高中和大学。

师：我们来看看名家是怎样解读《蒹葭》的。教师播放【《蒹葭》主题名家讲读】：“伊人”到底是谁，不一而足。持“爱情说”者，认为“伊人”是意中人；持“政治说”者，认为“伊人”是贤能之人；持“理想说”者，认为“伊人”象征着理想。其实，无论“伊人”是何人，指的是什么，诗歌中的主人公都是经历了许多波折，一直苦苦追寻着“伊人”。这其实体现了一种深刻的人生意义，美好的事物总是可望难即的，不管最后主人公是否寻得“伊人”，这追寻过程本身就具有极大的意义。

生：（学生看视频）

师：可见，《蒹葭》不仅是一首爱情恋曲，更是一首追求者的颂歌。主题的多义性呈现出多重美感。（教师板书：主题美）

师：《蒹葭》是《诗经》三百篇中抒情的名篇。在当时好战乐斗的尚武之邦，竟有这样玲珑剔透、缠绵悱恻之作，实乃一大奇事。我们再次朗读诗歌，读出感情，读出你心中的伊人。

（学生自由地朗读诗歌）

（六）唱《蒹葭》，体会情感美

师：三千年的文化，依旧鲜活。中国当代女作家琼瑶把《蒹葭》创作成了一首著名的歌曲。今天我们来唱一唱，感受诗歌的音乐美。（播放歌曲视频）同时请一名学生到黑板上即兴作画。

生：（到黑板画画……）

师：说说你对这首诗的总体感受。

生：我觉得《蒹葭》作为一首千年古韵，如诗如歌如画，让人身临其境，美不胜收。

师：诗歌本就是可以吟唱的，余音绕梁不绝于耳。这就是《蒹葭》，丰富的美感，不论从欣赏的角度，还是从创作的角度，都值得我们重视和认真地探讨。这就是这首诗歌的音乐美。（教师板书：音乐美）

（七）作业设计

师：今天的作业是：1. 背诵诗歌。2.《诗经》中的诗一般以诗的首句或首句中的两字为题，尝试重新拟一个题目读一读。3. 课外推荐阅读《诗经》其他作品。

（八）总结

师：今天的学习你们收获到了什么？

生：我对《诗经》的作品更加喜欢，《关雎》《蒹葭》都很美。

生：我对《诗经》的艺术手法体会更加深刻。

生：我学会了多角度地学习与感受一首诗歌。

生：能这样深刻认识理解“伊人”，我很受启发。

师：今天通过品读《蒹葭》这首诗，感受诗歌的意境、主题、艺术手法，不仅触摸到中国古代劳动人民的思想、情趣、智慧，它们是如此美好，而且我们学习诗歌时要多角度去鉴赏诗歌，提高欣赏能力。今天的学习就到这里，下课，同学们再见！

生：老师再见！

【总结提升】

审美境界的课堂——
美的诵读、美的语言、美的意境、美的主题

听完这堂课，使我沉浸在美的享受中。教师美的语言、美的气质，使学生享受到诗歌诗意的美。这节课，教师通过自身深厚的语文素养，将本首诗歌中美的音韵、美的语言、美的意境、美的主题、美的情感在课堂上展现得淋漓尽致，充分体现诗歌是美的艺术，课堂也是美的创造。

《蒹葭》出自《诗经·秦风》，是一首抒情诗。此诗曾被认为是用来讽刺秦襄公不能用周礼来巩固他的国家，或惋惜招引隐居的贤士而不可得；现在一般认为这是一首情歌，写追求所爱而不即的惆怅与苦闷。诗中写深秋露重霜

浓，水边芦苇苍苍，人冒着秋寒徘徊岸边，思慕的人儿却在水一方。诗人逆流而上去寻找，道路崎岖而漫长，顺流而下去寻找，她仿佛又在水中央。伊人似近而远，忽隐忽现，可望而不可即。全诗分三章，采用了重章叠句的形式，每章都是前两句写景，三四句点明主题——追寻“在水一方”的“伊人”，五句至八句描绘追寻的情状。这不仅使诗歌有一唱三叹、回环往复的美感，还起到了深化诗歌意境的作用。每章的开头均以景起兴，利用芦苇、霜露和秋水等景物渲染出一种萧索凄迷的氛围，为人物的活动提供了特定的背景，更烘托了所思不见的怅惘心情。三章又构成一个相对完整的时空序列，“白露为霜”到“白露未晞”再到“白露未已”的变化，暗示了时光的流逝和追求者的深情执着；从上游到下游，从此岸再到彼岸，地点的变化，写出了主人公不畏险阻地一再追寻、几度求索，也暗示了“伊人”的踪迹飘忽，难以寻觅。这首诗朦胧、含蓄，历来被誉为情深景真、风情摇曳的好诗。

本首诗的教学，能让学生感受古人的生活、思想和志趣，陶冶自己的情感和胸怀，增强对中华优秀传统文化的体认以及民族自豪感和自信心。从语文能力训练的角度来说，教师首先重视课前预习，继续培养学生借助注释和工具书大致读通课文的能力。其次根据文本特点设计诵读训练，使诵读变得丰富有趣，从而提高诵读效率。最后要关注篇章形式上的特点，重视文体特征。《蒹葭》集中体现了《诗经》重章叠句的艺术特色，音韵和谐，诗境优美，诗情动人，意蕴丰富。针对本诗的特点，根据学生的认知规律，教师设计了四个由浅及深的环节来完成本首诗的教学。

（一）环节清晰，条理清楚，层次分明

第一个板块是“感受诗韵”，主要是引导学生通过朗读感受《诗经》押韵、叠词以及重章叠句的艺术特点。让学生通过朗读体会朗朗上口、和谐的音乐美。教师适时地将重章叠句的含义讲给学生，让学生加深理解。第二个板块是“品味诗境”，因为诗歌中描绘了一个凄迷朦胧，萧瑟唯美的意境，于是教师让学生仔细朗读，“浸润”到文字深处去用心感受，联想其中营造出来的意境。学生基本上能根据词语来描绘出诗中所描绘的画面。第三个板块是“感受诗情”，让学生品味主人公复杂的思想感情，这里主要是让学生反复朗读，并通过具体的词句，来体会主人公复杂的感情。第四个板块是“探求诗意”，从古至今，人们对伊人的探索从未停止，正所谓“有一千个读者，就有一千个哈姆雷特”。伊人究竟指什么？是什么人或者什么东西让主人公心力交瘁而又苦苦追寻呢？仍然是通过朗读，让学生去体会，伊人究竟是一个怎样的人？或者是作者心中的一种什么念想，或者指的是人生中的哪些追求。通过引导让学生思考、感悟。这样有层次的设计，符合学生的认知规律，学生的参与性较高，积极性也高，引发了学生的深度思考。

（二）以诵读贯穿始终，感受诗歌的美

在设计的四个环节里，教师都是通过让学生去自读，小组读，集体读，反复地来掌握诗歌的音乐美、意境美、情感美和意蕴美。学生在朗读的过程中，得到了美的熏陶和感染，情感体验自然与众不同，通过朗读指导提高学生诵读诗歌的能力，也培养了学生的语文素养。让学生对《诗经》这类文学作品，有一个初步的了解，进而为学好其他篇目打下了良好的基础。

（三）沉入文字，深入思考

在体会诗歌思想感情的环节，学生能够沉入到文字的深处去。比如说，他能从“宛在水中央”“宛在水中坻”“宛在水中沚”看出主人公由起初的喜悦，再到寻而不得的迷茫，再到后来的痴心不改，苦苦追求，能够看出主人公坚定执着的品质。通过“道阻且长”“道阻且跻”“道阻且右”一些重章叠句中，看出主人公追求之路异常艰险，但是他依然能“溯洄从之，溯游从之”永不改变，这足以见得他的不畏艰险和执着的美好品质。

（四）探求诗义，比较深刻

有的同学认为，伊人就是心中理想的美好人格，这种美好人格是难以企及的；还有的同学认为，伊人就是心中的理想，虽然它遥不可及，一会儿“宛在水中央”，一会儿“宛在水中坻”，一会儿“宛在水中沚”，但是只要你“溯洄从之”“溯游从之”地不断去上下而求索，伊人终有一天会触手可及，还有同学将伊人理解为心中美好幸福的生活，虽然在短时间内不能够实现，但是经过自己的追求，奋斗拼搏，终有一天也会实现的……

当然，这节课教师在有些环节的处理上有待于进一步的改进。如：1. 课堂有点前松后紧。前面三个环节，使学生回答有些冗长，教师没有调控好课堂进程，导致后边理解诗歌意蕴的时间太少，显得有点儿急促。教学前半部分用时过多，导致后面课堂上的检测没有时间了，学生只能在课后进行检测，不能及时地让学生检测、赋分并改正，这也是遗憾。2. 朗读的形式比较单一。虽然说以朗读贯穿始终，但是朗读的形式比较单一，基本上以女生读、男生读、全班齐读为主，学生个人读的机会较少。教师可以让不同层次的学生都能参与进来，学生朗读的兴趣会更高。正所谓“学无止境”“教也无止境”。每一堂课都是学生与学生，学生与老师之间情感的沟通，在这个对话的过程中，学生和老师的思维共同得到修正，发散和发展，也就是说教学相长。教师应该更加努力地去研读教材，钻研学生，了解学情，最大限度地提高学生学习的主动性，积极性，从而更好地提高语文课堂的效率。

总之，这节课教师教材的处理适当，教学环节设计有度，课堂上教师能引领学生自主地去探究，主动地去思考，也在合作和探究的过程中，不断地修正自己教学思路，不断地去发展自己的新想法，不断地有新的情感体验。这堂课学生的思维得到一定的发展。学生在恬静的背景音乐的渗透熏陶下进入情境，循序渐进地去朗读、品味、分析、思考、感悟、展示，充分激发了学生学习诗歌的兴趣。

“路漫漫其修远兮，吾将上下而求索”，我想对这位老师说：诗歌的教学可以教得美美的，使学生得到美的享受、美的教育。语文高效课堂的追求，也应该像诗中主人公那样，“溯洄从之”“溯游从之”这样反反复复地上下去求索，探究语文教学的规律，探求更好的教学艺术！

古诗可以这样教

《月夜忆舍弟》：诵读欣赏，自主品读

【课堂提要】

《月夜忆舍弟》是统编语文教材九年级上册“课外古诗词诵读欣赏”的一篇古诗。本单元的文章全部是古诗文，阅读策略是：理解课文内容的基础上，

熟读成诵，积累、掌握课文中的文言实词和名言警句，并注意文言虚词在关联文意、传达语气等方面的作用。作为本单元的课外古诗阅读，教师主要运用课内古诗的阅读方法引导学生自主阅读本首诗。教师在课堂上采用诵读引导、自主品读的策略，提升了学生语文素养，激发了学生学习中华古典诗歌的兴趣。

【课堂现场】

《月夜忆舍弟》：诵读欣赏，提升语文素养

（一）激情导入

（出示一轮明月图片）各位同学，月到中秋分外明，每逢佳节倍思亲。中秋佳节，良辰美景，让我们对月怀远，望月诉情。面对一轮明月，我们会不由地吟诵……（学生自由地吟诵描写月亮的诗歌）

生：明月几时有，把酒问青天。

生：床前明月光，疑是地上霜。

……

师：同学们记着这么多有关月亮的诗歌，希望同学在学习中多积累一些诗歌，来提高自己的文学修养。

师：在唐代有这样一位诗人，他在唐肃宗乾元二年（759），立秋后，在远离长安的边远地区，对着月亮写下了《月夜忆舍弟》。从此，整首诗便让每一颗思乡怀人的心灵为之震颤。四百年后的一天，南宋爱国词人刘辰翁读到这首诗说：（出示课件，指名学生朗读）

生：浅浅语使人愁。八百年后的一天，明代文学家钟惺读到这首诗说：含情往复不可言。一千年后的一天清朝爱国诗人杨伦读到这首诗说：凄楚不堪多读。那一千三百多年后的今天，我们又会读出什么样的滋味呢？

（二）朗读指导

师：现在，同学自由朗读这首诗，看看有怎样的体会？要求：注意节奏和语速。

（学生自由朗读）

师：不用听，只是看，我就特别感动，你们每个人的脸上都写着两个字：

投入。读书就是要有这样的状态。我们一起读！（师生共读）

师：我们再自由朗读整首诗，注意保持刚才的节奏和感觉，揣摩在读整首诗时心底泛起的那种情绪。（学生自由朗读）

（三）解题

师：诗歌的题目中包含了哪些信息？

生：时间、人物、事情。

师：对的，舍弟中包含着关于人称的文化常识。一起读读看！

生："家大舍小令外人"的七字诀：家大，是自称长辈和平辈家人的谦称，如"家父""家母"或"家兄"等。舍小，则完全是谦卑的自称，即当着别人称呼比自己辈分小或年龄小的家人，如"舍弟""舍妹"等。令外人：令，美好的意思。凡称呼别人的家人，无论辈分大小，男女老少，都冠以"令"字，以示尊敬，如称别人的父亲为"令尊"、母亲为"令堂"、妻子为"令阃（kǔn）"、哥哥为"令兄"、妹妹为"令妹"、儿子为"令郎"、女儿为"令媛"等。

（四）诵读指导

师：这首诗我们已经反复读了很多遍，读古诗，特别是读经典的古诗，我们要读出它的节奏韵律，古诗一般按照意义结构进行划分：单音节在末尾，五言诗为二二一；单音节在句中，五言诗为二一二。让我们读清楚诗的节奏。

学生齐读（PPT展示节奏划分）

（五）诗意理解

师：读懂诗歌内容尤其重要，能帮助我们理解诗歌意境。下面请同学们根据补充注释和课下注释，同桌合作描述诗歌内容。

（学生分组交流合作成果）

师：读诗，更要注意自己在读这首诗的时候，切切实实体会到的那种情绪，那种感觉。如果现在，老师请你选一个词来形容你读到这首诗时的那份情绪，那份感受，你想到的是哪个词？

生：忧伤。

生：悲伤。

生：思念。

师：是诗歌中的哪些地方，哪些字眼向你传达了这样的感觉和情绪呢？咱们静静地读读《月夜忆舍弟》，注意圈画，或者做一些记号。

（学生认真圈画，教师巡视）轻声提醒：圈画的时候要思考你找到的这些字词，结合诗歌具体内容说一说：你看到了什么？听到了什么？感受到了什么？想到了什么？

（同学之间相互合作交流）

师：好，每个同学都有了自己的圈点，甚至是批注。其实你画下的不仅是记号，更是自己的思考，自己的体会，这是最珍贵的。

师：那夜，杜甫听到了什么？

生：他听到了戍鼓声和一声雁鸣。

师：为什么这些声音让你产生忧伤的情绪？

生：我是合在一起理解的，“戍鼓断人行”，应该是夜深了，戍鼓敲起来，街道上静悄悄的，这时候听到一声大雁的叫声，我觉得很凄凉孤独，所以忧伤。

师：你的语感真好，这里说一下戍鼓。这是边防驻军瞭望楼上的鼓，是用来报时或告警。你认为杜甫此时听到的戍鼓是用来报时还是告警？

生：是报时。因为接下来没有打仗。

师：那么你认为这里的“断”是什么意思？

生：阻断，断开。

师：可以用“绝”来替代吗？

生：可以。都是讲街上没有人了。

师：《说文解字》说：断，截也。断有断开，拦截之意。你认为它和“绝”的用意是一样的吗？

生：我觉得不一样。

生：用上“断”字后，感觉戍鼓敲响后行人踪迹消失的速度之快。

师：从中你读到了什么？

生：战争频繁，战事紧张，戍鼓一敲，大家立刻消失。

生：在这样的氛围下，人的心也时常提在那儿，悬在那儿，很紧张的。

（六）感知意象

师：刚才同学说还听到了一声雁鸣，“一雁声”指一声雁鸣还是一只大雁？

生：一只大雁。

师：强调数量是一只有什么好处？

生：孤独，大雁都是成群的。一只大雁表明这是落单了的大雁，很凄凉。

生：解释为一声雁鸣也可以啊。夜深人静，忽然听到一声雁鸣，感觉很凄凉孤独。

师：那我们就将这两种解读合在一起。一雁，是孤雁，是失群之雁。古人就说“失群寒雁声可怜，夜半单飞在月边”。夜深人静间，孤雁一声鸣叫，更是让人心生凄凉。现在我们就探究一下“雁”这个意象。在很多诗歌中都有“雁”这个意象。如“征蓬出汉塞，归雁入胡天”。“千里黄云白日曛，北风吹雁雪纷纷。”“长风万里送秋雁，对此可以酣高楼。”“乡书何处达，归雁洛阳边。”……那么在《月夜忆舍弟》中的这个“雁”有什么样的象征意义呢？我查了一下资料，雁的意象大约有五种，同学觉得哪个更符合本诗？为什么？

（教师课件出示雁的意象）

生：我觉得是触发乡情、亲情，抒写游子思妇的绵绵思念。因为题目就叫《月夜忆舍弟》，这是一篇怀念亲人的诗歌啊！

师：能结合文章内容分析，这是解读字词的好方法。

生：也可以是比拟自身，表现落寞孤单之苦。杜甫此时很寂寞，没有弟弟在身边，觉得自己就是离群的大雁。

生：还可以是渲染气氛，写悲壮凄凉之景。因为诗歌是写他思念弟弟，所以要先渲染气氛，然后才能将他的思念写出来。

生：我也觉得是比拟自身。

（七）品读诗情

生：状写景物高远辽阔也可以啊，人在辽阔的环境中容易感受到忧伤。

师：诗无达诂，当我们结合上下文有根据地解读，就是有道理地解读，我们同学做得很棒。这里还有一个字是和“戍鼓”是对应的，注意到了吗？

生：“边。”

师：什么是边？

生：边关。

师：看到教材的注释①了吗？这个边关就是秦州，也就是今天的甘肃天水。

师：王维在《渭城曲》中说："劝君更尽一杯酒，西出阳关无故人。"在那里可没有你认识的人，你对于这个地方来说，只是个客人。王之涣在《凉州词》中也说："羌笛何须怨杨柳，春风不度玉门关"，你说说这是怎样的玉门关？

生：荒无人烟，非常荒凉、偏僻。

师：是的，这里很荒凉，这里没有春暖花开，没有花红柳绿，没有莺歌燕舞，有的是什么呢？王昌龄在《从军行》里说："青海长云暗雪山，孤城遥望玉门关。黄沙百战穿金甲"，那里有的是黄沙，是大风，是战争。在那里，有的是离愁。（师生共读首联）

师：这一声声读出的是诗人的忧伤孤独。这里还有一个字，更是加重了这种孤独寂寞感。

生：秋。

师：秋风萧瑟、秋意凉凉，秋天、边关、戍鼓、孤雁鸣叫，这一个个意象给整首诗笼罩上浓重悲凉的气氛。我们一起再将这句话读一遍。（师生齐读）

师：那夜，杜甫看到了什么？这些景物有什么特别的？

生：看到了露水和月亮。

生："露从今夜白，月是故乡明。"

师：按我们平常表述的习惯，应该是今夜露白，故乡月明。作者这样调换语序有什么好处？

生：强调露和月。

师：为什么强调露呢？

生：书上说"白露既降，天气转凉，思念亲人，徒增悲伤"。

师：过了立秋，已经到了白露节气。白露秋风夜，一夜凉一夜，凉的是天气，凉的更是诗人的心。

师：看到露，看到月，同学有没有产生疑问：为什么月是故乡明？张九龄也写明月也写思念："海上生明月，天涯共此时。"明明是普天之下共有一轮明月，本无差别，杜甫为什么偏要说故乡的月亮最明亮？

生：因为他爱自己的故乡，觉得故乡里的东西都是最好的。

师：故乡里有记忆、有童年、有家，有美好。诗人书写有悖常理的语句恰恰符合了人之常情。

生：书上说杜甫弟兄分散，各奔东西；家人如断线的风筝失去联系，是生是死，是悲是苦，恐怕只有千里之外的明月知道。

师：心有千千结，寄予明月说。同学们，你们知道杜甫为什么要到边关呢?

生：注释上说这首诗写在唐肃宗乾元二年（759）秋天，当时还处在安史之乱中，我猜他是因为战争。

师：是的，此时的杜甫已经48岁。安史之乱，让他的家破，令他逃亡，为生计所迫，杜甫不得不举家来到秦州。而此时他的弟弟们离散在山东河南一带。

师：结合这个背景再去研读“月”这个意象。我们可能有更多的理解。（老师出示课件，学生齐读“月”这个意象的象征意义）

师：战乱，他乡、秋夜，听到戍鼓雁鸣，看到露白月明，杜甫自然产生了怎样的情感呢?

学生齐读：“有弟皆分散，无家问死生。寄书长不达，况乃未休兵。”

师：与前两联相比，这两联显得平常些，但这常语中却有着深意。读一下教材上的批注。

学生齐读：诗句流利婉转，特别是在“有”“无”的对比中，抒发深沉的思念之情，也寄予了无限的人生感慨。

师：谁能说说“有”“无”的对比所包含的深意吗?

生：诗人先是说自己“有弟”，然后接着说自己和兄弟全都分散了，先扬后抑。

师：先扬后抑，说得好。

生：说自己有兄弟，给寂寞的自己以安慰，但是接下来说兄弟都离散了，前后就形成了对比，更显得痛苦。后来加上没有家询问生死，更是增加了苍凉之情。

师：首联和颈联写戍鼓、写边、写秋、写一雁声、写露、写月，已经将苍凉孤寂之意推向了极致。这时，颔联起句将情感缓冲了一下：有弟。在这兵荒马乱朝不保夕的人世间，杜甫还有手足相望。啊呀，真高兴啊！可是没等我们高兴，情势转下，皆分散都流落他乡，都音讯不知。再细细一想，只是分散，那就还有重聚的时候。情感再次缓和，诗人却说：“无家他的家到哪里去了？唉，这下到哪里打听他们的消息！”情感就在这10个字之间跌宕起伏，抒发深沉的思念之情，也寄予了无限的人生感慨。

你看，仅仅20个字，就写出诗人的百转柔肠。用词的平常不是贫乏，诗人的情感都潜藏在其中。我们一起再读这两句。

（学生齐读颈联和尾联）

师小结：月光洒满大地，映着地上的露水，莹白剔透却又寒冷透骨。远远，戍鼓已经响起，一下一下，将人气一点点赶出了这座城。夜静了，人寂了。只有夜空中离群孤雁在凄婉哀鸣。这一切的一切怎能不让我想起流落他乡的弟弟们。于是《月夜忆舍弟》就这样从杜甫的口中轻轻流出：戍鼓——

师：这首诗题目叫《月夜忆舍弟》题眼是“忆”，请问，这个忆只是回忆、追忆、思念的意思吗？

生：还有表现自己的寂寞忧伤。

生：还有担忧，因为“寄书长不达”，一直联系不到，所以会担心。

（八）拓展延伸

师：史载杜甫后来托人打听到弟弟们的消息，知道有的在山东，有的流落到河南。这一消息令人振奋，毕竟还活着。山东和甘肃距离近千里，路途遥远，本来就音信不便，更何况是战火连天的现在。一声叹息，万般愁绪涌上心头。写下《得弟消息》组诗，我们来读其中的一首。

生齐读：

得弟消息（其一）

（唐）杜甫

近有平阴信，遥怜舍弟存。侧身千里道，寄食一家村。

烽举新酣战，啼垂旧血痕。不知临老日，招得几人魂。

师：请你从情感、内容、写作背景等方面和本课进行联系阅读。

生：都写了兄弟离散后的悲惨和思念。

生：都发生在安史之乱的背景下。

生：表达的是思亲、思乡之情。

师：这首诗不仅仅是在写思念，更是在写对弟弟们的担忧、忧虑、操心、挂念。这种情感，在诗人的其他诗作中也有所体现。

生齐读：

“海内风尘诸弟隔，天涯涕泪一身遥。”——《野望》

“十年朝夕泪，衣袖不曾干。”——《第五弟丰独在江左，近三四载寂无消息，觅使寄此二首》

“烽举新酣战，啼垂旧血痕。”——《得弟消息》其二

师：诗人至情至性，写起对弟弟的情感，无不从真性情中流出。为此，梁启超先生评他为：“情圣。”

师：情至于此，我想问一句：诗人担忧的仅仅是他的弟弟吗?

生：还有天下的百姓。

生：安史之乱中所有背井离乡的人。

生：他还担忧国家。

师：诗人写的是自己的忧虑、担心，更是整个乱世人民流离失所的心理状态。诗人想得到弟弟的消息，更是想得到休兵的消息。这是一个48岁流落他乡士子的心声，更是全天下想要骨肉团聚的百姓的心声。正因为有这样的胸怀，他才能写出《春望》，写出《茅屋为秋风所破歌》，写出《石壕吏》……

所以，余光中在写杜甫的书中说：李白令我们兴奋，王维、孟浩然令我们安详，李商隐令我们着迷，但真正令我们感动的是杜甫，他给我们的是灵魂的震撼……

师：请同学们带着震撼，齐读这首诗!

（学生齐读）

师：诗读完了，对诗人的探究是无止境的，请你完成以下学习任务：1. 背诵并默写这首诗。2. 阅读杜甫的爱国题材诗歌，探寻其语言、写法或思想感情的共同点，写一篇300字左右的探究小练笔。（下课！）

【总结提升】

境界之成：读中促悟、读中成思

这节课，教师能按照本首诗歌在统编教材的编排特点来设计教学，以诵读指导来感悟诗歌意境和内容，在读中设置“主问题”来促进学生对本首诗歌主题的把握，同时能对比阅读诗人的相同诗歌，来体悟诗情。

《月夜忆舍弟》是唐代大诗人杜甫创作的一首五言律诗。此诗首联和颔联写景，烘托出战争的氛围。颈联和尾联在此基础上写兄弟因战乱而离散，居无定处，杳无音讯，于是思念之情油然而生，特别是在入秋以后的白露时节，在戍楼上的鼓声和失群孤雁的哀鸣声的映衬之下，这种思念之情越发显得深沉和浓烈。全诗托物咏怀，层次井然，首尾呼应，承转圆熟，结构严谨，语言精工，格调沉郁哀伤，真挚感人。

阅读方法依然沿用精读古诗词的方法。教师主要采取以下教学策略：反复诵读，体会古代诗文语言简洁、音韵和谐、意境深远的特点，在理解内容的基础上，熟读成诵；把握诗歌主旨，研讨重点难点问题，以教师为主导、学生为主体的教学模式，营造开放而有活力的教学方式；体会作者在绘景中寄寓的政治理想和思想感情。基于以上策略，本课呈现出些许教学亮点：如在解读题目中的“舍弟”时，完成了对传统文化中称呼的回顾和积累；《语文课程标准》指出：“诵读古代诗词，阅读浅易文言文，能借助注释和工具书理解基本内容。注重积累、感悟和运用，提高自己的欣赏品位。”所以，本课在诵读时，通过自由朗读、齐读、仿读、读诗意等多种读诗方式，达到“诗读百遍、其义自现”的熟读成诵效果；如感受诗歌意境，则通过多种感官的想象，充分调动想象联想体会意象的意义和作用；如拓展探究环节，引用诗歌写作背景和《得弟消息》，明了诗人抒情的来源和忧国忧民的情怀。

（一）提供问题和情境，促成目标的达成

开新课伊始，教师先引导学生读名家对这首诗的解读感悟，抛出：今天，我们又会读出什么样的滋味呢？引导学生带着问题学习的意识。在宏观上了解诗歌大意则通过：诗歌的题目中包含了哪些信息？引起对内容的解读。“主问题”的设置考虑了诗歌的写作角度和写法，结合诗歌具体内容说一说：你看到了什么？听到什了么？感受到了什么？想到了什么？学生都能顺着合理的逻辑，层层深入地逐渐理解诗人的思想。问题情境法是创新思维教学法之一，这节课设计“主问题”和追问的小问题都能由表及里循序渐进提问，促使教学目标的完成，是这节课最大的亮点。

（二）以读培养语感，用读促进思考

“诗书百遍，其义自见”，学生真正理解了诗文的内容，进而体会到诗文中所表达的感情和意境。事实证明，充分发挥学生的主体能动性，课堂以读为主线，引导学生从读中悟意、读中悟情。这样的教学设计思路是正确的。在理解内容这一环节，全班有一个学生提出疑问：“一雁声”应该如何理解，“一雁声”指一声雁鸣还是一只大雁？而这个问题不待教师解答，其他的学生就给出了完美的答案：诗中说“有弟皆分散”，就是说此时只剩作者一人了。大雁本是喜欢群居的动物，现在却只有一只，这孤雁的叫声使本来就荒凉不堪的边塞显得更加冷落沉寂，渲染了浓重悲凉的气氛。

（三）倡导自主、合作、探究的学习方式

前边的读诗和译诗都是为后边的品诗做铺垫，教师设计的主问题是：结合诗歌具体内容说一说：你看到了什么？听到了什么？感受到了什么？想到了什么？首先限时自主学习，然后互相交流见解，在学生回答的时候，着重引导学生抓住重点词句和意象来体会作者的各种情感。在师生的通力合作下，这首诗中表达的所有情感都凸显出来：这首诗不仅仅是在写思念，更是在写对弟弟们的担忧、挂念，夹杂着生离死别的焦虑；还抒写了对离乱的感慨之情，对时局的忧虑，渴望战争早日结束，渴望社会安定。作者描写的既是自己，也是饱经战乱的百姓，这也体现了作者忧国忧民的情怀。学生自然而然地在受到家国情怀的熏陶。

（四）互联网+助力教学，环节优化

教师运用教学助手授课，教学助手为实现这节课的教学目标和突破难点提供了保障。这节课拓展的内容，比如有关诗人的常识、写诗背景、雁意象的含义都是借助教学助手工具展示，在上课过程中可以明显感觉到比起传统的课堂，环节之间更加流畅，时间运用得非常紧凑，也比较符合中学生节奏快的思维特点。即便这节课容量很大，因为环节紧凑，学生也能步步深入地进行思考，完整地完成学习任务，使得这节课的设计流畅自然。“互联网+”创新了教学模式，也潜移默化地影响着教育观念，鼓励着我继续尝试打造高效课堂。

宋词可以这样教

《水调歌头》（明月几时有）：读中品，品中悟

【课堂提要】

《水调歌头》（明月几时有）是统编语文九年级上册第三单元中的一首宋词。本单元的阅读策略是：理解课文内容的基础上，熟读成诵，积累、掌握课文中的文言实词和名言警句，并注意文言虚词在关联文意、传达语气等方面的作用。

《水调歌头》（明月几时有）是宋神宗熙宁九年（1076）中秋作者在密州时所作。词前的小序交代了写词的过程：“丙辰中秋，欢饮达旦，大醉。作此篇，兼怀子由。”苏轼因为与当权的变法者王安石等人政见不同，自求外放，辗转在各地为官。他曾经要求调任到离苏辙较近的地方为官，以求兄弟多多聚会。到密州后，这一愿望仍无法实现。公元1076年的中秋，皓月当空，银辉遍地，词人与胞弟苏辙分别之后，已七年未得团聚。此刻，词人面对一轮明月，心潮起伏，于是乘酒兴正酣，挥笔写下了这首名篇。词人运用形象描绘手法，勾勒出一种皓月当空、美人千里、孤高旷远的境界氛围，把人世间的悲欢离合之情纳入对宇宙人生的哲理性追寻之中，反映了作者复杂而又矛盾的思想感情，又表现出作者热爱生活与积极向上的乐观精神。

因此，本堂课教师的教学重点是通过反复诵读吟咏、联想和想象，把握诗歌意象，进而了解词中的意境，同时联系作者身世处境去感悟词人的思想感情。教学中老师主要采取了诵读中品诗意，品诗境中悟诗情，教师借助现代教育技术来突破难点，提高了课堂教学效率。

【课堂现场】

《水调歌头》（明月几时有）：以品促悟

（一）导入

师：同学们，月亮就像宇宙中的精灵，它高高地悬挂于夜空之中。千百年来，他阅经人世间悲欢离合的变化，历经世间沧海桑田的变迁。所以呢，历代咏月佳作，层出不穷。在宋代，有一位词评家曾说道：自苏轼的《水调歌头》一出，余词尽废。那么今天，就让我们一起来走进作者苏轼，品读他这首《水调歌头》（明月几时有），领略中秋绝唱的美丽。

（二）知人论世

师：下面请同学们在自己预习的基础上，为我们介绍一下作者苏轼，谁愿意?

生：苏轼，字子瞻，号东坡居士，宋代文学家，眉州眉山（今四川眉山）人，与其父苏洵、弟弟苏辙号称“三苏”，他是唐宋八大家之一。

师：老师在这里也整理了一些苏轼的资料，这些生平资料，希望同学们能在自己的读书卡中做一个笔记，有助于大家的学习。

（课件出示）苏轼（1037—1101）北宋文学家、书画家字子瞻，号东坡居士，四川眉山人，为唐宋八大家之一。他学识广博，文章诗词书画均工著有《东坡乐府》，其文汪洋自肆，明白畅达，其诗清新豪健，善用夸张比喻，在艺术表现方面独具风格，在散文、诗词、书画方面均有较高成就，词开豪放一派，对后代很有影响《赤壁怀古》、《水调歌头》（明月几时有）传诵甚广才比天高却命运坎坷，常被贬谪异乡与父亲苏洵和弟弟苏辙，合称“三苏”。

师：我们了解了作者的写作背景之后，就会很好地了解到作者的创作心境以及叩问作者的心灵，谁来为我们介绍一下这首词的创作背景呢?

生：这首词作于宋神宗熙宁九年（1076），当时作者被贬在密州做官，因与其弟苏辙七年未见，于是在中秋夜里，他禁不住思绪万千写下了这首抒怀之作。

师：这位同学介绍得非常准确，老师同样也整理了一些相关的资料，希望这些资料能对后面我们对作者思想感情的领会有所帮助。请同学一起来读一

下。（老师出示课件，学生齐读）

宋神宗熙宁九年（1076）中秋作者在密州时所作。这一时期，苏轼因为与当权的变法者王安石等人政见不同，自求外放，辗转在各地为官。他曾经要求调任到离苏辙较近的地方为官，以求兄弟多多聚会。到密州后，这一愿望仍无法实现。这一年的中秋，皓月当空，银辉遍地，与胞弟苏辙分别之后，转眼已七年未得团聚了。此刻，词人面对一轮明月，心潮起伏，于是乘酒兴正酣，挥笔写下了这首名篇。

（三）文体知识

师：我们知道这是一首词，所以下面老师给大家介绍一下什么是词？（教师出示课件，老师朗读）

词最初称为“曲词”或“曲子词”，是我国古代诗歌的一种，可以配上乐曲歌唱。词的句子有长有短，因此又叫长短句。它有词牌名，词牌名别名为词格。词牌名规定了词的曲调，根据词的字数一般把词分为小令、中调和长调，长调又分上阕和下阕。

（四）初读全词，感知诗韵

师：认识词之后，我们一起来读一读，在第一次同学们读的过程中，希望你们扫清字词的障碍，利用课下注释和工具书来了解词的内容。

生：（齐读全词）

师：老师现在请同学们欣赏一段朗诵。在听朗诵的过程中，请同学们感受一下朗诵者朗读时的语调和韵律。请欣赏。（播放名家朗读）

师：好，听完朗读，谁想谈一谈自己的感受呢？

生：我感觉到饱含深情的朗读，读出了词的韵味。

师：很好，在饱含深情的朗读中，我们就可以感受到作者对词的喜爱之情。现在老师再请同学们欣赏一段视频，看一看当代人如何演绎经典的呢？（播放视频）

师：谁想谈一谈看完这一段精彩的表演的感受？

生：精美的装扮与独特唱法可以让我感觉到他对这首词的喜爱之情。

师：他的装扮就可以感受到他对这首词的喜爱之情，精心去演绎这首词，对不对？

（五）品诗境，悟诗情

师：无论是饱含深情地朗诵还是别出心裁地装扮，都表现出人们对于这首经典的喜爱之情，那同学们喜欢吗？

生：喜欢。

师：那为什么我们都这么喜欢这首词呢？今天就让我们走进词作，解读经典，叩问作者的思想感情。好，下面呢，老师就希望同学们在了解全词内容的基础上，以小组的形式互相交流一下，分享一下自己在学习过程中心灵的体会。

（学生小组讨论）

师：我们一起分享一下同学们的学习成效。那我们来看这是词的小序，谁愿意为我们解读一下小序这一部分呢？

生：下面我为大家来解读一下这首词的小序。“丙辰”是熙宁九年，熙宁是宋神宗赵顼的年号，丙辰年间的中秋夜，“欢饮”是畅饮的意思，“达旦”是早晨的意思，畅饮直到第二天天亮，喝得酩酊大醉，“作此篇”写下这首词，“兼怀子由”，抒发情感，并且怀念弟弟子由。子由是苏轼的弟弟苏辙的字。小序短短的十几个字，却很清楚地交代了这首词的写作时间和写作缘由。亦让我们很清楚地就看清了这首词的写作背景。

师：他讲解得非常清楚，这个小序让我们了解了写作的时间、写作的缘由及写作的背景，非常得棒。

师：下面我们来一起解读一下上阕，哪一个小组，愿意为我们分享你们的学习成果。

生：下面由我来为大家通译一下上阕，“明月几时有，把酒问青天”，明月是从什么时候有的呢？我端起酒杯询问青天。不知在天上的宫殿里，今夜又是哪一年呢？我想要乘着清风回到天上去，但又害怕。在那美玉砌成的楼宇里，我经受不住那高处的寒凉。于是在月光下，我不禁婆娑起舞，月光下，我的身影也在做出各种舞姿，月光哪里比得上热闹的人间呢？这里请注意一下我画出来的这几个重点词语，这里“把酒”指的是端起酒杯的意思，“宫阙”宫殿，“夕”是夜晚的意思。“琼楼玉宇”美玉砌成的楼宇，“不胜”是经受不住的意思，“何似”是哪里比得上的意思。

师：这位同学翻译得非常的通顺，还给我们突出了重点，那谁带领我们走进作者的思想情感呢?

生：好，接下来由我来为大家阐述作者的思想感情。通过上一位同学通译，我们知道上阕叙述了作者的身世之感，我比较喜欢“明月几时有，把酒问青天”这一句。此句看似作者无端发问，实则是对中秋之夜，皓月当空，银辉遍地的美景真实写照，令作者心中的感慨之情喷涌而出，但遭贬的他孤身一人，远离朝廷和自己的亲人，只能抬头向青天询问，作者把青天当作自己的朋友，把酒相问显示了他豪放的性格和不凡的气魄。而接下来的“我欲”“又恐”“何似”三个词，将作者那种想要回到天上，又害怕高处不胜寒的矛盾性，含蓄地表达了出来。而“何似”一词最后表明了作者对人间的留恋之情。上阕只有40字，作者苏轼却将其内心纠结的心理和中秋之夜醉人的美景表现得如此鲜活生动，让我敬佩于他的才华。

师：这位同学在解读的时候已经敬佩于作者的才华，那是因为他看到了作者豪放的性格、不凡的气质，在这不凡的气魄中，其他同学有不同的看法和认识吗?

生：老师，我对这句话有不一样的理解。“明月几时有”这一句我觉得不仅表现了苏轼的正话反说，而且还看出了苏轼的浪漫气质。因为由于此时的月亮太美，所以他才发出“明月几时有”的疑问。但是呢，他又没有停留在疑问的探索当中，而是思绪一转，联想到“不知天上宫阙，今夕是何年”。想要知道天空中有什么好日子呢?

师：因为天上的明月太美了，所以他发出了这样的疑问，但他并没有停留在月亮是什么时候有这个疑问中，而是陡然间思绪一变，变成了“不知天上宫阙，今夕是何年”的美好。那么这个“宫阙”什么意思呢？请你谈一谈，这里仅仅指月宫中的宫殿吗？结合背景说一说。

生：我觉得这里的“宫阙”不单单指天宫，还暗指朝廷，因为此时被贬的诗人，看到如此中秋美景，应该首先想到的是他向往的朝廷，所以此时我觉得应该暗示他对朝廷那种牵挂之情。

师：不仅指天宫中的月宫，而且也指朝廷，表达他对朝廷的牵挂之情。那他牵挂，所以他想干什么呢？“欲乘风归去”，那乘着风想要上天，那为什么要说成是“归去”呢？这个“归”是不是有更深刻的含义？让我们来回顾一下这个背景，结合一下背景，谁能来谈一谈你的认识？

生：老师，我认为把上天说成“归去”，是因为在作者看来，也许那美好皎洁的月亮才是他的精神家园，因为当时与王安石政见不和而主动请辞远调，但我想他是因为不想放弃自己的想法而又得不到长期的支持，所以他感到自己像明月一样，在那漫漫黑夜中独自坚守着自己的光明，所以说月亮是他的精神家园。

师：在漫漫黑夜之中坚守着自己的光明，所以说月亮是他的精神家园，他想回去。那他回去了吗？他决定回去吗？

生：没有的。

师：你是怎么知道他没有的。

生：“高处不胜寒。”

师：“高处不胜寒”这句话又该如何理解呢？

生：“高处不胜寒”的意思是经受不住高处的寒凉。但我认为这里不仅仅是指经受不住高处的寒凉，还包括作者不愿在朝廷做官，厌恶朝廷之中党派争斗，钩心斗角，没有志同道合朋友的孤寂之感。

师：也就是说，这个“寒”字不仅仅指的是高处的寒凉，还指的是受到朝廷排挤之后，没有志同道合的朋友，内心的那一份孤寂之感。所以这个“寒”字有两层含义。那他“又恐”，这种矛盾的心理强烈不强烈？

生：强烈！

师：你们怎么感觉到？哪一句能够感觉到他内心强烈的矛盾？

生：我感觉“起舞弄清影，何似在人间”，可以看到词人心中的矛盾。我认为“起舞弄清影”可以看到词人内心忧虑，无法排解忧伤。

师：这个“舞”让我们感觉他内心非常的纷乱，内心的忧伤无法排遣，而抑郁的他在月光下借酒消愁啊。“起舞弄清影”看似洒脱，实则内心愁苦。能舞动饮酒，思考万千，词人最终做出了理智的选择，留在人间。

师：这位同学从“起舞弄清影”这句话，看出来作者的思绪非常的纷乱，内心非常的抑郁，没有办法排解，所以他借酒消愁，在月下婆娑起舞，也许婆娑起舞了很久，终于做出了一个理智的选择，这个选择是什么？

生：留在人间。

师：那这个人间指“人世间”吗？那还有更深的含义吗？

生：因为作者想只要在被贬之地奋发有为，同样也可以为国家效力。

师：在地方上做官，奋发有为，同样可以为国家效益啊，就像是滕子京一样。滕子京谪守巴陵郡，“越明年，政通人和，百废俱兴”。在地方上做官，依然是可以有所建树报效祖国的。

师：那么从几位同学的这个分析中，我们就可以感受到上阕中作者的思绪，天上人间的芳菲，时而豪放，时而矛盾，时而豁达。那么我们来看看下阕，作者又表达和抒发了什么样的情感，哪一个小组准备好了？和我们一起分享你的学习成果。

生：下面我先来为大家介绍一下下阕内容。“转朱阁，低绮户，照无眠”，月儿转过了朱红色的楼阁，低低地挂在了雕花的窗户上，照着没有睡意的人。“不应有恨，何事长向别时圆”，月儿不该对人们有什么怨恨吧，为什么偏要在人们分离时圆呢？“人有悲欢离合，月有阴晴圆缺，此事古难全”，人有悲欢离合的时候，就像月儿有阴晴圆缺一样，这种事情自古以来就难以成全。“但愿人长久，千里共婵娟”，只希望人们能够平安长久，虽然相隔千里，也能看到这美好的月光。

师：说得非常流畅。那么，谁来说说下阕中包含了词人怎样的思想感情？

生：下阕词人对月怀人，由中秋的圆月联想到人间的离别，抒发了对弟弟深切的思念之情，并阐述了一个深刻的哲理，“人有悲欢离合，月有阴晴圆缺，此事古难全”。人月无常，自古皆然。人的悲欢离合，同月的阴晴圆缺一样是自然的常理，既然如此，就不必叹息与悲伤了。在这里，作者由埋怨转为旷达，让我充分感受到作者开阔的胸襟，而写给天下人“但愿人长久，千里共婵娟”的美好祝愿让我感受到他想得明白、想得通透，看得明白洒脱。

师：同学领悟到的是他由于思念亲人，无法排解内心的那种愁苦，而面对自然规律时，他又忽然间怎么样了？词人心胸释放开了。把这种释放变成了对全天下人美好的祝愿，让我们感觉到那种旷达。那同学们还有不同的见解吗？

生：我认为作者这里不仅有豁达的胸襟，更有细致细腻的一面。“转珠阁，低绮户，照无眠”这几句写了月光的移动，暗示夜已深。“转”“低”和“照”都写月光的移动，“无眠”则指那些因为不能和亲人团聚而感到忧伤无法入眠的人。在这里让我感到作者观察细致，表达细腻，在朗读的过程中，使人的情绪不由得就低落了下来。“不应有恨，何事长向别时圆”月儿，你不会是对人们有什么怨恨吧。这句对月亮的诘问，更是能让人深刻地体会到作者思念亲人的情感非常的浓烈。

师：很好，同学感受到诗人这种旷达，而此时，这位同学感到的是诗人的一种细腻。那么还有不同的感受吗？

生：我非常喜欢“但愿人长久，千里共婵娟”这一句，这一句明确表现了只有人们幸福平安，即使远隔千里，但也能够共赏一轮明月，这是作者的自我安慰，也是作者对亲人的劝导。同时呢，也是作者对自己政治遭遇的一种自我宽解。这一句不仅表现了词人豁达的胸襟，更体现了他豪迈的情怀。读完全词，我深深折服于他的人格魅力。

师：啊，你折服于他的人格魅力，这一句不仅是对亲人的劝导，也是对自己的安慰，更是对自己坎坷的政治遭遇的自我宽解，所以让我们感觉到作者内心那种豪迈之情。

师：听到同学们的精彩赏析，我们现在来总结一下，这首词作者抒发了自己的情感，那么在上阕的描写中，我们可以看到作者面对月亮，它的思绪在天上人间的翻飞，这种翻飞中让我们感觉到它时而豪放，时而矛盾，但最终作者做出人生选择的豁达之情，正确的人生选择的豁达之情。所以我们概括为上阕作者对月遐想，而这种遐想中，他的思绪飞腾中，让我们感觉到了他对一种什么样的人生态度啊？所以才选择了留在人间，这种积极乐观的人生态度，就是最美好生活的一种追求。那么下阕呢？我们看到作者对月怀人啊，怀念谁呀？

生：弟弟子由。

师：下阕对月怀人，主要表达了一种难以排遣的思亲之情。那么，无论是对美好生活的追求，还是对亲人的思念，都让我们感觉到他豪迈的信仰，不凡的气魄，所以他那挺拔的人格，在全词字里行间中就表现了出来，所以真的堪称中秋绝唱。

生：苏轼是真洒脱真豪情。他原本仕途失意，但不惆怅，而是化悲痛为力量。常言道快乐是一天，不快乐也是一天，何必不快乐呢？此时，我认为快乐是相对成立的，起码要会想问题，直面自己的心灵，能给自己正确定位，把握自己的情绪，看来还是要多读书，读好书，汲取正能量，让自己更强大。这里我为苏轼豪放豁达的性格点赞。

（六）再读美文，领会感情

师：老师也为你独到的见解和深入的领会点赞。同学们在学完这首词时能够认识到：要会看问题，把握自己的情绪，汲取正能量。当我们忧虑时，厌倦深思的时候，我们不仅为诗人坎坷的遭遇扼腕叹息，更为他难与亲人执手言欢而黯然伤神。但是当我们再次仰望这轮明月的时候，又被他挺拔的人格而深深地折服，那同学们用诵读的方式来表达一下对词作和对诗人的敬爱和敬仰之情。

生：我们小组想要以合作诵读的形式来表达对词的喜爱之情。

（小组学生合作诵读）

师：从他们的朗诵中，我们可以感受到他们投入了自己的情感，而且每一位同学在朗诵的过程中能够默契地配合在一起。

生：听了同学们的分析和老师的讲解之后，我深刻地理解到了苏轼所要表达的豁达之情。有一句话说得好，寂寞是一个人的狂欢，狂欢是一群人的寂寞。在此，我想以朗诵的形式来表达我对这首词的喜爱之情。（深情朗诵）

师：这位同学这种用心在读的感觉，如果真的有时空隧道可以穿越的话，我想苏轼肯定想和你交朋友，你读懂了他的心。那还有谁想试一试吗？

生：老师，我们小组想以合唱的形式表达对诗人的敬佩之情。

师：合唱的形式，老师给你配上音乐。

生：（小组合唱全词）

师：太好了，在课堂的最后呢，他们把我们带到一种音韵美当中去了。

（七）作业布置

师：那么，月中有情，自古以来咏月的佳作就非常的多，下面呢，老师请同学们在课下做一个读书笔记，收集一些有关咏月的佳作，在朗诵的过程中，分析的过程中，陶冶我们的情操好不好？今天的课就到这里，下课！

【总结提升】

境界之彰显：读中促品，品中促悟

这节课，这位老师以诵读为主线将教学过程串连起来，在朗读中理解词意，诵读中品词境，品读中悟词情，整堂课让学生感悟到了词中人对亲人的浓浓情意。教师采取诵读、品读、悟读、唱读等学习诗歌的方式，学生在学习诗歌中，感受到了诗歌的音乐美，激发了学生学习诗歌的兴趣。

这篇脍炙人口的中秋词，继承了屈原、李白等人的问天传统，富有浪漫主义气息，表现了“每逢佳节倍思亲”的传统主题，发出了“但愿人长久，千里共婵娟”的美好祝愿。胡仔在《苕溪渔隐丛话》中说：“中秋词自东坡《水调歌头》一出，余词尽废。”历代选苏轼词的也总选到这一首。

对本诗的作者苏轼，学生并不陌生，他们在课外读过许多有关苏轼的小故事，对其人其作品有初步的了解，而且本课是苏轼的名篇，千古传颂。因此，教师在作者、写作背景介绍上就留给了学生课前解决，充分发挥学生自主学习的主观能动性。这首诗词语言朴素，感情浓郁，适于吟诵，有利于培养学生对古诗词的语感。所以教师在教学中，通过诵读，做到感知词意、词境、有感情地吟唱，这些都值得提倡。教学过程中，教师紧扣《语文课程标准》中关于古诗文的教学要求：“诵读古代诗词，有意识地在积累、感悟和运用中，提高自己的欣赏品味和审美情趣”，教师采取“自主—合作—探究”的学习方式，教师教学准备充分，运用了数字教材资源辅助教学，教学效率较高，效果明显。

（一）诵读中提升学生核心素养

古典诗词具有语言凝练、音韵优美等特点，教师要激发学生的诵读兴趣，进而感受到诗歌的美。所以学习古诗词，诵读是关键，诵读古诗词可以积累语言材料，能帮助学生逐渐形成语感。通过“诵读”突破语文学科核心素养中的“语言建构与运用”要求是可行的。为此，教师设计了形式多样的有梯度的诵读活动：先自由朗读，注意字音、字形和节奏。再听读明感情基调，初步感知词境。三次朗读用互读互评的形式，注意语速，语调，重音的把握。最后学生自由朗读思考：词分为几个部分，各又讲了什么内容？以任务驱动诵读，体悟诗词的语言美。学生在多样的朗读形式中参与度极高，多数同学能参与进来。

语文素养较好的同学对诗词大意有了感知，为下一环节的感知词境做好了铺垫。学生读出了“琼楼玉宇”般的神话境界，也读出了千载离怨；读出了词人旷达超脱的胸襟，也读出了词人对亲人的怀念。朗朗的读书声把课堂气氛一下就推向了高潮，学生们个个情不自禁，争先恐后，以读为荣，以读为快，读得声情并茂，诵读中培养了学生的诗词素养，语文核心素养得到了提升。

（二）以学生合作活动突破重点

教学中，教师结合具体词句梳理作者心情变化轨迹，感知词境这一环节中，采用小组合作的形式，以“活动”为突破点激发学生兴趣，引导学生抓住关键字、词、句揭开其面纱，并调动想象领会意境，体会炼词炼字之妙，进一步把握作者的感情。教师积极发挥自己的主导作用，真正地让学生参与进来，不是牵着学生的鼻子走，而是引导学生的思维自己走，让学生动心、动脑，这样，学生在思维支配下的感官主体活动被调动了起来，思维活动与感官活动达到了和谐统一。教学中，教师落实了语文教学要体现语文学科实践性和倡导自主、探究、合作的学习方式的特点。教师对词境的感知活动变更为引导学生进行“共情想象”，丰富了学生的直观体验，有助于学生对古诗词的意境与意蕴进行揣摩。《语文课程标准》提出：“阅读诗歌，大体把握诗意，想象诗歌描述的情境，体会作品的情感。”“在发展语言能力的同时，发展思维能力。”“应让学生在主动积极的思维和情感活动中加深理解和体验，有所感悟和思考，受到情感熏陶，获得思想启迪，享受审美乐趣。”因此，教师在本节课教学中，能引导学生聚焦古诗词意象，进行共情想象，使学生通过意象主动走进诗词意境，与古诗词产生共鸣，碰撞出思维的火花，进而提升阅读能力和思维能力。

（三）借助数字教材和信息技术突破难点

教学中，教师充分利用数字教材和教学助手等教学资源出示写作背景，由学生探究归纳词的主旨。古人云：“诗者，志之所之也，在心为志，发言为诗。”诗人往往借助诗词来表现自己的理想抱负和人格。学生在鉴赏诗歌时，如果对诗人了解不够，在理解上就会遇到障碍，无法真正了解诗人所表达的情感。可以说，知人论世是正确解锁诗歌含义的金钥匙，所以教师在此处插入诗人的生平事迹、写作背景，让学生深刻领会诗歌的思想感情。最后理解“人有悲欢离合，月有阴晴圆缺，此事古难全，但愿人长久，千里共婵娟”的现实意义。

（四）以品促悟，感悟诗情

在教学中，教师以诵读、品味、思考相结合的原则，让学生真正体会到诗词的语言美、意境美和内涵美。诗境品析中，训练学生想象和联想的能力，引导学生打开想象的双翅，体悟“起舞弄清影，何似在人间”的达观，理解“我欲乘风归去，又恐琼楼玉宇，高处不胜寒”的意蕴，感悟词人“人有悲欢离合，月有阴晴圆缺，此事古难全，但愿人长久，千里共婵娟”的感情。

本节课需改进之处是：文本内容脉络的梳理没按“问天、问月”“哀、思”这些要点条理清晰地整理，这对学生的背诵很有帮助，对增强记忆、加深理解亦有好处。

元曲可以这样教

《天净沙·秋思》：抓“词眼”，悟“悲情”

【课堂提要】

《天净沙·秋思》是统编语文教材七年级上册第一单元《古代诗歌四首》中的一首，这是初中学习的第一篇诗歌。单元阅读策略是：注重朗读，想象文中描绘的情景，领略景物之美。教学中，教师能通过富有感情的诵读来感知词意，体味充满韵味的语感。老师引导学生了解元曲作品精美的构思。教师能在诵读感知中抓“词眼”深入理解词意，深入作品的意境之中，体会作者的思想感情。本堂课最大的亮点是：反复诵读，抓“词眼”，揣摩、欣赏精彩语段和词语中感悟词人抒发的“悲情”。

【课堂现场】

《天净沙·秋思》：以景入情

（一）诗情导入

师：同学们，秋天是一个适合抒情的季节，许多诗人、词人都在这个季节里留下许多脍炙人口的句子。例如王维的“空山新雨后，天气晚来秋”、杜甫的“万里悲秋常作客，百年多病独登台”、范仲淹的“塞下秋来风景异，衡阳雁去无留意”、刘禹锡的“自古逢秋悲寂寥，我言秋日胜春朝”等等。今天，我们一起来学习一首别致的描写秋景、抒发秋情小令，马致远的《天净沙·秋思》（板书课题）。

（二）作者介绍（教师出示课件）

师：课前我让大家查阅了作者的相关资料，谁来介绍一下作者。

生：马致远，元代著名的杂剧家、散曲家，被人称为“元曲四大家”之一，更被时人誉为“曲状元”。

师：看来这位同学进行了课前预习，下面老师作一下补充。大家来齐读一下。（教师出示课件，学生朗读）

马致远生于1250年，卒于约1321年，大都（今北京）人。是元代著名的杂剧家，著有杂剧15种，艺术成就最高的是《汉宫秋》；他又是元代散曲大家，一生写了120多首散曲，其中《秋思》堪称“叹世”之作中的代表。被人称为“元曲四大家”之一，更被时人誉为“曲状元”。“元曲四大家”是指关汉卿、郑光祖、马致远和白朴。

（三）有关曲的知识（教师出示课件）

师：老师再来介绍一下有关元曲的知识。（教师出示课件，自读）

曲有散曲与剧曲之分。只供清唱吟咏之用，不进入戏剧的散篇作品，叫散曲；进入戏剧的唱词，称剧曲。散曲包括散套和小令两种。每首散曲都有曲牌，曲牌表示曲调，另有题目。各自曲牌在字数、句数、平仄和用韵等方面都有自己的规定。因此，每首元曲的前面都冠有类别名，宫调名，曲牌名和曲题名。今天我们学习的这一篇属于散曲中的小令。天净沙，曲牌名；秋思，题目，意思是秋天的愁绪。

（板书课题作者）

（四）读曲：闻秋声

师：要学好一首诗，首先要能朗读诗歌，那么同学们觉得怎样才能朗读好一首诗呢？

生：要有感情地读。

师：第一个，要有感情。（板书：感情）那么你觉得除了感情之外，还有没有其他的因素？

生：要读得流利一些。

师：那么你觉得怎么样才能流利一些？

生：要有节奏。

师：他提到一个特别好的因素就是节奏。老师给大家来做一点朗读诗歌的学法指导。朗读时要通过语气、语调、语速来展现诗歌的语言美。同时还要注意语气节奏，就是我们说话的语速。除了感情之外还有……

生：停顿。

师：除了语气节奏、停顿之外，还有语气和语调。（板书：语气语调）接下来就给大家两分钟的时间请同学们自行朗读《天净沙·秋思》，注意在读的时候，充分把握诗歌的感情、节奏、语气和语调。接下来，请同学们开始自由朗读。（学生自由朗读）

师：我看同学们都已经读得差不多了，哪位同学愿意给大家读一下《天净沙·秋思》。在你朗读之前，老师先提问一下你，你觉得这首诗的感情应该是怎么样的？

生：深沉而悲伤。

师：你从哪儿看出来是悲伤的？

生："断肠人在天涯。"

师：诗歌的感情应该是悲伤的，大家同意吗？

生：同意。

师：这是我们达成的共识，要用悲伤的感情来读。节奏呢？

生：较慢，缓慢。

师：较慢，慢速。好，我们先抓住这两个特点。用悲伤的感情，缓慢的节奏来读《天净沙・秋思》。

（学生朗读）

师：好，这位同学读得怎么样呢？老师先不评价，哪位同学愿意来评价，评价时，注意老师前面提到的朗读要求。

生：语气停顿较好，感觉语速快了，“断肠人在天涯”应该再慢一些。

师：既然你给她提出这个建议，那么我希望你在“断肠人在天涯”这一块再慢一点好不好？（生朗读）我听见她在“断肠人在天涯”这儿更慢了。好，听了她们两个的朗读，老师发现她们在诗歌前三句的处理上基本没有什么太大的差别。主要是最后边，应该再慢一点，感情呢？

生：更加深沉。

师：对，更加深沉。那么请大家再读“夕阳西下，断肠人在天涯”这一句。就只读这一句，读的时候，情感再深沉一些。

（学生自由朗读“夕阳西下，断肠人在天涯”）

师：哪位同学再融合最后一句把诗歌完整地给大家读一遍。注意在情感和节奏上再深沉和缓慢一些，在语气、语调上注意一下。

师：其他同学认真听这位同学的朗读，读完后找一位同学点评一下。

生：（学生朗读）

师：请你来点评一下。

生：他的读音准确，节奏也准确，语速较缓慢。

师：好，这位同学评价得是比较到位的。我觉得感情和节奏更好了，后边“断肠人”的处理节奏如果再连贯一点可能会更好。下面我们来听名家朗读，感受一下元曲独特的语言魅力。

师：中国有一句古话叫作“诗言志”（板书：志）就是说一首诗歌他写出来就是要表达一定的情感的。大家来看一下，在《天净沙・秋思》这首元曲中，哪一句是直接表达作者情感的？

生：“断肠人在天涯。”

师：同学们找得都很准确。那么我接下来就要问了，既然它是表达情感的，那么它抒发的是怎么样的情感？

生：思乡……

师：我听见有同学说了是思乡之情。（板书：思乡）除了思乡之外，还有没有其他的？

生：很伤心。

师：伤心也是思乡。人思乡的时候也是伤心的，所以我觉得你的这个回答还是思乡。大家想一想，何谓天涯？

生：离家乡远的地方。

师：对，一个人身处很远很远的地方，身处天涯的时候，他是什么样的状态？他在漂泊，你看诗歌的前面还有一句，“古道西风瘦马”。一个人在路上慢慢地走着，人处于一种漂泊的状态。也正如大家所说的，人在思乡的时候是悲伤的，漂泊的时候呢？

生：孤独。

师：好，孤独。为什么“断肠人”如此心伤，如此孤独呢？是因为“在天涯”就悲伤吗？才会伤心欲绝，愁思万千，肝肠寸断吗？可以从词人的经历，社会环境等方面去思考。请同学们参考一则助读资料来回答。（教师出示课件，学生自由朗读）

马致远生活的时代背景：

元朝建国以后把中国人分成四等：蒙古人、色目人、汉人、南人。实行等级管理制度，元朝的长官应由蒙古人担任。在马致远生活的年代，蒙古统治者开始注意到“遵用汉法”和任用汉族文人，却又未能普遍实行，这给汉族文人带来一丝幻想和更多的失望。

生：诗人的孤独不仅是个人的孤独，也是不被重用的失意。

师：诗人抒发的是背井离乡的酸楚，身世艰辛的叹息，前途无望的感伤，旅途奔波的孤独。中国古典诗歌最大的特点在于借景抒情、情景交融。下面我们来看一下这首元典作者描绘了一幅什么样的景。

（五）绘景

师：已故的著名国学家王国维有一句话：“一切景语皆情语。”（板书：景语、情语）就是说，所有写景的句子都是要为写景来服务的。那么这很小的一首元曲，它最被人们称道的也正是它的写景的部分。今天我们就一起来品味一下关于写景的部分。作者都给我们写了哪些景物？

生：藤、树、鸦、桥、水、人家、道、风、马、夕阳、人、天涯。

（教师根据学生回答板书）

师：天涯是不是景物？

生：不是。

师：注意，天涯不是景物。大家如果细心的话，可以发现我把景物前边的字都省略掉了，我只列出了前面的几种景物？

生：十一种。

师：马致远在写这首元曲的时候，他的用字是特别讲究的。特别注重炼字。（板书：炼字）就是景物前边的修饰语用得特别讲究。大家注意每个景物前面的词语。圈出来。

生：枯、老、昏、小、流、古、西、瘦、夕。

师：作者写了这么多景物，又抓住了景物的特点，这样就组成了一个个画面。每三个景物，就组成一个景物的群体。

师：为了帮助大家更好地想象诗歌的画面，接下来我们就开展这样的一个课堂活动。阅读全诗，四人一组。请大家任选一个句子，展开想象，增加细节，描绘诗句的画面。从数量、声音、形状、形态、颜色、组合关系上来描述。

（学生展开讨论，在作业本上书写）

师：哪个小组愿意给我们展示一下你们小组描述的成果？

生：我们展示的是“古道西风瘦马”。

师：好，其他小组的同学注意听。

生：一个人骑着一匹消瘦的马走在寂静荒凉的古道上。

师：我看你前面有一些修饰语。一个人，一匹马这是数量，你后面用了一个消瘦，我觉得可以再丰富一些。后面你用了什么修饰语修饰古道？

生：寂静、荒凉。

师：寂静荒凉的古道，寂静、荒凉修饰的是道路的什么？

生：寂静是声音，荒凉是状态。

师：好，这是你们组集体的成果。

师：这组同学从数量、声音、状态进行了描绘。他们觉得寂静荒凉是古的表现。他们的描述也是紧扣了一个悲情。还有哪个小组愿意展示一下你们的成果。来，你们要描述哪一句？

生：我们选取的是“小桥流水人家”。

师：好，来给大家描述一下。

生：在一座小桥之下流淌着清澈见底的哗哗流水，诗人看到炊烟袅袅，流出了思乡的眼泪。

师：好，你来想一想你们描绘的这个小桥流水人家分别是从哪些方面描绘的？把这个修饰词给大家说一下。

生：水是清澈见底。哗哗是形容水声。

师：你认为这个水应该是有声音的？

生：嗯。家家户户炊烟袅袅。

师：家家户户炊烟袅袅，你在数量上写的是家家户户，为什么不写一户人家？

生：一户人家比较孤独，家家户户形容就比较热闹，作者想到自己的家。

师：老师要提问你一下，我们说这首诗抒发的是一种特别悲凉的情绪，那么你为什么要把这句描绘得这么温馨呢？

（六）悟诗情

生：因为他离家很久了，非常思念自己的家乡，我这样写就为了烘托作者的思家之情。

师：为了形成对比，一个温馨的场面，最终形成一个对比，衬托作者一个人骑着一匹马的悲凉之情。我觉得这用的是衬托。

生：我们选的是“枯藤老树昏鸦”，描绘的画面是，黄昏时分一群乌鸦停留在缠满枯藤的老树上，发出凄凉的叫声。

师：我听见了，有声音，乌鸦是一群。为什么要这样描述？怎样来体现这个悲情的？

生：就是一群乌鸦发出的声音比较凄凉。

师：那么一只乌鸦就发不出凄凉的感觉吗？

生：一只乌鸦发出的声音表达不出来吧。

师：所以你觉得要用一群才能体现这个悲情。好，我们古诗中常说“猿鸣三声泪沾裳”。乌鸦多叫几声，一群乌鸦多叫，更加体现了悲情。从这个逻辑来讲也是通的。我想请同学给大家来做一下总结，这一节课你都有什么样的收获？

生：这节课我学到了马致远的一首诗，没有想到他一句话能写出这么丰富的画面。

生：我学到马致远可以从声音等多个方面来描绘他内心的想法。

生：我学到了朗读诗歌的方法。

生：我从声音、状态等几个方面，感受到了诗人思乡的孤独之情，他用这些描写，表达思乡之情，特别好。

师：你是从内容上说的，我看你前边好像有说从哪几个方面？

生：从声音、数量、形态、颜色等几个方面表达自己的孤独之情。

师：这是你的收获。在描述画面时要注意运用想象和联想，抓住景物的特征，运用优美的语言来描述画面，这个画面一定要突出景物的意境美。今天就教给大家如何来描绘写景的诗歌或者散文的画面。

师：既然掌握了这么多学习元曲的方法，我们就来做一个练习。我给大家推荐的是一首元典，白朴的《天净沙·秋》。大家齐读这首元曲。

（七）拓展探究

生：《天净沙·秋》（白朴）孤村落日残霞，轻烟老树寒鸦，一点飞鸿影下，青山绿水，白草红叶黄花。

师：好，同学们都读得很好。我们读了白朴的《秋》和马致远的《秋思》有什么不同？马致远的《秋思》被推崇为“秋思之祖”。虽然白朴在马致远之先，也是元曲四大家之一，而马致远的这一篇却引人更多的遐思，更多的回味。那是为什么呢？现在请大家在你刚才拿的那张纸上，任选一句，来描绘或者赏析独立来完成，把今天的方法运用到鉴赏课外的古诗中去。（学生练习）

（八）小结学法

师：我们来总结学习古诗词的方法：①反复朗读，理解大意。②抓“词眼”把握情感。③品味语言，赏析画面。④描述画面，情景再现。⑤知人论世，深层剖析。⑥比较阅读，迁移拓展。老师希望大家在学习古诗词中，能熟练运用。（下课）

【总结提升】

境界之美：抓“词眼”、品美景、悟“悲情”

这节课，教师的教学从有关抒“悲情”的诗句导入，为理解全曲的感情奠定了“悲”的基调，老师在引导学生诵读中品读美景时，抓住本首元曲的词眼“悲”，紧紧围绕“悲景”“悲人”“悲情”展开教学。课堂主线明显，条理清楚，教法得当，学法指导有效。

《天净沙·秋思》是元曲作家马致远创作的小令，是一首著名的散曲作品。此曲以多种景物并置，组合成一幅秋郊夕照图，让天涯游子骑一匹瘦马出现在一派凄凉的背景上，从中透出令人哀愁的情调，它抒发了一个飘零天涯的游子在秋天思念故乡、倦于漂泊的凄苦愁楚之情。这支小令句法别致，前三句全由名词性词组构成，一共列出九种景物，言简而意丰。全曲仅五句二十八字，语言极为凝练却容量巨大，意蕴深远，结构精巧，顿挫有致，被后人誉为“秋思之祖”。教师在教学中整体目标明确，以品读诗歌，感受萧瑟荒凉的气氛，领会游子凄楚、悲怆的内心世界为主线。在探究、交流中掌握学习古典诗词的方法。教师在用好教材时，将教材有度地向课外延伸，让学生在学习本首诗歌时，达到举一反三的学习效果。

（一）教学内容有取舍，学生学习就有收获

教学中，教师能从单元教学内容和目标入手，紧紧抓住教学重点，在有限的四十分钟内最大容量地去训练学生的语文素质，力求达到知识与情感的有机结合。在教学中，删掉了描述诗歌内容的环节，因为这首诗借景抒情，诗的前半段就是景物的罗列，学生一看就懂，况且与后面的分析意象有所重复，不妨删去。教师在诗歌内容分析上，重在让学生体会作者情感的抒发，“文以情而发”，如果我们的课堂摒弃了文章的情感，只是把单调的字、词、句拿到课堂上，想必会让学生感到索然无味，分析学情之后对教学内容恰当地取舍，把课堂时间用在重难点的突破上更为重要。

（二）一切景语皆情语，读诗需要想象力

古代诗歌的教学任务，在七年级至九年级阶段，不能停留在以诵读为主要手段来使学生感知诗的韵律美上，而要循序渐进，采用多种方式来使学生产生朦胧的美的意识，培养学生再造意象的能力和联想的能力，教学中，教师不断引导学生通过自主想象和合作交流的方式描绘诗歌画面，既加深学生对诗的内容的理解，又巩固学生对诗句的记忆，还让学生的思维动起来，大脑活跃起来，充分发挥自己的想象力和语言组织能力，真正主动地参与到教学之中。教师带领学生赏析景物之前的修饰语，展开想象从诗中走到情境中，达到无我之物的境界，体会诗人复杂微妙的情感，七年级学生的想象力超乎了教师的想象，学生对诗歌的描述格外精彩，超出了预计的效果。

（三）以素养为出发点，精心设计教学环节

诗歌鉴赏的教学，应该要充分尊重学生的感知体验，以此来培养文化的感悟能力，形成语文基本素养。在过去的诗歌教学中，由于老师们精心炮制诗歌鉴赏的解题技巧，学生并没有进行真正的鉴赏活动，而是追求技巧的运用和答案的要点的完整性，跳过了感知和想象的心理层面。教师诗歌鉴赏的教学要充分尊重审美心理的形成规律，从术语、文化知识的抽象的植入转变到文化感悟的培养，展开合理想象用生动形象的语言描述有关诗句的意象、意境。朗读是讲授诗歌的一把金钥匙，这节课上，教师就充分运用了这一点，于是，学生反复读，而每一遍读的要求又在循序渐进地提高，做到了读中学、读中赏、读中悟、读中背，读中拓，力求通过各种读的活动培养学生的语文素养。

文言文（骈散文）可以这样教

《陋室铭》：细读文本，教有“厚度”

【课堂提要】

《陋室铭》是统编语文教材七年级下册第四单元《短文两篇》中的一篇。本篇短文文字较为浅易，适宜培养学生自主学习的习惯。但内容通过对陋室的描绘和歌颂，表达了作者甘于淡泊、不为物役的高尚情操。是一篇托物言志的文章，对于七年级学生来说，有一定的难度。尤其是理解作者用托物言志的方法表达的高洁志趣是教学的难点。因此，教师在教学中要深入细读文本，将文字浅易的文章，教得有厚度，让学生感受中华古典文言文的独特魅力，尤其是学习骈散文中优美的语言表现深刻主题的方法。本节课，老师先有背景导入，易于学生理解诗意，在通读课文，对照注解，疏通文意的基础上熟读课文，以两三个重点问题引领学生细读文本，经过讨论，体会文本简单语言中蕴含的深厚文化知识，这样激发学生深入理解文章的兴趣，从而品味文章旨趣。

【课堂现场】

《陋室铭》教得有“厚度”

（一）激情导入

师：今天老师给大家带来了两副对联。（PPT出示：面对大江观白帆，身在和州思争辩。杨柳青青江水边，人在历阳心在京）这个对联妙不妙？

生（齐）：妙！

师：这两副对联有一个故事，大家来看一看。谁来给我们读一读。

（PPT出示故事内容）

（二）了解写作背景

生：唐朝著名诗人刘禹锡，因得罪当朝权贵，被贬为安徽和州刺史。按规定，刺史应在县衙里住三间三厢的房子。可和州知县是个趋炎附势的小人，他多方刁难这位诗人。先是安排他住在城南，面江而居。刘禹锡不但没有埋怨，反而还撰写了一副对联贴于房门：“面对大江观白帆，身在和州思争辩。”这个举动可气坏了知县，于是又将他的住所调到城北，房屋从三间缩小到一间半。新宅临河，杨柳依依，诗人触景生情，又写一副对联：“杨柳青青江水边，人在历阳心在京。”知县见他仍悠然自得，又为他在城中寻了一间仅能容下一床一桌一椅的小屋。仅半年，搬了三次家，刘禹锡想，这也欺人太甚，你要我愁，我偏乐，于是愤然提笔写下这篇情趣高雅的《陋室铭》。

师：我们通过刚才这位同学的朗读知道了这两副对联的来历，还能知道什么？

生（齐）：《陋室铭》写作的原因。

师：下面让我们一起来走进刘禹锡的陋室。（板书课题、作者）

师：大家通过这个故事了解了刘禹锡的一个特点，让我们一起来认识一下刘禹锡。

（三）了解作者

师：刘禹锡（772—842），唐代文学家，哲学家。他热心赞助王叔文的政治革新，反对宦官和藩镇割据势力，但遭遇失败。被贬官降职多次，受到达官权贵的排挤和打击。被贬后没有自甘沉沦，而以积极乐观的精神进行创作。他的诗歌清新自然，格调激越，善用比兴，托物言志，受到了同时代的大诗人白居易的推崇，享有“诗豪”之誉。这篇《陋室铭》是他贬为和州刺史时在任上写的。

（四）解题

师：我们一起来看文章的题目“陋室铭”，“陋室”可看出是简陋的房子，那么“铭”呢？大家可看一下书下注解1。（学生自读注解1）

师：老师给大家找了一些有关“铭”的资料，大家来了解一下有关“铭”的知识。谁来给我们读一下。（教师出示课件）

生：铭，古代刻在器物上用来警诫自己或者称述功德的文字，后来成为一种文体。这种文体一般都是用韵的。

（五）指导朗读

师：我国古代的诗文很多都是讲究修辞和音韵的，这些文章往往读起来朗朗上口，极具音乐美，这篇铭文也是如此。下面我们先欣赏一下名家的范读，听的过程中大家注意听准字音、语气和节奏。（播放名家朗读）

师：在读这篇文章时，我们还需要注意几个字音。

（PPT出示：馨、调、牍、蜀）（学生读字音）

师：下面请同学自由地、大声地朗读课文，注意节奏和停顿，读出韵味。

（教师把音乐给配上，学生自由读）

师：大家读得很投入，我们请一位同学读一读。

生：……（学生朗读，部分学生鼓掌）

师：大家的掌声说明认可了她的朗读，那她读得好在哪里，谁来说一下？

生：她的停顿比较好，她读出了那种感情。“谈笑有鸿儒，往来无白丁”

她读得就像诗人那样比较清新自然。

师：你能不能再读一下这一句？

生：谈笑有鸿儒，往来无白丁。

（六）感知文意

师：古人云“书读百遍，其义自见”，让我们一起去近距离认识“陋室”吧。请同学们结合书下注释，前后桌或同桌之间为一组翻译课文，有疑问的做好标记，然后我们一起讨论解决。

（学生讨论，师巡视）

师：哪里不会的，哪一词，我们在翻译的过程要抓关键词，谁来说说。

生：我不知道“苔痕上阶绿，草色入帘青”。

师：他提出来这一句“苔痕上阶绿，草色入帘青”，有没有同学帮助他一下。这个“苔”大家都应该熟悉。

生（齐）：苔藓。

师：痕呢？

生（齐）：痕迹。

师：那么阶呢？那肯定是台阶，那么前后一联系。

生：苔藓的痕迹很长。

师：苔藓长到了台阶上，使台阶都变绿了。后面的，看一看，想一想。

生：碧绿的青草映入眼帘。

师：还有那一句？

生：“无丝竹之乱耳”的“乱耳”是什么意思？

师：这个“乱”呢？大家一定要注意看“丝竹”，我想大家都知道在这里指什么？

生（齐）：奏乐的声音。

师：它是指什么：各种乐曲，但在这里是奏乐的声音，那么奏乐的没有呢？没有奏乐的声音怎么样，这个“乱”呢，在这里它是使动用法，那么这次大家说一下。

生（齐）：没有奏乐的声音使我的耳朵扰乱。

师：我想“劳”是不是也跟它有些像，使劳累。

生：身体劳累

师：“无案牍之劳形”是什么？

生（齐）：没有官府的公文使我的身体劳累。

师：这个“劳”就是使劳累，还有没有？

生：“无丝竹之乱耳，无案牍之劳形”这个“之”？

师：我们一起来看，这个“之”在前面的学习中大家可能碰到过，这个“之”呢，是个虚词。但是呢，在我们古汉语当中它有好几个意思，有代词，指某一个人或某一件事，还有结构助词“的”。还有一个我们常见的是用于主谓之间，取消句子独立性。注意主谓之间，名词和动词之间的，主语一般都有名词，这个我们以前讲过，动词是表示动作。那么大家来看，官府是一个公文，没有官府的公文，使我的身体，正好处在主语和位置之间，所以他没有实在的意义。

师：“山不在高，有仙则名”中的“名“是怎么理解？

生：这里用作动词，指出名的意思。

师：“水不在深，有龙则灵”中的“灵”呢？

生：神奇。

师：后面这个注解下面有，苔藓上的痕迹碧绿，长到台阶上，草色青翠映入眼帘。所以关键词，一定要用联想。

师：那么“谈笑有鸿儒，往来无白丁”呢？谈笑的是渊博的学者，交往的没有知识少的，这句话的意思有点绕口是吧，和我谈笑的是怎么样的人呢？

生：谈笑的都是一些有渊博知识的学者。

师：和我来往的呢

生：没有知识浅薄的人

师：谈笑的是渊博的人，交往的是知识渊博的人。像这种修辞手法，我们叫什么呢？（互文）我们在《木兰诗》里面学过“将军百战死，壮士十年归”。如果按字面意思是将军都战死了，壮士都回来了。你们怎么翻译的？

生：将军和壮士经过多年的战争，有的战死沙场，有的凯旋。

师：那这句话，和我谈笑往来的都是些有渊博知识的人。文言文的翻译大家一定要注意，意思表达清楚，但是一定要把握关键词，我们看下一句。

生（齐）：可以弹奏不加装饰的琴，阅读佛经。

师：通过我的解释大家还有没有不会的地方了？

生（齐）：没有。

（七）理解主旨

师：我们已初步了解了陋室，文章主要描写陋室，但在文章开篇为何先写山水？山水和陋室有没有关系呢？我们先来欣赏几幅山水图片（PPT出示图片）这是一幅山东蓬莱的图片，传说中有神仙在此居住，秦始皇也曾到此寻求长生不老之药。这是一幅青岛崂山的图片，它具有神仙之宅、灵异之府的美称，这是有关四川黄龙的图片，传说曾有蛟龙在此出没过。

师小结：山水很平凡，只因有神仙居住、蛟龙出没，就为山水增添了色彩。

师：古语说：仁者乐山，智者乐水（板书：仁者乐山，智者乐水）由此可见，作者开篇写山、写水是为了什么？

生（齐）：为了自喻。自己是仁，是智。

师：以山水作类比，为了引出什么？

生（齐）：陋室。

师：也暗示了一个什么？

生（齐）：陋室不陋。

（PPT出示：以山水作类比，引出陋室，暗示陋室不陋）

师：作者为什么先写山水，缘于他写作的特点：善用比兴，托物言志。以山水作类比，引出陋室，暗示陋室不陋。山、水有了仙人和龙，我这个房子由于什么而不陋？

生（齐）："斯是陋室，惟吾德馨。"

师：在作者的眼中，陋室不陋是由于自己的品德高尚。所以由山水引出自己的品德高尚。（师板书：德馨）

师：在作者的眼中陋室"不陋"是自己的品德高尚，我们就来看看真正不陋还体现在哪些方面？作者又是从哪些方面来写陋室不陋的呢？可以用书上的话说。

生（齐）："苔痕上阶绿，草色入帘青。谈笑有鸿儒，往来无白丁。可以调素琴，阅金经。无丝竹之乱耳，无案牍之劳形。"

师：这几句话我们可以不可以把它分类。哪两句话可以归为一类？

生（齐）：“苔痕上阶绿，草色入帘青。”

师：这是在说什么？

生：自然环境。

师：还有其他的吗？

生：“谈笑有鸿儒，往来无白丁。”指交往的人。

生：“可以调素琴，阅金经。”指日常的生活。

师：生活的情趣，我生活追求的是什么？不是荣华富贵而是读书。自然环境给人什么感觉？我们可以用一个词是什么？

生：优雅。

师：那么交往的人物呢？

生：儒雅。

师：那么生活情趣呢？

生：高雅。

师小结：这三个方面各有特点，自然环境是幽雅的，交往的人是儒雅的，生活情趣是高雅的。从中我们更能看出陋室的“不陋”。作者在此抚琴研读经书，远离嘈杂的音乐，远离伤神的公务，这种闲暇的生活实在让人羡慕。弹琴、读书是古代读书人的必修课，作者虽身处陋室，但时刻不忘弹琴读书，以此提高自己的道德修养，为陋室增光添彩。

师：按理说，到此我们也看出了由于作者的品德是高尚，他的陋室也显得不是一个陋室，而是一个雅室。文章最后作者提到诸葛亮、扬雄、孔子的目的是什么？

（师板书三个人名：诸葛亮、扬雄、孔子）

（PPT出示三个人物的主要介绍，师读）

师：这三位名人都是作者以及在古代像作者这类人所仰慕的对象，他们身居陋室却有着高尚的品行。那么我也是，所以写这三个人有什么目的？

生：借这两个陋室和我的陋室相比，显得我的陋室不陋，因为我也具有他们两个人的品德。

师：那么孔子的话呢？

生：说明我的陋室也是不陋的。因为孔子说："君子居之，何陋之有？"

师：是的，借孔子的话再一次证明自己的陋室因"德"而"馨"。正因为作者追求的是高尚品德和人格，所以那些趋炎附势的小官小吏无论在居住条件上怎样刁难他，他也以超然脱俗之态对待，并请人把这篇情趣高雅的《陋室铭》，刻上了石碑，立在门前。（老师勾画出板书结构）那些趋炎附势的小官小吏也只能气个半死。正印证了花香不在多，室雅何须大。我国古代文人被贬，所作诗文大多幽怨哀叹，同时代的柳宗元，被贬后便忧惧不安，韩愈更是一贬就想到死（"好收吾骨瘴江边"）刘禹锡却始终以豪迈乐观的态度对待生活，决不沉沦，决不颓废，不愧其"诗豪"的美誉。（PPT出示：教师寄语）

生：（齐读《陋室铭》）

师：这节课就上到这里，下课！

【总结提升】

境界之源：细读文本，教有"厚度"

听完这堂课，有沉甸甸的感觉。教师将短短的小文，教得这样有深度、有"厚度"，说明教师深入研读了文本，学生学有所得。

《陋室铭》是一篇千古美文，千百年来因其昂扬的姿态而获得永久的生命力。文章采用了托物言志的写法，通过对陋室不陋的描写，表达了作者高雅的情操，也抒发了他远大的志向。文章虽寥寥81字，但却立意鲜明、构思精巧、短小精美、工整如歌、韵味深长。教师的教学设计能突出文本的重点和难点，说明教师深入细读文本，将文本的价值内容挖掘得很透彻。从教学目标要求来看，本节课能很好地突出《语文课程标准》对文言文学习提出的要求："阅读浅易文言文，能借助注释和工具书理解基本内容，学会运用多种阅读方法。能初步理解、鉴赏文学作品，受到高尚情操与趣味的熏陶。""欣赏文学作品，能有自己的情感体验，初步领悟作品的内涵，从中获得对自然、社会、人生的有益启示。"教师能通过文本内容的学习让感悟作者高洁傲岸的情操以及高尚的志趣追求。在学习方式上采用自主、合作、探究学习策略，充分发挥了学生的主观能动性。

（一）指导朗读，培养文言语感

教师用朗读贯穿教学的始终。古人云："书读百遍，其义自见"，北宋教育家张载说过："书须成诵，则学进矣"，也有人说："一次成功的朗读，胜过一百次蹩脚的分析"，可见"读"在语文课堂教学过程中具有举足轻重的作用。《陋室铭》是一篇文质兼美、脍炙人口的名篇。课堂上教师无论是范读、自由读、齐读，目的都是让学生从读中去悟作者的感情，品味文字的美感。所以在讲授刘禹锡的《陋室铭》时，考虑到如何让刚刚接触文言文不久的七年级孩子，透过文字来理解这篇流传了一千多年，寥寥81字的铭文？怎样让孩子们跨越时空来了解作者的思想，把握作品的情感呢？教师在进行了深入的文本分析之后，将"读"作为了这节课的教学目标，以分层次的"读"贯穿这节课的始终。在朗读过程中，使学生们感受"铭"这种文体的篇幅短小，语句押韵、语言优美的特点，进而对课文的形式美有深刻的认识。还对学生的朗读进行指导，注意对学生适时地点拨，有层次地进行朗读指导，不仅让学生会读还要读好，读准节奏、读出感情、读出韵味，真正把自己融入文章中来，并且注意利用激励性的语言对学生鼓励。通过不同形式的"读"，层层递进，层层深入，让学生掌握重点的文言字词，感知课文内容，体会文章的节奏美和音乐美，并在此基础上达到熟能成诵的目的。

（二）质疑问难，培养学法

叶圣陶先生说过："教，是为了不教"，教学最主要的就是要教会学生学习的方法。学生运用圈点批注法初读课文，养成不动笔墨不读书的良好习惯。辨音识字，辩词释义，夯实基础。在疏通字词这个环节，教师改变了以往以串讲为主的方法，而采用同学互相质疑、解答的方法，鼓励学生从书中发现问题，大胆提出问题，然后同学们互相解答，对于重点、难点教师适当点拨、强调。如本节课在文言字词的理解上，教师只解决学生的疑难问题，教给学生运用联想、勾连的方法，让学生自主学习文言字词，教师只在学生的难点给一个支点。

（三）巧设问题，点拨得法

教师在教学中巧妙地设计提问，采用小组合作、教师点拨来解决，引导学生逐步深入文本。精心设计问题，并形成一个问题链，让这些问题逐步深入地把整篇文章的内容串联起来。在设计问题这一环节设计了三个问题，重点是：文章主要描写陋室，但在一头为何先写山水？作者从哪三个方面描写了陋室的特点？文章最后作者提到诸葛亮、扬雄、孔子的目的是什么？作者的陋室是否简陋？每个问题都让学生从课文内容出发，挖掘其意义，让学生在每一句课文的理解中都绽放出思维的火花，最后运用课文内容的内在联系和前后呼应把它连接在一起，融会贯通，把全篇课文的讲析内容全部带了出来，在学生头脑中形成了“串珠成链”的整体把握效果。这种方式不仅能活跃课堂气氛，不让人觉得死气沉沉，而且问题与问题之间环环相扣，从屋外到屋内，从景一人一趣，一步步地随着学生自主的交流探讨深入进去，使学生在深入的过程中理解全文。

（四）自主品读，感悟情怀

在实践中学习，在学习中实践。在课堂上要注重学生的主体参与意识，激发学生的合作探究意识，每个学生都能积极参与到课堂教学中来。让学生真正学会学习，让学生参与课堂和学习的全过程，做知识和思维的主人。让学生懂得托物言志就是将个人之“志”依托在某个具体之“物”上。于是，这个“物”便具有了某种象征意义，成为作者的志趣、意愿或理想的寄托者。作者的个人之“志”，借助于这个具体之“物”，表达得更巧妙、更完美、更充分、更富有感染力。在教学过程中，教师充分尊重每一个学生的个性化阅读，学生在相互学习时进行的讨论，要允许答案的多样化。例如，在回答《陋室铭》表达了作者怎样的思想感情时，教师不能局限于答案，除了回答表达了作者高洁傲岸的节操和安贫乐道的情怀之后，还可以回答表达了作者不慕名利，追求淡泊，不慕富贵，不与世俗同流合污等等。要提高文言文教学水平必须认真研究文言文知识的基本特点，摒弃那种只教会学生字、词、句的解释的灌输性教学，要让学生在理解课文的基础上去学习古人高尚的品德和脱俗的情怀。

教学的路上没有句号，在新的时代和教育背景下，需要新的教学之道，教学是用心去经营的事业，更应该是幸福的事业。语文教师应为之而奋斗，因为“幸福是奋斗出来的！”

写景文言文可以这样教

《三峡》：玩味佳句，抓住文眼

【课堂提要】

《三峡》是统编语文教材八年级上册第三单元的一篇写景文言文，本单元选编的课文全部是文言写景散文，主题写山川之美。其阅读策略是：借助注释和工具书，整体感知内容大意。反复诵读，借助联想和想象，进入诗文的意境，感受山川风物之灵秀，体会作者寄寓其中的情怀。注意积累常见的文言实词、虚词。教师根据单元教学策略和文本内容将本节课的教学目标确立为：①积累本课一些常见的文言实词、虚词、句式，借助工具书，理解文意。②反复诵读课文，学习文中描写景物的方法：抓住景物特征，动静结合，情景交融。③体会作品的意境和作者的思想感情，逐步提高鉴赏能力。

因此，本节课教师采取了诵读指导，学生自主、合作翻译，教师适时点拨整体感知文章内容的策略。在理解文意主题内容时，教师能抓住本文“文眼”，并巧设“主问题”：三峡的美，美在何处？进行赏读品析佳句，同时运用多媒体，引导学生结合文本领略三峡的风景美以及郦道元的描摹之美。

【课堂现场】

（一）导入

师：这节课我们来欣赏三峡的美丽风光，感受祖国的大好河山的奇特美景。播放《三峡风光》。（配解说词）

师：自古以来，三峡以其壮丽的风光激发了众多文人的灵感，留下了许多千古流传的诗篇，同学们都知道哪些有关的诗文呢？

生：“朝辞白帝彩云间，千里江陵一日还。两岸猿声啼不住，轻舟已过万重山。”

（学生交流诗文）

师：看来同学们掌握描写三峡的诗文还真不少。从古至今，很多文人墨客留恋三峡的美景，用优美的诗文抒情感怀。今天就让我们追随北魏地理学家、散文家郦道元的足迹，去做一次超越时空的三峡之旅吧！

（屏幕显示课题及作者）

（二）作者及《水经注》

郦道元（？—527），字善长，范阳涿州（今河北涿州）人。北魏时期酷吏、地理学家。幼时随父访求水道，博览奇书，游历秦岭、淮河以北和长城以南的广大地区，考察河道沟渠，搜集风土民情、历史故事、神话传说。郦道元撰有《水经注》四十卷，文笔隽永，描写生动，既是一部内容丰富多彩的地理著作，也是一部优美的山水散文汇集，成为中国游记文学的开创者，对后世游记散文的发展影响颇大。

师：下面我们先来看看本节课的学习目标。（投影展示学习目标）

（三）学习目标

生：（齐读）

1. 积累本课一些常见的文言实词、虚词、句式，借助工具书，理解文意。2. 反复诵读课文，学习文中描写景物的方法：抓住景物特征，动静结合，情景交融。3. 体会作品的意境和作者的思想感情，逐步提高鉴赏能力。

师：下面就让我们带着一种轻松、愉悦的心情向三峡出发吧。

（四）朗读指导

师：文言文需要反复朗读。下面先请同学们结合注释自由朗读课文，努力做到读准字音、把握好语速。

师：谁来读读？好，很有勇气！

生：（学生朗读，读完后其他学生鼓掌）

师：大家的掌声送给你——为你的勇气和精彩的朗读，大家有没有一些建议？

生：“林寒涧肃”的“肃”应读“sù”，还有“哀转久绝”的“哀”应读“āi”。

师：对，朗读首先要准确。咱们来齐读一次。

（生齐读课文）

师：读文言文读准字音还不够，掌握好停顿也非常重要。尤其是句内的停顿，要做到不读破句子。

师：好的，下面老师也把这篇文章给大家读一下，请同学们边欣赏边拿笔画分停顿。

（师有感情朗读课文，生热烈鼓掌）

师：谢谢大家。下面我们再来欣赏一下名家示范朗读，注意听准字音、语气节奏和语速。好！听完了名家朗读，我们来看一下朗读时的语气节奏。（教师出示语气划分示范句子）

生：（自由朗读）（自三峡七百里中……清荣峻茂……每至晴初霜旦……）

师：大家读得非常好。这证明你们的热情已经开始燃烧。现在，请大家以个人为单位，自读课文，要求读准字音，读准节奏。

生：（学生大声读课文）

师：同学们，在通读声中，不知不觉我们已到了三峡，三峡的美景也逐渐呈现在我们眼前。但文章中的文言文我们还没弄懂，不知道三峡的美景到底美在何处。要理解这篇文章，我们有哪些办法呢？

生：看注释，查工具书，还有可以问同学、老师。

生：我们老师以前还讲过译文五法“留、替、调、补、删”。

师：大家说得很好。下面请同学们自由地读课文，边读边理解，有不明白的地方先自己想办法解决，实在不会的同桌之间可以商议讨论，待会儿也可提出来共同解决。

（学生自由译读课文）

（五）理解文意

生：“重岩叠嶂，隐天蔽日”，不知道什么意思。

师：哪位同学来帮一下？

生：层层的悬崖排排的峭壁，把天空和太阳都遮挡住了。

师：这样理解很正确。还有其他的问题吗？

生：“虽乘奔御风，不以疾也”中的“乘奔御风”不知道是什么意思。

师：这次谁来帮助一下？

生：可能是骑着快马驾着风的意思吧。

师：好！你们得出的结论也很正确。还有没有不理解的地方？

生：老师，我还有一个句子不明白："夏水襄陵。"

师：注意，这里的"襄"是"漫上"的意思."陵"是小山包的意思，你想一下全句该怎么理解？

生：夏天的江水漫上了小山包，或者说把小山包淹没了。

师：你能用现代汉语说说这几个句子的意思吗？

（屏显重点句子，指名学生翻译）

1."自非亭午夜分，不见曦月。"

2."素湍绿潭，回清倒影。"

3."林寒涧肃。"

生：第一句的意思是如果不是正午和半夜，就看不见太阳和月亮。

师：说得好。下一句。

生：这句应该是"白色的急流，碧绿的潭水，回旋着清波，倒映着树影"。

师：也就是说"回旋的清波里倒映着很多景物的影子"，可不一定只是树影，这可真是太美了！最后一句只有四个字，谁能试着翻译一下？

生：我觉得是"树林和山涧凄凉寂静"。

师：你们非常聪明，现在我们创新一下朗读的方式。男孩子像山一样伟岸，那么就读第一段，女孩子像水一样灵动，就读第二段，最后咱们全班齐读，如何？同学们读的时候要注意语气和语调，应有所变化。（全班齐读课文）

（六）赏析佳句

师：峡是两山夹水的地方，既然是峡，那必然会写到山和水。请同学们选择自己喜欢的方式边读边思考，课文哪些句子写山？哪些句子写水？那三峡的山和水又有哪些特点呢？（大家分组交流讨论）

生：两岸连山……不见曦月。

师：不错，那三峡的山有怎样的特点？

生：连绵不断，高耸。

师：那么老师有一个问题，"自非亭午夜分，不见曦月"。这一句并没有点到山，为什么大家认为是写山的句子呢？

生：这句话说只有正午和半夜的时候才看得到，太阳和月亮，其他时间就看不到了，正是因为山太高了才会如此。

师：这位同学理解得很到位，而且不仅是山高，江面也狭窄，才会有这样的情形。好，请同学们齐读一遍，写山的句子要读出大家的理解。

师：三峡山的特点已经被同学们欣赏得淋漓尽致了，那么我们来看看三峡的水又是如何的呢？

师：文中写水的句子有哪些呢？

生："至于夏水襄陵，沿溯阻绝，或王命急宣，有时朝发白帝，暮到江陵，其间千二百里，虽乘奔御风，不以疾也。"

师：没错，这是写夏季的水。

生："素湍绿潭，回清倒影"，"悬泉瀑布，飞漱其间，清荣峻茂，良多趣味。"

师：找得非常准确，这是在写春冬季节的景色，写到了水，但是又不完全写水。"清荣峻茂"就是写山树木草的。那么作者在写水时用了素和绿，是在表现水的什么呢？

生：色彩。（板书：色彩斑斓）

师：不错，那么再回过头来看夏水有什么特点？

生：湍急。

师：从哪看出来的？

生："虽乘奔御风，不以疾也。"

师：同学们找得又快又准，概括得也很好。那么我们一起来齐读一遍，要读出水的这种特点来。（学生齐读）

师：最后一段深秋时降霜，早晨这段描写给我们怎么样的感觉呢？

生：凄凉。

师：哪句话可以比较好地体现出这一点呢？

生："空谷传响，哀转久绝。"

师：是啊，确实具有一种凄凉的美。秋天的三峡，以一种别样的风情呈现在我们面前。她像一位幽怨的女子，那林寒涧肃是她肃然的面容，那哀转不绝凄异的猿啼，是她满腹心事的诉说。郦道元先生仅用155字就把三峡的特征写得这样精准，可见其文学功底的深厚。

（七）拓展

师：三峡在郦道元先生的笔下是如此的美不胜收，也确实让我们大饱眼福。那下面就让我们也过一把导游瘾，人人都是小导游，请同学们4人小组合作，一人执笔，其余人口述，限时三分钟，紧扣课文内容，发挥想象写一段情文并茂的三峡导游词。

（学生小组合作写解说词）

师：好，时间到，哪位小导游先来为我们介绍三峡呢？

生：亲爱的游客朋友们，请随我到三峡来看山吧。三峡的山真大啊，犹如一条巨龙蜿蜒盘旋，连绵起伏七百里；三峡的山真高啊，高到挡住太阳，遮住月亮，如果不是正午或半夜时分，并不会见日月。朋友来看三峡的山吧，那定是一场美的洗礼。（两位学生展示）

师：大家的小导游当得真好，我想同学们的导游词都是独一无二的，但由于时间的关系，不能让同学们一一尽兴，课下请同学们可以相互交流你们的导游词，相信通过导游词，大家对课文的印象会更加深刻。

师：同学们，刚才在写导游词的过程中，你觉得写景应该注意哪些问题呢？

生：要抓住景物的特征。

师：不错，就拿本文来说，抓住了山的高和连绵不断的特点，写水时又抓住了不同季节水的特点。还有其他的地方要注意吗？

生：写景时用词一定要简练。

生：写景时还要融入自己的感情。

师：确实如此。那么大家觉得本文表现了作者怎样的情感呢？

生：对祖国大好河山的热爱。

师：是的，郦道元以地理学家的目光去探寻，自然以文学家的心灵去感受自然正如古人所说的，仁者乐山，智者乐水。

师：余秋雨在《文化苦旅》的《三峡》中说到过："三峡本是寻找不同词汇的，让生命重重实实地受一次惊吓。"这惊吓不仅是三峡，还有富春江的奇山异水，承天寺的夜景，江水湖心亭的白雪，更有陶渊明的南山荒地，王维的大漠圆日。为四字可替：山河锦绣。最后让我们一起听三峡的配乐朗诵，在体会全文的意蕴真情中结束本节课。下课。

【总结提升】

境界之径：抓住“文眼”，巧设“主问题”

这堂课，教师落实了单元教学目标和教学内容的要求，能充分运用阅读写景文言文的策略，引导学生在品析写景佳句中赏析美景。教师设计问题条理清楚，次层分明，能抓住本文的“文眼”，通过“主问题”的设计突出本课的教学重点，教学流程行云流水。教学中能充分创设自主、合作、探究的学习氛围，引导学生积极参与教师的教学活动。

《三峡》是一篇写景优美的写景文言散文，作者以极其精练、优美的语言饱含深情地向我们展示了雄伟、壮丽的长江三峡。教师在教学中要培养学生具有感受、理解、欣赏的能力，使学生受到情感的熏陶，思想的启迪，享受审美的乐趣。教学中，教师指导学生充分朗读，在朗读中注重培养学生文言语感。在教学的主环节上，引导学生分组合作品味优美的写景语言，并注意赏析方法的指导，让学生在充分感受三峡雄伟壮丽的景色同时，掌握了赏析写景句子的方法。从整个课堂效果来看，教师教学设计合理，精心构思教学流程，教学目标的顺利达成度高。尤其是从知识扎实的落实，阅读与写作能力的提高，情感态度和价值观方面对学生的熏陶渐染，都值得肯定。

（一）教学目标的顺利达成

教师在朗读中，注重朗读文言文方法的指导，在熟读的基础上，让学生伴随着优美的音乐去朗读、去感悟。在美妙的音乐声中，调动学生们的诵读激情，学生诵读兴趣也被激发出来了，美妙的旋律，深情的诵读，使学生们初步感受到了三峡之美，初步享受到大自然的审美情趣。在落实实词和疏通文意方面，充分地挖掘了学生的潜能，创设了学生自主、合作、质疑的学习氛围，利用注释、工具书的方法，来完成文本内容的理解，这样基础知识的落实是牢固的，是扎实的。

在研讨文章内容方面，教师精心设计了一个又一个由浅入深的问题，先从整体入手，设计“主问题”：三峡的美，美在何处？几乎所有的同学都能脱口而出："三峡的山和水。"教师以此为出发点，采取追问的方式提问：你是从文中的哪些语言看出来的？三峡的水又有什么特点？不同季节的水给人的感受一样吗？作者运用了什么样的写作方法使我们对三峡如此神往？由于教师把抽象的问题具体化、形象化，学生在课堂上能充分融入教师的教学活动中。同时教师设计的问题又为下一个有关写作的教学环节作好了铺垫。为了能更好地激发学生的写作热情，教师采用了多媒体，一幅幅三峡美景的再现，伴随着雄浑激昂的配乐歌曲《长江之歌》，同学们的写作激情一下子被点燃了，同学们争先恐后地用优美的语言，各种各样的修辞方法，生动地描述了当今三峡的风采。最后又用学生表演的方式回顾了三峡的过去，展示了当今和未来。因此说，本课的教学目标的完成是比较成功的。

（二）以读为线组织教学，通过对课文的多遍不同形式的读，提高学生的语文素养

教师在教学伊始，用充满诗意的解说词自然地把学生引入课文优美的意境，简单地作了文学常识介绍后便进入了课文的学习。老师采用多种方法进行朗读指导，采取学生仿读，边读边体会，读中导，读中悟，在两遍三遍的朗读中，学生对文章内容有了较深的理解，同时在诵读中引导学生"品读"语言，即发现、欣赏、咀嚼、感受本文优美的写景语言。教学中先读后品，品品读读，反复诵读，涵泳文意，学生理解了《三峡》般美若仙境语言描写方法：抓住景物特征，动静结合，情景交融。

（三）创设自主、合作、探究的学习氛围

在教学中，教师力求让学生在整体感知中去解读语言，真正实现学生与古人的对话，学到活的知识而不是孤立的字词。在理解文意的环节，教师大胆地删除了串讲这一环节，完全让学生借助注释、工具书，采用合作、交流、质疑的学习方式来理解文意。在赏析写景句子时，为学生创设自主、合作、探究的学习氛围，来完成教学的重点。如：峡是两山夹水的地方，既然是峡，那必然会写到山和水。请同学们选择自己喜欢的方式，边读边思考，在自主阅读的基础上，大家分组交流讨论：课文哪些句子写山？哪些句子写水？那三峡的山和水又有哪些特点呢？这样，教师就为学生的学习创设了较好的学习氛围，培养了学生良好的学习文言文的习惯。

（四）抓住文眼，巧设“主问题”，玩味佳句

本堂课教学的重点是引导学生对文章优美佳句的欣赏上。这一环节教师首先让学生找出自己喜爱的地方，然后说明喜爱的原因。许多学生都喜欢写三峡夏季水的画面。于是教师引导学生抓住本文的“文眼”：“自三峡七百里中，两岸连山，略无阙处。重岩叠嶂，隐天蔽日。自非亭午夜分，不见曦月。”并以此设计“主问题”：三峡的美，美在何处？让学生用自己的语言将三峡美丽的山水图景描摹出来。这时充分发挥学生的想象和联想，让学生将自己喜欢的景色进行描写。有的学生喜欢秋季的凄清，面对两岸高峻的山岭，聆听悲哀婉转的猿的叫声，体会空谷传响的幽深，触景生情。这种直接面对文本的倾听和思考，拉近了学生与古代时空的距离，仿佛听到了作者旷远的呼唤，仿佛看到了作者对壮美河山的叹仰。如果说《三峡》的山中有水，水中有山，山水融合，那么学《三峡》的人也与自然景观成为一体了。在此基础上，练习把文章改成一篇现代散文应该是信手拈来了，完成了听说读写能力训练的全过程。

总体来说，这堂课教师能根据这篇写景文言文教学的特点，抓住课文的重难点，以生为本，以趣为导，以读为主，以拓展为目标，通过指导学生正确、流利、有感情地“朗读—研读—美读”课文，使学生在读中品味，读中感悟，读中理解，在理解课文内容基础上，品味作者的思想感情，最后激发了学生学习文言文的兴趣，学生掌握了学习文言文中赏析写景句子的方法，在学习中发展了学生语文核心素养。

《桃花源记》可以这样教

《桃花源记》：赏读中对话作者，探究主题

【课堂提要】

《桃花源记》是统编语文教材八年级下册古诗文单元的第一篇讲读文言文。本单元的主题是养性怡情。其阅读策略是：先借助注释和工具书读懂课文

大意，然后通过反复诵读，领会诗文的丰富内涵，品味精美的语言，并积累一些常用的文言词语。陶渊明在《桃花源记》中借武陵渔人发现桃花源的经过，描绘了桃花源人生活美满的情景，虚构了人人劳作，没有剥削，没有压迫，社会安定，民风淳朴的理想社会，表达了作者对理想的桃花源生活的向往和对现实动乱、对黑暗的现实生活的不满。文章描绘了武陵渔人偶入桃源的见闻，用虚实结合，层层设疑和浪漫主义的笔法虚构了一个与黑暗现实相对立的美好境界，寄托了作者的社会理想，反映了广大人民的意愿。既是对美好生活的向往和追求，也是对黑暗现实社会的否定与批判。

因此，教师在课堂的教学中，引导学生学习《桃花源记》这样传诵千古、脍炙人口的经典名篇时，教学重点确立在充分品味作品的语言。一方面借助诵读，另一方面引导学生抓住富有表现力并彰显内在情韵的语言，仔细揣摩，深入体味，感受文章的内在意蕴，教学效果良好。学生能深入理解作品主题，尤其是学生的认知设计拓展性问题，激发学生创作的灵感，收到了令人意想不到的效果。

【课堂现场】

（一）激情导入

师：今天，老师和大家随着一位诗人去领略桃花坞风景区的美景，去感受这位诗人笔下的美景。说说你都看到了什么？（教师出示图片，学生观赏）

生：桃花湖，里面有很多鱼……

师：这里是桃花坞，每年的三四月桃花开得最灿烂，其实真实的景色更美，被人们亲切地称为“世外桃源”，据说在一千多年前的晋朝也有一个这样的地方，同学们想不想去看看？

生：想。

师：在这样“芳草鲜美，落英缤纷”茂盛的桃林中，走来一位诗人，曾经豪情万丈，胸怀天下，不料，社会动乱，一片污浊。于是，他独善其身，“采菊东篱下，悠然见南山”好不逍遥自在。于是，他寄情山水，不戚戚于贫贱，不汲汲于富贵，用旷达的胸襟去包容命运的不幸与悲哀。这位诗人是谁呢？

生：陶渊明。

师：今天让我们循着这位诗人的足迹，继续走进桃花源，去聆听诗人对理想的诉说、对美好生活的向往。（板书课题）

师：下面谁来介绍一下陶渊明。

（二）作者介绍

生：陶渊明，又名潜，字元亮，东晋末期南朝宋初期诗人、文学家、辞赋家、散文家。因为家门前有五棵柳树，所以自号五柳先生，世称靖节先生。东晋浔阳柴桑（今江西九江）人。

生：他是田园派的鼻祖，也是第一位田园诗人。

师：好，老师也给大家整理了一下这位诗人的相关资料，大家一起来读一下。（老师出示课件）

生：（学生齐读作者简介）

陶渊明（约365—427），又名潜，字元亮，东晋末期南朝宋初期诗人、文学家、辞赋家、散文家。因为家门前有五棵柳树，所以自号五柳先生，世称靖节先生。他曾几度辗转，在各地做过几年小官，后厌烦俗世，在41岁辞官回乡，并作《归去来兮辞》以明其志。他所作的诗文多描写农村生活情趣，表现田园风光，抒发他热爱田园生活，愿与农民来往而不愿为五斗米折腰，不愿与统治者同流合污的高尚情操。但又包含了消极避世的因素。田园生活是陶渊明诗的主要题材，相关作品有《饮酒》《归园田居》《桃花源记》《五柳先生传》《桃花源诗》（其中《桃花源记》是《桃花源诗》的序言）等，有“田园诗人”之称。

（三）诵读感知

师：下面我们听读课文。要求：听准字音、语气节奏、语速等。

生：（听读课文）

师：同学们在听读课文基础上，自由大声朗读课文。要求：1.字音要读准。2. 句读要分明。3. 语调、节奏要读出轻重缓急，读出感情。

生：（自由朗读课文）

师：它是人间天堂，它是梦中仙境。前面通过导学案我们已经掌握了这篇课文的主要内容，请一位同学复述一下课文内容。

生：《桃花源记》是以时间为主要顺序写的，而且是以渔人的行踪作为线索，而且它是从三个方面介绍了这篇文章，一是发现桃花源，二是进入桃花源，三是复寻桃花源。

师：这位同学说得非常好，这节课我们进一步挖掘课文。桃花源美在哪里呢？渔人一路走来，又看到了哪些景呢？请同学们分组讨论，从课文中找出描写景物的句子。

生：（学生分组讨论交流）

（四）内容理解

生："夹岸数百步，中无杂树，芳草鲜美，落英缤纷。"

师：是桃花源里的景，还是桃花源外的景？

生：是桃花源外。

师：也就是桃花源外那一片美丽的桃林。还有吗？

生："土地平旷，屋舍俨然，有良田、美池、桑竹之属，阡陌交通，鸡犬相闻。"

师：这是哪里的景？

生：桃花源内的景。

师：对，这是桃花源内的景。请坐。同学们觉得这些景物，给你什么样的感觉呢？如果用一个字来形容，那便是——美。

师：（板书：美）请大家齐读这些描写美景的句子。

（课件展示相关语句）

生：（学生齐读）

师：如何用优美的语言来描绘美景呢？我们可以在描绘的时候运用适当的——修辞和想象。

师：请同学们来试一试用修辞和想象描绘桃花源外的美景？（课件展示"忽逢桃花林，夹岸数百步，中无杂树，芳草鲜美，落英缤纷"）

生：一片桃花林，长达二三里，中间没有一棵杂树，一眼望去，好像一片粉红色的云霞。地上的花草鲜艳美丽，在阳光下闪烁、摇曳，树上的花瓣纷纷飘落，好像一只只飞舞的粉蝶，美丽极了。

师：你描述得非常生动！那么我们来挑战下一组句子。（课件展示"土地平旷，屋舍俨然，有良田、美池、桑竹之属，阡陌交通，鸡犬相闻"一句）

生：那里土地平整，房屋排列整齐，还有肥沃的土壤和树木，有美丽的池塘，池塘里还有红色的鲤鱼，还有桑树和竹子之类的植物。田间幽静的小路，四通八达，鸡鸣狗吠的声音，彼此都能够听见。

师：从同学们的发言中我感到，这句与外面的世界进行了鲜明的对比，外面的世界是战乱，非常的黑暗，这里的生活非常美好，和平，宁静。你还从哪里看出来？

生：“便邀回家，设酒杀鸡作食。”表现的是桃花源里的人热情大方的性格，把外面的人当作自己的亲人来看待。

师：“设酒杀鸡作食”，热情是人与人之间交往的一种温度。体现的是桃源人的人情味，在这个段落里还有哪些词能让我们感受到桃源人的人情味呢？

生：我觉得“余人各复延至其家，皆出酒食”还能体现桃源人的热情好客。

师：哪个字能体现出来。

生：皆。因为渔人到桃花源的时候，不是只有一家人邀请渔人去他们家做客，是整个村的村民都邀请他去各自的家里去做客。

师：真不错，她抓住了一个字“皆”字来谈感受。再来。

生：“村人闻有此人，咸来问讯”里的“咸”字，说明村民对渔人十分的热情，一听到有渔人这个人，都来问消息。

师：抓住了一个“咸”字。

生：我选的句子是“问今是何世，乃不知有汉，无论魏晋”。这里的“乃”字是竟然的意思，就可以体现在世外已经过了汉朝了，到了晋朝了。到了世外桃源的时候，他们都不知道，体现了他们非常的惊讶。

师：他们能够对远道而来的渔人非常直接地表达自己的惊讶。多有人情味，多么纯朴的一群人啊！

生：我选择的是“自云先世避其实乱，率妻子邑人来此绝境，不复出焉”，他们把自己以前的事毫无保留地告诉了渔人，表现他们非常的热情，对渔人一点也不怀疑。

生：我选的是“黄发垂髫，并怡然自乐”，这句话把桃源中的环境与当时的社会现状形成非常鲜明的对比，渔人由战乱不断的社会来到这个安宁祥和的地方，惊讶在世界的某个角落还有如此美妙的地方，希望自己像他们一样生活幸福。

师：同学们，你们想看一看桃花源里他们的村民是怎样热情待客的吗？老师请你们欣赏一段视频来感受一下。（播放视频）

师：桃花源里风景如画、引人入胜，桃花源里的村民热情好客、令人神往。同学们，你们感受到桃花源的美了吗？

生：感受到了。

（五）主题探究

师：嗯，从这些文字当中，我们感受到了桃花源村民热情好客，这里民风淳朴，人与人之间是一种没有谁压迫剥削谁的平等关系。

师：这里的人过着一种什么样的生活呢？

生：丰衣足食、自给自足、自由、平等、快乐、安逸、踏实。

师：总而言之，他们过着一种非常安宁幸福的生活，桃花源里真是风景如画，引人入胜，桃源村民又这么热情好客，令人神往。同学们，你们喜欢桃花源吗？

生：喜欢。

师：你们为什么喜欢呢？谁来说一说？

生：因为那里环境优美，而且生活安逸。

生：那里没有压迫，没有战争，也没有剥削。

生：我不喜欢。

师：为什么？

生：因为现在的生活相比桃花源的生活更加丰富，桃花源是枯燥乏味的。

生：因为我不喜欢那种周而复始、毫无变化、毫无新意的生活，我想去不同的世界感受不同的生活，遇见全新的自我，简单来说就是世界这么大，我想出去看看。

师：说得太好了。

师：那么桃花源里的人，他们喜欢桃花源吗？

生：喜欢。

师：下面老师将带同学们进行一次穿越，请同学们把自己当作桃花源的村

民接受记者同志的采访。掌声有请记者。（鼓掌，一个学生上台当记者）

生：大家好，我是中央电视台的记者，我刚穿过了时空隧道，来到了1000多年前的桃花源，现在请听我对村民们的采访。这位小朋友你好，你能给大家说一说你喜欢桃花源吗？

生：嗯，我喜欢桃花源，因为你看这里多美，还有很多很多小朋友和小动物们陪我一起玩。我听我的爷爷辈说，外面的世界一点也不好玩。所以我想一辈子都待在这里。

生：我也喜欢，因为这里环境特别优美，而且生活很安稳。人们过着丰衣足食、富裕、平等、自由的日子。

生：您愿意离开桃花源吗？

生：我不愿意。

生：为什么不愿意呢？

生：因为桃花源外的世界，赋税徭役繁重，而桃花源里却没有剥削、压迫，人们可以安居乐业。

生：您的祖先为什么要来这儿呢？

生：“先世避秦时乱，率妻子邑人来此绝境，不复出焉。”

生：您现在愿意离开吗？为什么？

生：不愿意，因为外面的世界赋税繁重、尸横遍野、战乱频繁，所以我不愿离开。

生：好的，那我告辞了。桃源真美啊，我真想在这里常住，但我得回去跟着我们伟大的祖国，一起实现我的梦，中国梦。最后我想告诉所有桃花源的村民们：现在的中国，再也不是曾经的中国了，没有战乱，没有剥削，没有压迫，人民都过着和平、幸福、美满的生活。泱泱神州大地，处处都是世外桃源，我在北京，欢迎你们来做客！

师：陶渊明生活在东晋，战乱频繁，民不聊生，在这样的历史背景之下，如诗如画的桃花源真的存在吗？

生：不存在。

师：渔人、太守、刘子骥最后寻到桃花源了吗？

生：没有。

师：因为这个桃花源是作者——

生：虚构的。

师：那作者为什么要虚构这样一个理想的世外桃源呢？谁来说一说？

生：因为他想追求美好的生活，是为了表达他对这种黑暗现实的不满。

师：所以就用这个世外桃源来寄托自己的理想是不是？这也是当时所有黎民百姓的共同理想。请同学们根据课文的内容和分析归纳一下课文的主旨。

生：作者虚构了一个优美的世外桃源，表现了陶渊明对黑暗现实社会的不满，渴望拥有一个没有剥削、没有压迫、人人平等、自由快乐的理想社会。

师：嗯，好，回答得非常好。我们上节课讲到文章是以什么为线索啊？

生：渔人进出桃花源的行踪。

师：请齐读主旨。（课件展示主旨，学生齐读）好，这节课我们品读了课文，感受到桃花源风景之优美、民风之淳朴。而桃花源不是陶渊明消极的逃避，而恰恰是他闪光理想的依托。21世纪的今天，同学们更应当志存高远，向着理想勇往直前。

（六）拓展探究

陶渊明心中理想的世外桃源，令我们心驰神往，同学们，你们的心中一定也有一个属于自己理想的世外桃源，请以“我心中的桃花源”为题，写一段话，与大家分享。（学生拿出笔，在练习本上写）

（教师用教学助手展示学生习作）

习作1

我心中的桃花源

什么是桃花源？

海子说：“我有一所房子，面朝大海，春暖花开。”

那么我的桃花源像童话那般美好。早晨不用闹钟，小鸟们叽叽喳喳地飞到我的花瓣阳台上，又怕打扰我的美梦，只得托拇指姑娘到我的耳边轻声唱歌。到我出去时，看见小蔻的妈妈给朗皮讲故事，老兔给长鼻怪们种蔬菜，维尼和跳跳虎为了做草莓派找蜂蜜，我去花园摘草莓时，又看见了爱丽丝往兔子洞跑去。但我迷路了，等我拨开身边的草丛时，看到了前面的小镇两边有两个美人鱼喷泉，没有荆棘围栏，只有一朵朵玫瑰争相开放……

习作2

我心中的桃花源

心中无畏，皆所向往。好似《礼记》《桃花源记》中所写，世人早已妙想到世态的发展，会尽已皆知，美为堪上，好为次要，美好二字的融结，将已体现得淋漓尽致，如今发展的中国，人民都安居乐业。古代那女子不得考官吏的制度早已废除，而现已将每一位孩子从幼年到成年的学业，都以重中之重看待。那以前毫无乐趣之言的灰暗生活和充满硝烟的战争仿佛早已死去。大自然的语言，物候的变化，指引着人们不再贫穷疾苦，独立自主顺着好的方向发展。无处不寻的美，一触即发。生活的美，意在使人感到无穷无尽的快乐。国而之大，发展和谐，寸土毫发不离人民的建设，循序渐进地在改变。

习作3

我心中的桃花源

杜甫心中的桃花源是有关政治的；戴望舒心中的桃花源是有关爱情的；而海子心中的桃花源是有关世俗的。这些于我而言，似乎都有些遥远。我心中的桃花源很平常很简单……

我一直都很盼望身边能够有个懂我的知己，即使不在身边也可以在网络上交流沟通。然而现实始终不尽如人意。我不奢望懂我奇奇怪怪，陪我可可爱爱，是希望累了烦了受委屈了，有人能够静静地听我诉说，为我撑腰……

师：由于时间的关系，我们下节课再来欣赏其他同学心中的桃花源，这节课我们就上到这里。今天的作业是熟读并背诵课文。下课。

【总结提升】

境界之思：欣赏美景，对话作者，探究主题

听完这节课，能感受到教师扎实的基本功和较强的语文素养。教师在教

学中能指导学生诵读文言文和品析写景句子的方法，欣赏陶渊明笔下优美的桃花源，并进行恰当的人文教育。在主题拓展中，能发散学生思维，进行练笔，这既是主题的拓展，也是写作训练。在文言文中教学中，能恰当地进行拓展写作，这是难能可贵的。

《桃花源记》这篇古文以冲淡凝练、虚实相生、亦真亦幻、回环曲折的笔墨，描绘出一幅自由安乐、恬静自然、美好幸福的人间生活图景。本文故事性强，颇具传奇色彩，全文笼罩着似有若无的神秘虚构的色彩，文章语言隽永朗朗上口。它描绘了一幅没有战乱、自给自足、鸡犬之声相闻、老幼怡然自得的世外桃源的图景。尽管这样的社会在当时根本不可能存在，但从中透露了作者对现实社会的不满和否定，也在一定程度上反映了当时广大人民的愿望。

在教学中，教师抓住这篇文章自身的特点：语言优美隽永，朗朗上口，值得品味。故事性强，颇具传奇色彩；作者借虚构的故事表现自己的社会理想，全文笼罩着似有若无的神秘虚构色彩。教师能从这三个方面突出教学的重点，使本篇课文的文本价值体现得淋漓尽致。

《语文课程标准》指出：“诵读古代诗词，阅读浅易文言文，能借助注释和工具书理解基本内容。注重积累、感悟和运用，提高自己的欣赏品位。”教师在教学中采取导学案的方式，培养学生利用工具书的意识和独立阅读文言文的能力。学生借助注释和工具书自主阅读的任务一定要落实到位，这是提高课堂效率的基础。

（一）从“趣”字入手，做好新课的导入

本篇文章背景与学生的生活也相去甚远，需要教师在设计教学导入时，要架设古今生活的桥梁，激起学生高涨的学习热情和强烈的求知欲望。课前以“桃花坞风景图片”并配以优美的音乐为背景播放着这些图片时，学生的情绪一下高涨，自己熟悉的景物出现时，学生还充当起了解说员：这是桃花湖，里面的鱼多着呢，泥鳅、鳝鱼……那里是桃花坞，每年的三四月桃花开得最灿烂，其实真实的景色更美，被人们亲切地称为“世外桃源”，据说在一千多年前的晋朝也有一个这样的地方，同学们想不想去看看？今天我们来学习《桃花源记》。经过这样的导入，学生兴趣盎然，已做好接受新知识的心理准备。这样能深深吸引学生，更能激发学生的求知欲望，激活课堂气氛。

（二）浅唱低吟，初读感悟

本篇文言文语言简洁凝练，长短句相间，有音律美，读来朗朗上口，错落有致，形成一种节奏美。教学中，教师通过富有艺术感染力的声音，生动地再现文章的思想内容，加深对文章的理解，引起共鸣，激起学生爱憎分明的强烈感情。本节课教师以朗读激发学生学习的兴趣，收到了事半功倍的效果。所谓“书读百遍，其义自见”，文言文初读佶屈聱牙，晦涩难懂，但通过反复阅读，在句子读通、读顺之后，其含义就会逐渐“浮出水面”，甚至产生“只可意会不可言传”的阅读体验。教学中，教师给予学生充足的时间，鼓励学生自主阅读，并通过适当的教学指导，帮助学生挖掘文字中的深刻内涵。在阅读实践中，教师一方面组织学生阅读，即通过默读、朗读、齐读、分角色朗读等形式，调动了学生的阅读兴趣，引导学生在抑扬顿挫的语调中体会文章的节奏感，体会古代汉语的艺术魅力。

（三）畅游桃源，欣赏美景

康德说：“想象力是一种创造性认识功能。”语文学科有广阔的想象拓展空间，要充分利用语文学科这一特点，积极培养学生创新能力。无论是桃花林景色还是桃花源景色都是风光无限，美丽如画，一派迷人的自然风光。如画的美景更多的是靠读者的想象，读者的艺术再创造。经过读者的艺术再创造，在读者面前徐徐展开一幅幅美丽的自然风光画卷，有着诗歌般的意境。桃花林的景色和桃花源中的景象是全篇的“华彩”。陶渊明的语言风格朴素自然，但读来并不单调乏味，而是诗意盎然，清丽醇厚。文章这两段的语言风格恰恰足以证明这一点。教师设置这样一个问题：桃花林的景色和桃花源中的景象各有不同。默读课文前两段，想象其中的画面，说说这些画面给你的感受。通过学生的默读、想象、练笔、谈感受这几个步骤，帮助学生体验作者笔下的诗情画意和自然真纯。当然，这些图景当中也蕴含着作者创作此篇的“真意”。这样的题目答案不求一致，教师要注意引导，帮助学生感受作者的语言特色和创作意图。

（四）对话作者，探究主题

那么，作者为什么要虚构这样一个理想社会？这时，老师适时出示文章的写作背景，帮助学生理解文章主旨。同时教师在探究主题时，能从学生的精彩生成中，巧妙设计一个环节。人人都有桃花源：“安得广厦千万间，大庇天下寒士俱欢颜”，是杜甫的桃花源；在雨巷中逢着一个撑着油纸伞的姑娘，是戴望舒的桃花源；我有一所房子，面朝大海春暖花开，是海子的桃花源。古今都有桃花源：“大道之行也，天下为公”，是《礼记》中所昭示的桃花源。“两个一百年”的蓝图。是中华民族新时代的桃花源。引导学生熟知中华民族新时代的“两个一百年”，由此引出本节课的练笔任务：那么你心中有怎样的桃花源呢？请用真诚、简练、精彩的文字描述你心中的桃花源，学习、生活、事业……给学生三十分钟的写作时间，不署名，一节课的成果展示。因时间有限，并未能一一展示，但是学生的整体表现和写作水平，在我看来超过了以往任何一节作文课所预期的。

总之，统编教材选编的文言文是中华优秀传统文化中的瑰宝之一，教师在教学中要恰当地对学生进行人文教育，《语文课程标准》提出：“语文课程对继承和弘扬中华民族优秀文化传统和革命传统，增强民族文化认同感，增强民族凝聚力和创造力，具有不可替代的优势。”因此，教师深入研读文本，了解统编初中教材古诗文在继承和弘扬中华民族优秀文化传统中的巨大作用。教学中应从学生主体出发，立足教材要求，为学生设计行之有效的教学指导策略，即构建情境，注意调动学生学习的积极性和能动性，激发学生的学习兴趣，让学生在轻松愉快的课堂氛围中学习文言文，这样才能提升文言文课堂教学的实效性，培养学生的文言素养和发展学生语文学科核心素养。

赏景、读文、读人可以这样教

《醉翁亭记》：优美语言品析中，读人、读文

【课堂提要】

《醉翁亭记》是统编语文九年级上册第三单元的第二篇课文，本单元的主题是游目骋怀，感受自然之美。阅读策略是：理解课文内容的基础上，熟读成诵，积累、掌握课文中的文言实词和名言警句，并注意文言虚词在关联文意、

传达语气等方面的作用。本文是作者被贬滁州以后写的一篇游记，问世之初便得到了广泛而迅速的传播，产生了极大的影响，成为人们传抄和热议的对象。后代文人学士对醉翁亭心驰神往，必欲一睹而后快。本文不唯写景优美，更主要的是它体现了一个古代被贬官员身处逆境的平和心态，与民同乐的政治襟怀，以及醉情山水、怡然自得的乐观精神。第一课时应坚持熟读成诵，在诵读中积累语感，加深对文本内容的理解。

本节课是《醉翁亭记》的第二课时，从教师课堂内容上来看，这堂课的教学重点是欣赏本文的语言风格和艺术表现手法和通过了解本文的创作背景和文化意义，把握文本的精神实质。也就是在了解“也”“于”“而”等虚词的用法。通过反复诵读，领悟作者平易畅达的行文特色和精心营造句式的艺术效果，感受作者在娱情山水中所抒发的与民同乐和恬然自适的双重感情。

【课堂现场】

（一）新课导入

师：上节课我们一起疏通了《醉翁亭记》的文意，积累了众多的文言字词，并且理清了文章的脉络。今天，我们继续深入研读这篇千古佳作，领略醉翁亭的美景，体味诗情画意的内在美，感悟作者的情怀。

师：下面我们伴着音乐，再来诵读文章。

生：（学生齐读全文）

（二）“析读”——品词句，体会“也”之妙用

师：同学们伴着音乐，读出了文言文的韵味，在本篇文章语言中，很多处都用到一个字，看大家有没有发现。

生：我发现文章中“也”特别多。

师：你找得非常准确，本文好多处都用到了这个字，请同学们画出来，读一读。

生：（学生找句子，自读）

师：大家来看，这是老师找出来的。（教师出示课件）

环滁皆山也。

望之蔚然而深秀者，琅琊也。

而泻出于两峰之间者，酿泉也。

有亭翼然临于泉上者，醉翁亭也。

作亭者谁？山之僧智仙也。

名之者谁？太守自谓也。

而年又最高，故自号曰醉翁也。

醉翁之意不在酒，在乎山水之间也。

山水之乐，得之心而寓之酒也。……

师：老师总共找出21个“也”字，一篇文章中用了这么多相同的字，有什么作用呢？（生沉默不语）

师：大家发现“也”用在了句末，说明它是表语气的，那么，到底表示什么语气呢？同学们把老师找出来的句子，读一读，体会一下。

生：（学生读句子）表示判断或陈述。

师：我们读读，看看这些“也”字句有什么特点？

生：有说名字的，“琅琊也”“酿泉也”“醉翁亭也”“山之僧智仙也”“太守自谓也”这些句子的语气是非常肯定的，表示判断的。

生：“醉翁之意不在酒，在乎山水之间也。山水之乐，得之心而寓之酒也。”这两句是陈述句，语气比较慢了一些，不是那么肯定。

师：语气缓和一些了。

师：我们读出肯定的语气或缓和的语气，感受其间的差异。感受出不同了吗？

生：这两句语气比较缓和，感情比较明显。

师：我们去掉“也”后再读。看看句子有什么变化？

生：感觉比较生硬。

生：没什么感情。

师：你从这两句中读出了怎样的情感？

生：作者欣赏山水，很喜欢山水，把这种喜欢寄托在酒上。

师：请同学们齐读屏幕上的两组句子，感受一下这两组句式的表达效果。（教师出示课件）

作亭者谁？山之僧智仙也。作亭者谁？山之僧智仙。

名之者谁？太守自谓也。名之者谁？太守自谓。

太守谓谁？庐陵欧阳修也。太守谓谁？庐陵欧阳修。

生：用了设问句。“作亭者谁？山之僧智仙也。名之者谁？太守自谓也。”

生：改后有点呆板。

师：设问句穿插其中，使文章更加活泼生动了。

生：有陈述，有判断，有设问，句式变化多端。

师：对，本文中的这21个“也”字作用真不小，让读者觉得本文中的语言神采飞扬、摇曳生姿，化呆板为神奇，营造了一种笼罩全篇的叙事抒情风格，于解释说明的口吻中透着淡雅的幽默，在漫不经意的叙述中，有一股任性自得的惬意，舒卷自如的趣味。这就是欧阳修“也字体”叙述语言的独特和精妙。本文大量运用“也”字句，甚至成了当时文人讨论的热门话题。像王安石这样的文章大家，都在热议《醉翁亭记》中的“也”字现象，可见其不同凡响。除了“也”字，本文中大量“而”字的使用，也收到了独特的表意效果。在大多数情况下，“而”字在句中起到了减慢节奏、舒缓语气、轻微转折等作用，对于打造本文的风格，功不可没。可以说，本文的虚词妙用，已到了出神入化的境地。

师：请同学们再来读一下这些句子，体会一下它的作用。

（教师出示课件）

生：（学生自读）

（三）研读——赏乐景、悟“乐道”

师：快乐有层次，人生有境界。欧阳修4岁而孤，无快乐之资本；及长年流离放逐，无快乐之理由。但欧阳修在贬谪滁州之际，却写出了快乐之文《醉翁亭记》。快乐是一种能力！需要寻找、挖掘并创造。孟子创造出三乐：“父母俱存，兄弟无故，一乐也；仰不愧于天，俯不怍于人，二乐也。得天下英才而教育之，三乐也。”

师：先请同学们为课文的四个段落拟个小标题，老师先给第一段拟个标题，叫作“取名之乐”。为什么拟这个标题呢？因为这段作者两次“取名”，并且非常快乐。作者由远及近地交代了醉翁亭所处的地理位置，目的是想告诉大家，醉翁亭地处深山之中，是一处幽静美好的所在。而在这座由山僧建造的亭子里，自己虽然年事已高，但与宾客欢饮而醉，所以给自己取了个号，叫

“醉翁”又陶醉在山水中，再用自己的别号为这座不知名的山亭命名，这是多么有意思啊。

师：大家可以按着老师的方式，从作者的角度，给其他段落拟小标题，并说明理由。可以前后桌交流讨论。（教师课件出示要求）

生：（学生分组交流讨论）

师：哪个小组来展示一下，你们小组讨论的成果。

生：我们给第二段拟题为“赏景之乐”，因为这一段，作者描绘了琅琊山从晨昏到四时的景象变化，并且说“乐意无穷也”。没有一番观察与欣赏，如何能拥有这份快乐呢？所以我们认为这段是作者得到的“赏景之乐”。

师：说得非常好，这一段作者在描绘早晚和四时之景，体现了作者的赏景之乐。

生：我们给第三段拟的题叫“游宴之乐”。因为这一段先写了滁人游山，又写了太守宴宾，再写了众宾欢乐，最后写自己醉倒，每一处都充满了由衷的快乐，所以是“游宴之乐”。

师：你们小组说得有道理，还可以叫“滁人之乐”，可以吗？

生：可以。因为这段还写了滁人与太守一起游玩。

生：最后一段，我们把它叫作“醉归之乐”。因为傍晚时分，在山林里，禽鸟、游人各得其乐，但太守喝醉了，才更得一份“醉归”时的特别的乐趣。

师：从大家的讨论中我们归纳一下，这些“乐”有：1. 命名之乐；2. 山水之乐；3. 宴饮之乐；4. 禽鸟之乐；5. 滁人之乐；6. 太守之乐。

（教师板书）

师：这是我们在文中找到的“乐趣”，作者是如何谈到在琅琊山、在醉翁亭的乐趣呢？这里有一个著名的句子，早已成为耳熟能详的成语了，这就是：“醉翁之意不在酒，在乎山水之间也。”（出示课件）

由此可见，作者在琅琊山、在醉翁亭首先得到的是“山水之乐”。

师：为什么滁州的山水能给作者如此的快乐呢？大家来看老师给你们的材料。大家读一下。（教师出示课件）

滁州虽然地处偏僻，舟车不行，但历史悠久，文化底蕴深厚，不失为一座历史名城。滁州城西南面的琅琊山风景秀丽，有“蓬莱之后无别山”的美称。

西晋末年八王之乱，琅琊王司马睿曾避难于此。后来，司马睿南渡建康，成为东晋元帝，琅琊山因而得名。山中的琅琊寺建于唐代大历六年（771），距欧阳修时代已近300年。其间的寺、亭、井、塔，泉、台、碑、洞，互为映衬，意蕴隽永。

唐代名家李阳冰、李幼卿留下的摩崖石刻震古烁今。“东晋王家在此溪，南山树色隔窗低。碑沉字灭昔人远，谷鸟犹向寒花啼。”“独怜幽草涧边生，上有黄鹂深树鸣。春潮带雨晚来急，野渡无人舟自横。”唐代先贤顾况的《题琅琊上方》、韦应物的《滁州西涧》对滁州山水的描述，更是让欧阳修沉醉。悠游在琅琊山中，泊舟在西涧岸边，如何不独得一份心旷神怡的“山水之乐”呢?

生：（学生自读）

师：同学们读得很认真，请从课文中再找出具体的句子分析。

生：“环滁皆山也。其西南诸峰，林壑尤美，望之蔚然而深秀者，琅琊也。”我从“林壑尤美”中读出琅琊山的秀美，作者放目远眺这片深秀之景而情不自禁地感到快乐。

师：这是一种陶醉秀美山景的快乐，还有谁来说说?

生：我从“渐闻水声潺潺，而泻出于两峰之间者，酿泉也”中，读出作者沉醉山泉的快乐。用酿泉酿的酒一定十分香，好酒容易让人醉，与“醉翁亭”相互衬托。

师：赏析得极好，我们仿佛看到了一位陶醉山水之乐的醉翁形象。

生：我从“醉翁之意不在酒，在乎山水之间也。山水之乐，得之心而寓之酒也”中，读出作者沉醉其中快乐不已的原因不是因为酒的香甜，而是因为这片得天独厚的山水。

师：这句话也道出了全文的主旨，欣赏山水的乐趣，领会于心间，寄托在酒上。

生：我从“若夫日出而林霏开，云归而岩穴暝，晦明变化者，山间之朝暮也”中，读出作者对山间朝暮景致变化之美的无限赞美而乐享其中。

师：是啊，朝暮变幻，各有其妙。

生：我从“野芳发而幽香，佳木秀而繁阴，风霜高洁，水落而石出者，山间之四时也”中读出作者对四季美景的赞赏而感到乐意无穷。

师：是啊，“我欲四时携酒去，莫教一日不开花”。喜爱大自然四季美景的欧阳修自然悠哉乐哉！那欧阳修他仅仅因为山水之美而感到快乐吗?

生：第三段中写到了“游人之乐”。

师：可以从具体语句中分析吗?

生：我从“负者歌于途”中感受到游人欢乐的歌声。“前者呼，后者应，伛偻提携”中感受到百姓出游的欢乐祥和以及场面的热闹。

师：分析得真准确。那请你来读一读描写“游人之乐”的句子。

生：（学生朗读）

师：从你的朗读中，我们感受到了游人的无比快乐。是啊，欧阳修被贬滁州之后，他并没有背弃街探，而是以积极的人生态度融入滁州实行宽简政策，在他的治理下，滁州百姓过上了丰衣足食的生活。众人出游的欢乐场面，也侧面反映了太守治理卓有成效。

生：我还感受到了“宴饮之乐”的热闹场面。

师：那你结合具体语句来分析一下。

生：“临溪而渔，溪深而鱼肥。酿泉为酒，泉香而酒洌；山肴野蔌，杂然而前陈者，太守宴也。”从这里我感受到了宴饮的食材，虽然朴素却也很丰富，而且都是就地取材，说明滁州物产丰富。

师：不错，有从溪边钓来的肥美的鱼，有用酿泉水酿造的美酒，还有山肴野菜，食材确实丰富。

生：我从“宴酣之乐，非丝非竹，射者中，弈者胜，觥筹交错，起坐而喧哗者，众宾欢也”中感受到没有达官贵人的奢华，没有丝竹之乐的喧闹，却也别有一番风味。

师：是的，宴饮的乐趣在于尽兴。

（板书：从游之乐）

师：请同学们看大屏幕上的这段文字：“已而夕阳在山，人影散乱，太守归而宾客从也，树林阴翳，鸣声上下，游人去而禽鸟乐也，然而禽鸟知山林之乐，而不知人之乐；人之从太守游而乐，而不知太守之乐其乐也。”

师：这段文字运用了怎样的写作手法呢?

生：作者运用了衬托的手法。

师：好，那我们具体来分析。

生：运用“禽鸟之乐”衬托“游人之乐”，又通过“游人之乐”衬托“太守之乐”。

师：不错，那么“太守之乐”在何处呢？

生：太守他既懂得“禽鸟之乐”又乐在“游人之乐”中。

师：说得真精彩。欧阳修这种“乐人之乐”的民本思想寄托了自己“仁民爱物”的政治思想和道德品格。（板书：乐人之乐）

（四）读人、悟情

师：在这山光水色中，人们享受着出游的乐趣，太守快乐吗？他最大的快乐是什么？在文章中可以找到吗？请同学们找出来。

生：快乐；乐人之乐：“人知从太守游而乐，而不知太守之乐其乐也！”

师：我们感受到了醉翁如此的快乐。至此，如果让你向欧阳修问一个问题，你会问什么？

生：太守，您都被贬谪了，为什么还那么快乐？

生：您真的感到快乐吗？那您为什么还醉了呢？

师：这快乐真的是乐亦无穷，无忧无虑的吗？

生：其实欧阳修不是真正的快乐，他内心还是有一些忧愁的，要不他为什么喝醉了呢！

生：对，文中说“饮少辄醉”，说明他内心还是很愁的。

师：从中你能感受到太守是一个怎样的形象？

生：与民同乐，平易近人……

师：从这篇文章中我们可以看到一个：饮少辄醉而年又最高，苍颜白发颓然乎其间者的太守；一个平易近人，年老，随遇而安，爱民如子，与民同乐的人；一个乐民之乐者，民亦乐其乐的太守。

师：“醉翁之意不在酒，在乎山水之间也。”其实他有政治理想不能施展的苦闷，是乐中含悲。因为他当时政治上失意，仕途落魄。内心世界很复杂，只好借酒浇愁。所以，他乐中也含悲。请同学们来读一下课件上的内容，认识一下滁州时的欧阳修。（教师出示课件）

生：（学生自读课件内容）

《醉翁亭记》作于宋仁宗庆历六年（1046），当时欧阳修正任滁州太守。欧阳修是从庆历五年（1045）被贬官到滁州来的。被贬前曾任太常丞知谏院、右正言知制诰、河北都转运按察使等职。被贬官的原因是他一向支持韩琦、范仲淹等人参与推行新政。韩范诸人早在庆历五年（1045）一月之前就已经被先后贬官，到这年的八月，欧阳修又被加了一个外甥女张氏犯罪，事情与之有牵连的罪名，落去朝职，贬放滁州。

欧阳修在滁州实行宽简政治，发展生产，使当地人过上了一种和平安定的生活，年丰物阜，而且又有一片令人陶醉的山水，这是使欧阳修感到无比快慰的。但是当时整个北宋王朝却是政治昏暗，奸邪当道，一些有志改革图强的人纷纷受到打击，眼睁睁地看着国家的积弊不能消除，衰亡的景象日益增长，这又不能不使他感到沉重的忧虑和痛苦。这是他写作《醉翁亭记》时的心情，悲伤又有一份欢喜。这两方面是糅合一起，表现在他的作品里的。

（五）拓展延伸

师：中国古代文人很多在经历了贬谪之后都留下了很多诗文，除了范仲淹的《岳阳楼记》、欧阳修的《醉翁亭记》，你还知道其他的例子吗？透过这些诗文，你能感受到他们在贬谪之后怎样的心路历程？

生：刘禹锡写《陋室铭》时也是遭到贬谪的，但是他一直很乐观积极向上。

师：因参加“永贞革新”失败，被贬。他最著名的诗句是“沉舟侧畔千帆过，病树前头万木春”。

生：苏轼因反对王安石变法，“乌台诗案”被贬黄州，他写下了《记承天寺夜游》，可以感受到他旷达的心胸。

师：漫步的悠闲，赏月的欣喜，贬谪的孤寂，人生的旷达。这一时期他还写了《念奴娇·赤壁怀古》《赤壁赋》。

生：柳宗元参加“永贞革新”失败，被贬永州写下了《小石潭记》，他比较孤独苦闷，也比较凄凉，一直闷闷不乐。

（六）课堂小结

师：古代的一些文人怀揣着兼济天下的梦想在宦海中沉浮，他们很多都经历了贬谪之痛，他们沦落为浪迹江湖的迁客，但是他们不愿屈从于命运的安排，他们仍然心系国家与百姓，在他们的作品中，我们能触摸到他们的苦痛、郁闷与失落，但也能感受到他们灵魂的高……他们摈弃尘累，寄情山水，在自然中恢复内心的淡泊与宁静，但更多时候，他们依旧怀着强烈的责任心与使命感关爱国家与苍生，勇敢追求自我人生价值的实现。研读这些作品，我们一定可以找到光芒，照亮自己的精神家园。课下，请同学们找找这样的文章读一下，从中感受古代文人心系国家与百姓的情怀。下课。

【总结提升】

境界之生命力：品言悟情，读文知人

听完这节课，我觉得我就像文中的欧阳修，和自己的百姓（学生）徜徉在山水之间，完全自我陶醉在“环滁皆山也。其西南诸峰，林壑尤美，望之蔚然而深秀者，琅琊也”的境界中，感觉自己就是醉翁！与学生共同探寻欧阳修艺术美的语言，共同与欧阳修畅游山水之乐，与同学感受到了欧阳修与民同乐的情怀。听了这节课，我有一个思考：如何上好有内涵、有深度、有情怀的课？这堂课就给了我们很多启示，教师细读文本，挖掘文本中的有价值、有内涵的内容，通过恰当的方式，引导学生理解。同时把教学过程还给学生，做学生学习的引导者和合作者。

《醉翁亭记》是欧阳修被贬滁州以后写的一篇游记，也是一篇文质兼美的散文。在语言上，它突破了传统的游记散文模式，融入了大量议论和抒情成分，多用骈偶句，语言简洁流畅，委婉有致，创造了游记体散文新的审美意境，对后世影响颇大。在内容上，本文不唯写景优美，更主要的是它体现了一个古代被贬官员身处逆境的平和心态，与民同乐的政治襟怀，以及醉情山水、怡然自得的乐观精神。因此，教学中要坚持熟读成诵，在诵读中积累语感，加深理解。在诵读中积累常用词的意义和用法，尤其以贯穿全篇的“也”字和“而”字的运用最为奇绝。教学时，结合对文体特点的了解、对语言风格的鉴赏、对作家创作个性的把握，体会虚词穿针引线、摇曳多姿的妙用，理解文章的美，切实提高文言阅读能力。同时，在文章主题的理解上要联系本文的创作背景，以及作者的精神气质、为政理念，指导学生整体感知课文内容，体会其艺术表现手法和语言风格，把握文章的精神实质。在理清层次、理解文意的基础上，指导学生分析醉翁的形象，以及醉翁精神的内涵，这是文章的主旨所在。另外，还要引导学生了解本文的文化意义。

在本堂课的教学中，教师根据这节课的教学重点，注重语言的品味与诵读中积累文言词句，掌握“也”和“而”字的语气，了解本文语言骈散相融，节奏富于变化的写法。本节课的最大亮点就是教师在教学中切入点找得很好。在教学中以“醉”字为切入点，理解“乐”的情怀。课堂上化繁为简，抓住贯穿全文的主线——“乐”字，并采取知人论世的教学方法，结合时代背景和作者个人被贬的经历，帮助学生体会“乐”的情感，体会作者文中蕴含着的“与民同乐”的政治理想。

（一）品味精练的语言

《醉翁亭记》语句凝练，语意精警含蓄，大量使用骈偶句加强文章的韵律美。因此，教师在教学中引导学生去品味和赏析语言。

欧阳修在《醉翁亭记》中大量运用骈偶句，其中有单句对的，如“日出而林霏开”对“云归而岩穴暝”；也有偶句对的，如：“临溪而渔，溪深而鱼肥”对“酿泉为酒，泉香而酒洌”；也有多句对偶的，如：“夕阳在山，人影散乱，太守归而宾客从也”对“树林阴翳，鸣声上下，游人去而禽鸟乐也”。不论单句对、偶句对还是多句对偶，内容和形式都对得工整贴切，显得美妙和谐，也冲破了传统的四六句式。文中也有两个以上相对称的句子并列，读起来有排比的效果。如“野芳发而幽香，佳木秀而繁阴，风霜高洁，水落而石出者，山间之四时也。”这句分写春、夏、秋、冬的不同景色，句式参差不齐，打破了对偶须工整的传统。

在工整的对偶句中加入各种虚词，使本来整齐的句式变为不整齐的句子，这是欧阳修对古典书“而”语言的创造和发展。如“临溪而渔，溪深（而）鱼肥。酿泉为酒，泉香（而）酒洌”。如果让骈文家来写，定要四字一句，句句工整，那就显得呆滞。又如“山肴野蔌，杂然（而）前陈者，太守宴也”。此句后有“者”字，如不加个“而”字，就显得生硬。文中像这样的句子比比皆是。也有在句子中加了“而”，也有加别的虚词的，如“苍颜白发，颓然乎其间者”。其中就加了个“乎”不难看出。所以说，欧阳修的文章是在精练中求活，不过于拘泥形式。读起来既有明晰的节奏感，又流动摇曳，作者内心淡淡的孤独、怅惘之情在这种咏叹的节奏中得到很好的表现。

《醉翁亭记》的语言极有特色，格调清丽，遣词凝练，音节铿锵，臻于炉火纯青之境，既有图画美，又有音乐美。全文几乎用“也”收束句尾，又一贯通篇，毫无赘烦之弊，反有灵动之妙，具有一唱三叹的风韵。它虽是散文，但借用了诗的语言表现形式，散中有整，参差多变。为了引导学生赏析这一特殊的文言语气词，教师设置了这样一个教学环节：请学生分别按原文和去掉“也”“而”字来朗读课文，以体味文章从容闲适的语言风格，感悟作者当时的心境。教学中，教师能引导学生通过学生诵读，体会文言语气词的独特魅力。

（二）体会“乐”的情感

本课的核心设计理念是以情感教学为主线，在整个文本语言的品析过程中，体会作者欧阳修与民同乐的博大胸怀。尤其是结合写作背景、作者的人生经历，进而激发起学生的情感共鸣，引导学生进行深层反思，关注历史，并由此把目光投向自然、历史、人类乃至整个世界。

本文从表面上看，似乎是在写滁州山水之景，抒发作者赏玩山水之乐，若从细微处考察，则可看出作者内心的抑郁和忧愤。他从朝到暮地游山玩水；他正当四十盛年却自号“醉翁”；他的“饮少辄醉”与“醉翁之意不在酒，在乎山水之间也”；他的“苍颜白发，颓然乎其间者”的种种表现，都透露出欧阳修的内心并不平静。他由于声援范仲淹等人，再遭贬斥，出任滁州，政治抱负不得实现，才能无法施展。因此，他的寄情山水，既是寻求慰藉，又是对黑暗势力的一种消极反抗。他赞美山水，渲染自己孤高绝俗的精神世界，也正是一种与当时腐朽风气不妥协的心理反应。

《醉翁亭记》乃欧阳修千古传诵之佳篇，其“醉翁之意不在酒，在乎山水之间”的创作主旨一直为人推崇。《醉翁亭记》的解读，应在古代醉酒传统与宋代文学理性精神的双重关怀下进行。《醉翁亭记》应是欧阳修以理性的方式审视人生、关注生活的调整之体现，其以“酒”为载体，以“醉”的方式来反思，以“翁”的姿态来沉静，以文寓意，以酒寄情，切实体现了“醉翁之意不在酒”之初衷。

（三）读文、读人

古希腊的学者普洛塔戈曾说，“学生的头脑不是一个等待填充的容器，而是一把等待点燃的火炬”。我们作为一个语文教育工作者应该踏踏实实当好这把火炬的点燃者。

本文的教学，让学生在朗读中品味语言，在朗读中体会作者及作品中的情感态度，学习用恰当的语气语调朗读，从而做到对作者及其作品情感态度的理解。在教学过程中尊重学生心灵体验，用朗读促进情感教学的深入。师生共同营造和谐、激情的气氛，让学生做学习的主人，大胆地去读、去评、去说，努力营造出一个人文性与实践性相结合的语文课堂。课堂就是引导学生沿着文本语言的阶梯去攀登作者精神境界的过程，攀登的过程就是作品的思想感情内化为学生思想感情的经历，内化的过程就是对学生情感态度价值观进行教育的过程。

本节课将教学环节定位为读文、读人、读自己。可以说，读是最难把握的，能引导学生读出情感，这节课才算成功。而本节课恰恰抓住了这点，读出了精彩，读出了情感，因而得到了较高的评价。方法上的指导也是“随风潜入夜，润物细无声”。学生是不成熟的阅读者，阅读教学要实实在在地让学生学会阅读、学会与文本（作者）对话，学会个性解读文本，这些都离不开包括教师讲授在内的各种形式的指导。只有在开放的课堂、深入的对话中，学生才会感到自己是主人，才能“读进去，走出来”，才能“学有所得，学有所乐”，才能体会到欧阳修随遇而安、与民同乐的豁达情怀。

后 记

2022年4月21日《义务教育语文课程标准（2022版）》颁布，阐释了语文核心素养，将其分为“文化自信”“语言运用”“思维能力”“审美创造”四个方面。在“文化自信”中指出：“通过语文学习，热爱国家通用语言文字，热爱中华文化，继承和弘扬中华优秀传统文化、革命文化、社会主义先进文化，关注和参与当代文化生活，初步了解和借鉴人类文明优秀成果，具有比较开阔的文化视野和一定的文化底蕴。”而中华古典诗文是我国民族文化的精髓，是华夏文明的核心，是中华优秀传统文化中的奇丽瑰宝，它在继承和弘扬中华优秀传统文化，落实立德树人根本任务，启智增慧、培根铸魂，塑造良好人格方面有着不可替代的作用。

因此，初中语文学科要始终坚持以学生核心素养的培养为本，推进语文课程的深层次改革。近年来，初中语文教师在培养学生语文核心素养方面做出了许多有益的尝试。尤其是统编教材使用以来，初中古诗文课堂教学发生了深刻的变化：重视学生的主体作用；激发学生学习的情感；把学习过程真正地还给学生；关注师生、生生交往互动的建构与创生；多媒体在教学情境创设和辅助学习中发挥作用……这一切都使古诗文课堂教学呈现出一片勃勃生机。可以说，语文核心素养理念使教师的心灵为之一振，新的教学方式使课堂教学气象万千，现代教育技术又给课堂教学增添了美妙的色彩。但是，当下课铃声响过之后，人们又冷静地发现，我们的古诗文课堂又出现了一些新的问题，如教师古诗文教学定位不准；教学策略上以讲代读、烦琐讲解；许多毫无启发性的问题充满课堂，把“对话”当作“问答”；课堂教学由“满堂灌”变“满堂问”；把“自主”变成“自流”，小组学习、探究学习有形无实；课堂上鼓励和夸奖滥用……一连串的问题油然而生：古诗文课堂哪些改革是必要的，哪些改革是“花架子”？什么样的古诗文课堂是有效课堂？有境界的古诗文课堂是怎样的？这些问题正是初中语文教师目前迫切需要解决的。

本书正是在这种背景下产生的。2018年本人在全县遴选多名青年语文教师成立了县级语文名师工作室。同年申请了自治区科研课题“统编初中语文古诗文有效教学策略的实践研究”，在县域内开展了青年教师培养和立足古诗文课堂的课题研究，2021年，课题顺利结题并被自治区教育厅评为一等奖。本课题的研究，它要给初中语文教师们回答：如何使新的课程理念在古诗文课堂上进一步落实？如何使教师新的教学方式和学习方式在古诗文课堂中不断完善？教师的“主导”与学生的“主体”、学生“学会”与“会学”之间的矛盾如何得到妥善解决？什么是常态下的初中古诗文有效教学课堂的最佳教学设计、教学方法和教学策略？什么是有境界的古诗文课堂？……

本书突破了传统理论书籍的说教方式，从目前初中语文教师的统编教材古诗文研读、教学目标的确立、课堂教学实践中最常见的问题与困惑入手，进行课堂观察、问题研讨、理论提升等形式与教师们共同剖析了当前初中语文古诗文课堂教学存在的突出问题与疑惑，并寻找解决问题的策略，同时提供丰富的教学案例，通过案例评析解读这些策略在教学实践中的风采。最后，用课堂现场呈现探析的方式，给初中语文教师们提供更广阔的视野和更深刻的思考，实现了理论与实践的衔接。

在本书即将付梓、面呈于世之际，要感谢参与名师工作室和课题研究的教师，他们提供了研究成果、鲜活案例、课堂现场呈现等。感谢宁夏教育厅教学研究室中学语文教研员安奇老师和银川地区的教研同人在课题研究中给予的指导，他们的意见、建议为本书的立论奠定了坚实的基础。也感谢宁夏教育厅教学研究室岳维鹏主任和宁夏教育厅教学研究室中学语文教研员安奇老师为本书作序。由于水平有限，加之时间仓促，虽经反复考虑、推敲、审核，但书中不妥乃至错谬之处在所难免，书中有些观点和做法还有待实践的验证和有识之士的批评指正。恳请初中语文教师在阅读、使用过程中，给我提出宝贵意见，对此我先以致谢。

教育，是思想共生、智慧碰撞的“蔚蓝天空”，更是心灵沟通、情感交融的“辽阔大地”。但愿此书的出版，为蓝天平添“一缕白云”，为大地涂上“一抹绿意”！

步正军

2022年4月